MANY MANSIONS by Gina Cerminara

改訂新訳 転生の秘密

ジナ・サーミナラ 著
多賀 瑛 訳　光田 秀 監修

たま出版

MANY MANSIONS by Gina Cerminara
Published by arrangement with William Morrow, an imprint of Harper Collins Publishers, New York through Tuttle-Mori Agency, Inc., Tokyo

人はまいた種子はかならず刈り取らなければならない
——キリスト

善業の者は幸福なところへ、
悪業の者はわざわいのところへ生まれる
——仏陀

人間としての生涯を終えると、それぞれの生前の
行為に相当した賞罰を受け、ふたたび肉体に宿る
——プラトン

人生は一回のみではない
魂の成長と、愛の完成のために……
エドガー・ケイシー

日本語版へのまえがき

このささやかな『転生の秘密』という本が、私がまだ本当には理解していない、心のこまやかな日本の皆さまには、一見不可思議なものとして、しかし同時にすばらしいものとして目に映ることと思います。そして、この本が日本の美しい島々のなかの見知らぬ家庭へと入って行き、親しくおつきあいしたいと思う人にだけでなく、そうでない人々にも何らかの意味をもたらすことができると信じています。長くこの本が読まれ、喜んでいただけることを望んでいます。

カルマと輪廻転生の思想は、もちろん日本では新しいものではありません。それは偉大な古い仏教徒たちの遺産の一つです。でも、多くの現代人は、洋の東西を問わず、それが伝統的な思想であるということだけでは、もはや受けつけなくなっています。科学の原理と一致し、証拠によって裏付けられないかぎり、一切を受け入れなくなっているからです。

この書物に書かれている、アメリカの偉大な霊能者、エドガー・ケイシーの催眠透視は、輪廻転生とカルマの証拠を、厳密に科学的という意味で提出したとはいいきれません。しかしながら、人間の本性と運命に対して、多くの示唆に富む洞察とともにある種の証拠を提出していることは事実です。この資料は、将来完成するであろう、人間心理に関する真の科学にもとづく偉大な宇宙的真理の出発点になるかもしれません。将来の心理学は、心やからだ、性格などのほかに「魂」をも含まなければならないでしょうから。

日本人には、特にこのような新しい科学や宇宙的真理にもとづく宗教を招来するために、何らかの役割を果たす、生得的な資質が与えられていると私は信じています。そして本書の内容が、この目的の促進のために何らかの貢献をすることができればたいへん幸せです。

私はこの本が、現代社会の暴虐、急変、無意味さに当惑しているあらゆる人々に、ある安らぎと憩いを与えることを期待しています。私の本にサインを頼まれたときには、よく次のことばを表紙裏に書き加えます。

「失望してはいけません。起こることはみな宇宙の教えであるからです」

これはたんに書物の上の哲学的な教条ではありません。「われわれが今日あるのは、これまで思い考えた結果である」という深い仏陀の思想を含め、他のあらゆるものにこの考えが生きています。事実、私自身が異常なほどの興味をもち、また勇気づけられているのはこのことなのです。起こりくるものはすべて、損失であれ、淋しさであれ、裏切り、病気、そして苦痛でさえも宇宙におけるレッスンの一部だと。人は肉体以上のものであり、環境は魂の練磨のためにあるということがわからなければ、人生の問題はただ恐怖の対象としか思えないからです。
　生きるということは多くの問題を提起しますが、また同時に多くの喜びをもたらします。北カリフォルニアの冬は灰色の空と雨が多いのですが、最近しずくのついた果樹の枝にさっそうとしてとまった無数のコマドリの群れを見て、自然の美しさに心なごまされました。また、ついこのあいだかわいい白い足とひげをもった子猫をもらいました。その猫は、私が本を読んでいれば、首のまわりにすり寄ってくるし、ものを書こうとすれば、その紙のちょうど真ん中にきて、きまって背伸びをするという、かわいらしい仕草を見せてくれます。これら二つの喜びは、近頃の私に生きる価値を十二分に与えてくれた出来事でした。

ジナ・サーミナラ

旧版への謝辞

ヒンズー教徒や仏教徒にとっては、輪廻の思想は新しいものではありません。事実、それは古代宗教が伝えている遺産のなかでも重要なものです。しかし、現代ではヒンズー教や仏教徒の国でさえ、インテリといわれる人たちの多くは、輪廻の思想を古くさい宗教的迷信だと誤解しています。

これは別に驚くことではありません。というのは、現代の学校教育——なかでも科学教育——は、古い信仰に対して人を懐疑的にさせる傾向があるからです。しかし、これは悪いことではありません。あらゆる宗教的遺産の信仰信条のなかに、あまりにも多くの迷信的なものが入り込み、それらは実際、その信憑性や効力を失っているからです。

しかし、輪廻の理論は、にせものの多い現代の思想に比べて、迷信的要素はむしろ少ないということができます。この理論を支持する証拠が最近になって徐々にふえてきている現状もあります。その証拠というのは、第一に、アメリカの大霊能者エドガー・ケイシーの業績であり、第二に、多くの催眠術者による年齢退行の実験であり、そして第三に、前生を覚えており、しかもその細かいところまで実証できる子供たちが続出し、その内容が徹底的に研究されていることです。ヴァージニア大学の精神病学者イアン・スティーヴンソン博士は、前生の記憶に関する先駆的研究を今日まで続け、最近この問題について価値の高い書物を出版しました。それは『生まれ変わりの二十の実例』という本です。

近い将来に、われわれは意識の本質という分野でますます多くの新しい発見を見ることでしょう。意識を拡大するための化学薬品が発明されたり、電子工学的なくふうを応用したりすることがこれからますますふえ、驚嘆するような新しい視野がわれわれの前に開けてくるでしょうから、こうした新しい発見のなかに「輪廻転生こそ自然の法則だ」ということの証明がもっともっと多く見つかるにちがいありません。

ヒンズー教徒や仏教徒のなかでも信仰に慣れきった人たちが、古代からの伝説を新しい目で見直す必要があるはずです。それと同時に、現代の生活には関係なくなってしまい、時代に合わないような要素は捨ててしまうほうがよいと思うこともあるでしょう。しかし、輪廻転生の問題は、われわれにとって価値があり、深く関係し、興味のつきない、重要なものだということも理解されるでしょう。

キリスト教は輪廻転生を教えませんでしたが、アメリカではこのことに対する興味が次第に高まってきています。『パットン将軍の生涯』(第二次大戦中、欧州に駐在した将軍)という最近のハリウッド映画は、パットンが輪廻転生を信じ、彼の数ある前生のなかの一度はローマの一兵卒であったと確信していることを明らかにしています。

ミュージカル『晴れた日に永遠が見える』は、長いあいだブロードウェイの劇場でヒットを続けましたが、最近映画にもなりました。これは、輪廻転生の思想をそのストーリーに使っています。登場人物にギリシアの億万長者の船主がおり、彼が輪廻を信じていて、来世の自分にその全財産を残す決意をするという物語です。

また、アメリカで「リインカーネーション」と呼ばれる美顔クリームが販売されていますが、それは、血行をよくし、皮膚が新しく生まれ変わるというコンセプトです。

私の著書『転生の秘密』が多くの日本人に好評であり、今度また版を重ねるということを知ってたいへんうれしく思います。願わくは、この書物が新しい読者の心理学的、哲学的見識を養うのに役立つだけでなく、生命、意識及び人間の運命についてのあらゆる重要な問題をさらに高めようとするための何らかの刺激剤になれば幸いです。

ジナ・サーミナラ

一九七三年六月

目次

1章　偉大なる可能性

◎宇宙の奥底にあるよろこびと深い目的
◎通常の感覚領域を超えた知覚経験
◎天国や地獄はわれわれを待っているのか

人間とは、生まれ、悩み、死ぬものである――アナトール・フランスは、ある作品のなかで、一人の賢者を通じて人類の歴史をこのように要約している。

人間の苦悩についてはもう一つ、さらに古く、かつ意味深い物語が語り伝えられている。それは、若き王子シッダルタ、つまり後に仏陀（目覚めたるもの）として知られた人についての物語である。

シッダルタの父は、富裕なインドの君主であったが、息子が世のもろもろの悪について知らずにすむように護らなければならないとの信念をもっていた。そのため、王子は憂世《うきよ》の苦しみをよそに幸福に包まれたまま青年期に達し、宮廷の城壁から一歩も外に出ることもなく、美しい妃を迎えた。しかし、第一の王子が生まれてからは、妻子とともに幸福な日々を送りながらも宮廷外の世界に心が惹かれ、ついに衛兵の眼をぬすんで雑踏する街を通りぬけ、生まれてはじめての旅に出たのである。

この運命の旅の途上、彼は街に三つの光景をみて心うたれた。老人、病人、死人である。ショックのあまり、連れの召使いにこの恐ろしい苦悩の意味をたずねた。そして、この三つの苦しみが別に珍しいものではなく、あらゆる人間に共通の運命であることを知ると、強く心を動かされて、もはや再び安楽と快楽の生活にもどる気にはなれなくなってしまった。彼は一切の世俗的な財宝を捨て、この苦しみから人類を救うことのできる知恵を獲得する仕事に着手し、長年の修行の結果、ついに悟りをひらき、新しく心に芽生えた仏性の命ずるままに人々に解脱の道を説いたのである。

われわれはこの仏陀のように、人生の不可解な謎を解くために愛情、権力、富、快楽、家族の温かいきずななどを絶ちきることはできない。しかし、われわれもまた、こうした問題——人間はなぜ苦しむのか、その苦しみからのがれるためにいったい何ができるのかということに関心をもち得るし、もたざるを得ないのである。

理想世界を描くユートピア作家たちは、仏陀にはからずも大きなショックを与えた苦悩のうちの二つ、つまり老いと病いがこの世から追放される時代が来ることを夢見てきた。しかし、現代物理学の進歩がどれほど輝かしいものであっても、それを応用して究極の敵である「死」をなくす可能性はいまだどこにもあらわれていない。それどころか、全世界を健全に運営する世界組織でも設立されて、あらゆる人々に安全と平和と健康と美と若さがもたらされるようにならないかぎり、われわれは当分の間、尽きることのない不安と危険と、幸福や心の平和に対するもろもろの脅威にさらされていなければならない。火事や洪水、伝染病、地震、病気、災害、戦争、滅亡などの脅威は、外的脅威の数例にすぎない。人間の心の内には、自分と周囲の人々の苦痛のみなもとである無数の欠点と不完全さ、つまり利己主義、愚鈍、妬み、悪意、貪欲が存在するのである。

われわれは、音楽や日の出の崇高さに心をうばわれてうっとりしているときなどには、宇宙の奥底には歓びと深遠な目的があるにちがいないと感じる。だが、ひとたび無慈悲で冷酷な現実に立ち返るや、われわれにいくらかでも認識力と同情心と哲学的感性があるかぎり、われわれは次のような究極の問いを発せざるを得ない。すなわち、たんなる肉体的生存ということ以上に、そもそも人生に意味や目的があるのだろうか。「私」とはいったい何者なのか。なぜ私はここにいるのか。私はどこへ行くのか。なぜ私は悩むのか。私と他の人々との間にある真の関係とは何か。われわれの周囲にはたらくもろもろの巨大な、そしておそらく崇高な力とわれわれとの相互関係とはいかなるものなのか――等々と。

こうした問題は、人類が太古からもっていた根本問題である。しかも、これに対する解答が得られないならば、苦痛をやわらげる一時的手段はすべて、それが物理的であれ心理的であれ、結局無意味なものになるだろうし、苦しみの存在理由そのものが説明されないかぎり、なにごとも解明されたことにならないのである。また、ごくつまらぬ、取るに足らぬ悩みが説明されないかぎり、問題は解明されたことにはならないし、人生に対する哲学的把握も不完全であると言わざるを得ない。

人間は、もっとも原始的な民族ですら、太古の昔からこの究極の問いを発してきた。彼らは、広大な天空を見上げては、人間の苦しみや悲しみが取るに足らぬものではないことを感じていた。人間と星とのあいだには深遠な関係があると考え、その意味を想像した。あるいはまた、森のなかにさまざまな精霊を直感し、人間をはじめ一切の生物には魂があって、人間の魂はしばらくのあいだ地上にとどまり、悩み、死後はより幸福で平和な場所へ行くものだと考えた。そしてまた、自己の内部に善悪の判断があることに気づき、宇宙の良心のなかにはさらに大きな善悪があり、どこか遠くに賞罰を与える大きな場所があるにちがいないとも考えた。

このような信仰や説明は、比較的幼稚なものから洗練された合理的なものまで無数にあった。今日においても、人々はこうした説明が真実であるという前提のもとに人生を生き、苦難に勇ましく立ち向かっているのである。マホメットの権威の上に立って信仰しているものが一方にいるかと思えば、仏陀やモーゼやイエスやクリシュナを信じるものが他方にいる。また、人生は説明不可能であると信じるものもいれば、疑問をもつことすらやめて刹那の快楽をむさぼる連中も少なくない。

われわれキリスト教国に生まれ育ったものは、人生やその悩みに対して自分なりに説明をつけている。それは次のようなものである。

人間は霊魂をもっている。この霊魂は不滅である。悩みは神から与えられた試練であり、天国や地獄はわれわれを待つ賞罰であり、どちらに行くかはこの世の苦難にいかに対処したかにかかっている、と。

われわれのうち、この説明を信じるものは信じている。それは、証拠があるからではなく、両親や聖職者たちの権威において教えられたものだからである。そして、そう教えたものも、その両親や牧師から受けついだのである。これをどんどん遡っていけば、ついには聖書という一冊の書物の権威と、イエスという名の一人の人物に行きつく。

聖書が驚くべき書物であることは、ほとんどの人の認めるところである。そして、イエスは、人間であるか神であるかはともかく、非凡な人物であったことにはちがいない。しかし、ルネッサンス以後、西欧人は、それが書物であれ人間であれ、権威に支えられ伝承された信仰には次第に懐疑的になってきており、冷徹な科学の実験室で証明されない一切の信仰に対してますます懐疑的になっている。

プトレマイオスは、太陽が地球のまわりを回ると言った。教会は彼の宣言を承認し、これを教えた。しかし、コペルニクスが発明した道具は、太陽ではなく地球が太陽のまわりを回ることを証明した。アリストテレスは――教会は彼の心理学と科学を全面的に支持したのであるが――異なった重さの二つの物体を落とした場合、重いほうが先に地上に着くと言った。しかし、ガリレオはピサの斜塔の頂上から簡単な実験を行なうことによって、容積が等しく重さの異なる二つの物体は、落とすと地上に同時に着くことを証明したのである。

聖書の数多くのことばは――常識的な感覚からしても全くそうだが――地球が平たいことを暗示していた。しかしこの信念も、コロンブスをはじめとする十五世紀の探険家たちが、西に向かって航海すれば東に着くことを実証したことであっさりとつぶされてしまった。

これらをはじめ、他の何百という実証によって、人間は少しずつ古代の権威には誤りがあり得るということを理解するようになった。これが科学時代に生まれたものの態度であり、ここに現代人の懐疑が生まれたのである。

あいつぐ発見が、これまで人間が信じていた小ぢんまりとした世界観を混乱させてしまった。精霊？　誰も精霊をみたものはない。霊魂？　誰も霊魂をみつけ出すことはできない。それは原形質のなかに潜んでいるのか、それともデカルトの言うように松果腺のなかに鎮座しているのか。霊魂の不滅？　誰かあの世から帰ってきて話してくれたものがあっただろうか。天国？　望遠鏡はそれについて何の証拠も示さない。神？　壮大な仮説――父に代わるものを求める、人間の心の一つの投影にすぎないではないか。宇宙は巨大な機械。人間は、原子の偶然の配列とその自然の進化過程によってでき上がった小さな機械。苦悩は、生存競争における人間ののがれざる運命。それ以外に何の意味も目的もない。死は肉体の化学的解体にすぎず、その他に残るものは何もない、などなど。

かくして、偉大なる人物、偉大なる書物、偉大なる教師の権威は失墜し、われわれ自身の五官の権威がそれにとって代わったのである。たしかに科学は、顕微鏡、望遠鏡、X線、レーダーなどによって、われわれの感覚の領域を拡大した。また、理性や数学や反復可能な実験によって五官による観察を組織化した。しかし、もともと科学や理性による証明はわれわれの五官による証明であって、科学の基礎も人間の眼や耳や鼻、舌、触覚の上に築かれているのである。

しかし、われわれはここ数十年のあいだにさらに観察を洗練させ、自分たちの知っているものや知っていると思っているものに対してすら懐疑的になってきた。われわれの自信満々の五官をもとにつくり出した機器や装置は、皮肉にも、ほかならぬわれわれの感覚器官が、ありのままの世界をわれわれに知らせるには不完全であり、不充分であることを証明した。ラジオ波、放射線、原子力など、二、三の現象を挙げただけでも、われわれが眼に見えぬ波動やエネルギーの振動にかこまれており、ごく微細な物質の粒子にも想像を絶する巨大な力が含まれていることをはっきりと証明している。

われわれは今、ようやく少しばかり謙虚になり、眼や耳を通して世界を眺めることは、肉体の小さな細胞のなかののぞき穴を通して眺めるに等しいことを知るようになった。われわれの光に対する感度は、存在する光の振動領域のごく限られた範囲を感受するに過ぎないし、音の感度は、宇宙の全鍵盤のうちのごくせまいオクターヴの音だけである。おもちゃ屋で五十セントで売っている犬笛は、犬を呼ぶことはできるが人の耳には聞こえない。その振動数がわれわれの感度を超えているからである。動物や鳥や昆虫のなかには、その聴覚や視覚や嗅覚の範囲が人間のものとは異なったものが多くある。したがって、彼らの世界には、われわれが知覚しない、また知覚できない多くのものが含まれているのである。

思慮深い人は、万物の霊長たる人間が知覚において動物や鳥や昆虫や自分たちの発明した巧妙な器械にかなわないという事態に疑問を持つようになり、この眼に見えぬものをいくらかでも自分で見ることはできぬものかと考えるようになる。たとえば、光や音に対する感度を拡大すべく、感覚器官を訓練ないし改良することができるとすればどうであろう。これまではできなかった多くのものを知覚できるようになるのではあるまいか。あるいはまた、生まれながらに比較的広範な感性をもっている人間が少数ながらどこかにいると想像してみよう。その人たちは、当然、普通の人が見たり聞いたりすることのできないものを見たり聞いたりすると考えられるだろう。そういう人たちは、ラジオの受信装置やテレビのスクリーンのように遠方のものを見たり聞いたりできるのではないだろうか。

二〇世紀の今日では、さまざまな機器や装置によって、かつては見えなかった物質やエネルギーの世界が見えるようになった。長い人類史をふりかえってみると、不可思議にも、このように拡大された知覚の持ち主が過去にも存在していたことが散見される。十八世紀の偉大な数学者・科学者スウェーデンボルグは、伝記によれば、晩年に超感覚能力を発達させることができたといわれている。テレビのような彼の知覚能力については、哲学者のカントをはじめ、多くの著名人がその真実性を証言して以来、広く知られるようになった。

ある晩の六時、ゴーテンブルグの町で友人たちと食事をしていたときのこと、スウェーデンボルグは突然興奮して、三〇〇マイルもはなれた故郷のストックホルムの町に大火事が起こっていると皆の前で言った。そして少したつと、彼の実家の近所にも火が及び、自分の家が危機に瀕《ひん》していると言いはった。やがて、八時になると、彼はいくぶんホッとしたように、火事は彼の家から三軒目で消えたと言った。

二日後、スウェーデンボルグのことばは実際の火事の報告と詳細な点に至るまで一致していることが立証された。おまけに、火事は彼が最初その印象を受けたその時刻に燃えはじめたのであった。

前述のスウェーデンボルグの例は、さまざまな著名人の伝記や履歴に記録されている同類の何百という実例の一つにすぎない。マーク・トウェイン、アブラハム・リンカーン、サン・サーンスなどは、伝記作家や彼ら自身の書いたものによると、生涯のある時期に、遠くでそのとき起こる事件や、数ヵ月ないし数年後に起こる事件を、突如、幻影的に見たといわれている。スウェーデンボルグは晩年、その空間的透視能力を持続的に発揮できるようになったが、ほとんどの人は、危機の瞬間にのみ超人的な感覚を発揮するようである。

われわれ欧米人は、このような現象を横目でながめたり、多少疑いの目でみる傾向がある。たとえどれほど完璧に証明されても、また信頼できる知識人によって真実性が証言されても、あるいはそうした現象がどれほど頻繁に起こっても、眉をひそめたり肩をすくめて、「偶然の一致だ」とか、「それはおもしろい」とかいう程度の形容詞で片づけてしまいがちだ。

しかし、それらを無視できないときがようやくきたのである。説明のつかないできごとから往々にして貴重な発見が生まれることを知っている人々や、この時代の偉大な科学的潮流や科学の必要性を認識している人々にとって、人間のこの種の不可思議な潜在能力はきわめて重要で興味ある問題である。

超感覚現象を組織的な実験研究に値すると考え、また実際にそのような実験を行なった先見の明ある科学者の一人に、デューク大学のJ・B・ライン博士がいる。ライン博士は、一九三〇年以来、同志とともに人間のテレパシーと透視に関する広範な研究を行なっている。

彼は、厳格な反復実験を用い、精密な科学的方法を固く保持しながら、多くの人が実験室の条件下で超感覚的能力を発揮することを確認した。彼の実験を評価するため、入念な統計的手法が用いられた。その結果、得られた結果を偶然とみなすことは不可能であることが統計学的に証明されたのである。（ライン博士の方法と実験結果については、博士の著書『心理の領域』〈一九四七年出版〉を参照されたい。）

他の科学者、たとえばフランスのワーコリヤ、ロシアのコーテイック、ドイツのティッヒナーも、やはり実験室の方法を用いてライン博士と同じ結論に達している。

このように、次々と科学的証明がなされてきたため、西欧世界においては、テレパシーや透視能力が人間の精神機構のなかにあるということに対する疑いは、少しずつくつがえされつつある。

したがって、次の三つの観点から、人間の感覚的知覚は拡大できると信じることが当然だと思われる。

まず一つめは、推論的に、このような拡大が可能であると信じるのが合理的であること、二つめは、歴史的に、非常に多数のこの種の確実な逸話が、多くの場合それが実際に起こったことを証明していること、そして最後の三つめは、科学的な反復実験によって、人間には通常の感覚領域を超える知覚経験が可能であることを証明する実験データが群をなして増えてきていることである。

ただし、これまでのところ、実験室は、透視が人間に可能な知覚様式であると確認したにすぎない。実用化については、たとえそれがいかに可能性大であるにせよ、まだ手がつけられていないのである。たしかに、もし人間が眼や耳によらない認識の方法を所有したならば、また、もし人間がある条件の下で物質的な眼を用いずに、空間のどこかで起きていることをテレビのように見ることができたならば、人間は自分や自分の周囲の世界に関する知識を獲得する新しい手段を手にしたことになる。

　ここ数世紀にわたって、人間はさまざまな業績をなしとげてきた。その力と知恵は空間を征服し、物質を人間の意思に服従させることに成功した。しかし、これらの力や発明の才をもってしても、人間はいまだに脆《もろ》く、攻撃をうけやすい存在である。外の世界を大いに征服したにもかかわらず、無力で手をこまねいている。その芸術や文化や文明の勝利にもかかわらず、自分や肉親たちをおびやかす苦悩の意味や目的については何もわからずに途方にくれている。

　近年、人間は原子の内奥にまで探究の鉾先《ほこさき》を進めてきた。今や、新しく発見された自己の超感覚的知覚能力と、意識及び無意識との不思議な関係についての新たな認識によって、自分自身の内奥を追究するところまできているものと思われる。いずれ、何世紀かの暗中模索の後に、ついには自己の存在と誕生、苦悩の原因など、重大かつ根本的な疑問について満足のゆく科学的解答を発見できるようになるであろう。

2章　エドガー・ケイシーの医学的透視

◎驚くべき透視能力
◎勝馬を予想したときと、病人を治したとき
◎トリックを発見できなかった大学の心理学教授

透視能力の可能性についてあれこれ想像をめぐらすことは、きわめて興味深いことだ。だが、もっと興味深いのは、この能力を生まれながらそなえているものが、それを実際的にも学問的にも有意義に用いているのを発見することである。エドガー・ケイシーこそ、まさにこの種の人物である。

ケイシーは、その晩年には「ヴァージニア・ビーチの奇跡の男」と呼ばれていた。だが、この呼び方は誤解をまねきやすい。彼の助けによってめざましい病気の治癒を経験した人は何百人となくいるが、彼はけっして普通の意味における奇跡の製造者ではない。患部に手を当てて

病気を治すわけでもないし、魔法使いのように突如として姿をあらわすわけでもない。また、外套に彼がキスをしただけで足の悪いのがすぐに治って松葉杖がいらなくなるというのでもない。エドガー・ケイシーのいわゆる奇跡というのは、彼のおどろくほど正確な医学的透視によってなされたのである。しかも、その診断は、しばしば患者から何千マイルも離れたところで行なわれたのであり、その上、彼の透視は完全な催眠状態で誘導されたのである。近年、精神科医たちは催眠術を治療や無意識の研究手段として利用するようになってきたが、こうしたケイシーの特徴は彼らにとって特に興味深いところであろう。

ケイシーの催眠透視が立証されたもっとも劇的な例は、アラバマ州のセルマの一少女の場合である。その子は、どうしたわけか理性を失って精神病院に入れられていた。そこで、その子の兄が非常に心配してケイシーに助けを求めたのである。

ケイシーは、寝椅子に横になると、二、三回深呼吸をして眠りにおちた。やがて、その少女のからだを診断するようにと誘導者は指示を与えた。二、三分すると、催眠術にかかっている人が術者の指示に従うように、彼はしゃべりはじめた。だが、大半の被術者とちがって、彼はあたかもレントゲン写真を手にしているかのように少女のからだの状態を説明したのである。ケイシーは、少女の親知らずが一本歯ぐきに喰いこんでいて、それが脳神経を侵している、この歯を抜けば障害は取り除かれ、少女は正常にもどると言った。口の内の言われた場所を調べてみると、たしかに歯ぐきに埋没した歯がみつかった。そこで、適切な治療がほどこされ、少女は完全に正常に復したのである。

もう一つの著しい例は、早産をしたケンタッキーの若い婦人の場合である。その子供は生まれたときから病弱だったが、生後四ヶ月のときひどい発作におそわれた。医者であったその子の父親をはじめ、治療に当たっていた他の二人の医者も、もう一日といのちはもつまいと言うのだった。そこで母親は、絶望のあまりケイシーに診断を求めた。催眠状態に入ったケイシーは、毒薬であるベラドンナ剤を一回分与え、必要ならさらに解毒剤を飲ませるように指示した。医者たちが憤慨して反対するのもきかず、母親は自分でその毒薬を与えると言いはった。はたせるかな、発作は即座に止んでしまった。つづいて解毒剤を与えると、赤ん坊は手足をのばし、ゆったりした面もちですやすやと眠りはじめた。いのちは助かったのである。

こうした実例やその他の何百もの類例は、心理学でいう「信仰療法」のカテゴリーに入れるには不適当である。前述の二つの例のような、ほとんど瞬間的に治癒したケースはごくわずかしかない。たいていの場合、非常に具体的な、ときには長期の治療法が指示された——内服薬、外科手術、食事療法、ビタミン療法、水治療法、整骨療法《オステオパシー》、電気療法、マッサージ、自己暗示などである。しかも、これらは軽信家の誇張やつくり話とみなすことはできない。ヴァージニア・ビーチのファイルには、ケイシーから影響を受けた三万人以上の人々の入念な記録が保存されている。これらの記録は、資格ある人でこれを調査したいと希望すれば、いつでも閲覧できることになっている。そのなかには、世界各国の悩める人々からの問合わせの手紙や、病状を訴える手紙、感謝の手紙をはじめ、各種の記録、医者の宣誓書、催眠状態中にケイシーが述べたことをすべて速記した記録などが入っている。これらがまとまって、この現象の真実性を書類で示す証拠となっている。

エドガー・ケイシーは、一八七七年、ケンタッキー州ホプキンスヴィル近郊の無学な農家に生まれた。田舎の学校に九年まで通い、牧師になろうという青年らしい夢を描いていたが、それ以上の教育を受けることは境遇上ゆるされなかった。しかし、農業は青年ケイシーの興味をそそらなかったので、町に移り、はじめは本屋の店員になり、後に保険の外交員になった。

二十三歳のとき、運命の不思議な転換が起こり、生涯の方向が変わってしまった。というのは、喉頭炎にかかり声が出なくなったのである。どんな医療も効を奏さなかった。医者に相談をもちかけても、治療法を知るものは誰もいなかった。外交員としての仕事をつづけることができなくなったので、一年ばかり両親の家にこもり、一見、不治と見える状態に絶望しながら、なすこともなく過ごした。

やがて彼は、写真屋の職業を選んだ。あまり声を使わずにすむ職業だったからである。写真屋の見習いとしてはたらいているとき、ハートという旅芸人兼催眠術者が町にやってきて、ホプキンスヴィルの劇場で毎晩芝居を上演していた。ハートはケイシーの病状についてきかされると、催眠術で治してみようと申し出た。ケイシーは喜んで実験に応じた。だがそれは、催眠術にかけられている間はハートの暗示に反応して正常な声で話すが、目をさますと声はまたもとどおり出なくなってしまうという程度の成功しかおさめなかった。

そこで、催眠術にかけられている最中に、覚めてからも普通にしゃべることができるという暗示が与えられた。これは、「後催眠」として知られている技法で、それなりに効果があり、特に過度の喫煙やその他の悪習を矯正する上で役立つことが証明されているものだが、ケイシーの場合は成功しなかった。

ハートは、他の町にも芝居をする約束があって実験をつづけられなくなったが、レインという地元の男が、興味をもって実験を引きついでくれた。彼も暗示療法や整骨療法を研究していて、催眠術者としての才能も幾分あったからである。レインは、まだ治りきらないケイシーの咽喉に自分の技術を試してみたいと申し出た。ケイシーは、声が出るようになるならどんな方法でもやってみたい矢先だったので、気軽に承知した。

レインの考えは、ケイシーに催眠術をかけて、催眠状態に入っているケイシー自身に病気の性質を述べさせようというものだった。不思議なことにケイシーは、与えられた暗示に応えてまったくそのとおりにしたのである。彼は、普通の声を出して彼自身の声帯の状態を説明しはじめた。

「はい、われわれにはそのからだが見える（ケイシーはこのとき以来、つねに「私」でなく「われわれ」という複数形を用いた）。普通の状態では、このからだは話すことができない。神経の歪みによって、声帯の内部筋肉の一部に麻痺が生じたからだ。これは精神状態が肉体に影響を及ぼしたのだ。無意識状態にしておいて暗示によって患部の血行を増大させれば治るだろう」

そこで、レインはケイシーに、血液が患部に充分に流れれば病状はよくなるという暗示を与えた。すると、ケイシーの胸の上部と咽喉が次第に桃色に変わりはじめ、それがさらにバラ色や赤紫色に変わっていった。二〇分ほどすると、眠っていたケイシーは咳ばらいをして、「もう治った。麻痺はとれた。血行がもとどおりになるよう、またからだに活気が出てくるという暗示を与えよ」と言った。レインは、言われたとおりの暗示を与えた。ケイシーは目をさまし、一年ぶりで普通の声で話すことができた。その後数ヵ月はときおり逆もどりしたが、そのたびにレインが血液循環の暗示を与えると状態は回復した。

ケイシーに関するかぎり、問題はこれで解決したが、レインは目ざとくこのことの意味を見ぬいた。彼は催眠術の歴史に通じており、フランスのメスメルの後継者であるド・プーセギュールの初期にこれに似たケースがあるのを知っていた。そこで、ケイシーが自分で自分のからだの状態を診断できるなら、他人の体も診断できるのではないかと思いついた。

彼はさっそく、胃病で悩んでいる自分自身を実験台にしてやってみた。ケイシーは催眠状態に入ると、レインのからだの内部の状態を述べ、ある種の治療法を指示した。レインは大いに喜んだ。ケイシーから療法として指示された薬や食事や運動はそれ以前にすすめられたことはなかったが、ケイシーの説明は彼の症状によく合っていて、二、三の医者によってすでに診断されていたものと同じだった。彼は、指示どおりの治療法を試みた。すると、三週間後には、病状は目にみえてよくなったのである。

ケイシーは、これらすべてのことに半信半疑だったが、レインは自分たち以外の病人も二人の力で治せるのではないかと有頂天になった。十歳のとき、好奇心にかられて聖書をはじめから終わりまで通読したケイシーは、キリストの弟子のように人々を助け、病いを治したいという切なる願いをもっていた。後に彼は牧師になろうと志したが、しかしこの野心は境遇上断念しなければならなかった。

不思議なことに、彼は今、人々を癒す機会を与えられている――しかし、ケイシーは、もし催眠中に有害なことを、場合によっては致命的なことを言ったらどうしようと考え、この事実を是認するのがこわかった。レインは、彼自身、さまざまな治療法に通じていたので、危険がありそうな方法は拒否するから、害はまったくないと保証した。ケイシーは聖書にみちびきを求め、最後には、求めるものには助けを与えることを承諾した。ただし、これは実験であるから金はとらぬと言いはった。

レインは、ケイシーが催眠状態で話す内容を速記しはじめ、これを「リーディング」と呼ぶようになった。あまり適切な用語ではないが、おそらく他に適当なことばがみつからなかったのであろう。

こうしてケイシーは、写真屋の仕事の合間に町の悩める人々の病気診断をはじめたが、おどろくべきことに、彼は、目覚めているときには医学についてまったく無知で、医学書を読んだこともないのに、ひとたび催眠状態に入ると、解剖学や生理学の専門用語を用いて診断をくだしたのである。なかでも、ケイシー自身がもっともおどろいたのは、彼の助言によって人々が実際に治っていくという事実であった。

レインのケースについては、ケイシーにはまだあやしく思われた。レインがよくなっていくように感じたのは、たんに気のせいだったのではないだろうか。自分の声が出るようになったのはたしかに事実だが、それは偶然による幸運にすぎず、自分の能力は自分自身に関係がある場合だけではないのだろうか……。

リーディングをはじめた初期の頃、たえず彼を悩ませたこれらの疑いは、不治といわれた病いが次々に治っていくという否定しようのない事実の前に、次第に解消していったのである。

彼の特異な才能の噂は、次第にひろまっていった。ある日、彼は地元ホプキンスヴィルの公立学校の前校長から長距離電話の呼び出しを受けた。五歳になる彼の娘が、三年のあいだ、ずっと病気だったのだ。二歳のときにインフルエンザにかかり、その後、精神の発育が異常になったのである。両親は次々に専門医に相談したが、だれも力になってくれなかった。最近では、ますます発作の回数がふえ、最後にみてもらった医者は、これは滅多にない脳の病気で、これにかかれば必ずいのちを落とすと宣告した。両親は悲嘆にくれたが、そのとき、たまたま友人からケイシーの不思議な能力についてきかされたのである。

ケイシーはこの話に心を動かされ、リーディングを与えるため、特別に彼らの家に出向くことを承知した。当時、彼は経済状態がよくなかったので、両親の差し出す汽車賃を受けとった。これが、自己の奉仕に対して彼が受けた最初の有形の報酬であった。

しかし、出張に出たものの彼は不安でいっぱいだった。そして、いよいよその異常な子供を目撃するに及んで、ますます自分が身の程知らずであるように思えた。医学についてひとかけらの知識もない無教育な農家のせがれが、一流の名医もさじを投げた子供を助けようとするなんて……。

客間のソファーに身を横たえて目をつむったときも、まだ心にはいくらかの動揺がないではなかった。しかし、ひとたび催眠状態に入ると、自分に対する不信はすべて消え去った。レインが同席して暗示を与えた。そして、ケイシーの言うことを記録した。

眠れる写真家は、やがていつもどおり静かに、正確に、子供の状態を述べはじめた。それによれば、子供はインフルエンザにかかる前に馬車から落ち、そこにインフルエンザ菌がついて発作を起こしている、適切な整骨療法を施すなら障害は除かれ、正常にもどるとのことだった。

母親は、たしかに子供が馬車から落ちたことを思い出した。しかし、外から見たところ何の傷もなかったので、そのことが現在の異常な状態と何らかの関係があるとは考えてもみなかった。

レインが、リーディングの指示どおりの手当をほどこした。

それから三週間と経たぬうちに、子供は発作から完全に解放され、明らかに精神状態が澄んできたように思われた。病気にかかる前に遊び相手だった人形の名前を呼び、数年ぶりで父母の名を呼んだ。

三ヵ月もすると、子どもはすっかり正常にもどり、過去三年間の闇にとざされた空白期間を取りもどしつつあると、感謝をこめて両親が報告した。

このような実例から、ケイシーが自分の不思議な能力を用いることは、けっして悪いことではないことが明らかになった。また、このために彼の名声はひろまり、新聞は突如として彼を発見し、彼のことを宣伝した。

彼は、助けを求める絶望的な人々から電報や長距離電話の呼び出しを受けた。そしてこのとき、彼は、患者が遠方にいる場合でも、その人の正確な名前とリーディングを受けるときの正確な居場所、つまり州、市、町、村、番地を与えられるならばリーディングが可能であることを学んだ。

ケイシーは、自分がリーディングを与えている相手の周囲の状況を小声で話すこともたびたびあった。「けさは、ここはかなりひどい風が吹いている」とか「スイスのウィンテルフールはきれいなところだ。きよらかな美しい川が流れている」「その人はちょうど出てゆく――エレベーターでいま下におりてゆくところだ」「見かけの悪くないパジャマだ」「ああ、母親が祈っている」――こうした描写は後日確かめられ、いつも正確であることが判明し、彼の透視の信憑性を高める結果となった。

彼のリーディングのやり方は、それを受ける人が遠方にいるときも同室にいるときも変わりなかった。靴をぬぎ、ネクタイと襟元をゆるめ、長椅子かベッドに横になり、からだを完全に楽にするだけである。ただし、後年、頭は南に、足は北にして横になるほうがよいということがわかってきた。頭には長椅子か枕だけで、あとは何もいらない。長椅子や枕は頭を楽にするためのもので、なければないで済んだ。

リーディングは、夜でも真昼でも行なわれた。闇や光によって影響を受けることは全くなかった。からだを横にして、二、三分もすると、彼は眠りに入る。すると、レインかケイシーの妻か、後には息子のヒュー・リンやその他の責任者が適当な暗示を与えるだけである。

その形式は、次のようにいつも決まっていた。

今、あなたの前には（○州の○市○町○番地）の（患者の名前）がいます。あなたはこの人のからだをよく調べ、徹底的に検査して、現在の状態について話して下さい。なぜこのようになったのか。なお、どうしたらこの病状をよくすることができるかについても指示を与えて下さい。私がいろいろたずねますから、答えて下さい。

二、三分すると、ケイシーはしゃべりはじめる。当初はレインがメモを取ったが、後にはミス・デイヴィスが速記を取った。そのあと、速記録はタイプで打たれる。コピーのうち一部は患者かその両親、保護者または医者に渡され、黄色の紙のコピーはケイシーのもとに保存された。

新聞の宣伝と直接リーディングを受けた人の口コミで、彼は次第に一攫千金を夢みる人たちの注意を引くようになった。ある綿業者は、ケイシーが綿市場で毎日リーディングをすれば二週間で百ドル出すと申し出た。ケイシーはそのとき、ひどく金に困っていたが、断った。その他、埋もれている財宝のありかをみつけたがっているものや、競馬で勝馬を知りたがっているものもいた。請《こ》われるままに、二、三回、試験的に求めに応じたこともある。競馬では、どの馬が勝つかという予言に二、三回成功した。しかし、失敗も二、三回あった。そして、どの場合も目が覚めるとエネルギーが消耗して、自分自身に満足をおぼえることができなかった。

テキサスで事業をすすめられたこともある。透視能力を使って油田のありかを探す仕事だ。だが、結果は思わしくなかった。

ついに彼は、自分の能力が病人を助ける場合にだけ信頼に足ることを発見した。そして、能力はその目的のためにのみ使用すべきであって、自分のためであれ人のためであれ、金もうけに使ってはならないことを悟った。宣伝の申し出に対しては、はなばなしい名声に対するのと同様、相変わらず心を動かされなかった。

一九二二年、デンヴァー・ポストの編集長がケイシーのことを聞いて彼をデンヴァーに呼んだ。ケイシーの能力を目のあたりにして感心した編集長は、一日一千ドルを彼に支払い、宣伝することを申し出た。ただし、その条件として、頭にターバンを巻いて東洋人の名を名のり、半透明のカーテンの陰の、聞き手から見えぬところでリーディングをすることを付け加えた。ケイシーは、この申し出をにべもなく断った。

ブランスヴィック・ラジオ・テレビ会社の社長で、後にケイシーの生涯の友となったデヴィド・カーンは、ケイシーの仕事を彼の友人や商売仲間に紹介した。しかし、その彼がケイシーを売り出すため、もう一歩すすんだある方法をもちかけたときには、ケイシーはきっぱり断ってしまった。

ケイシーは、アラバマ新聞にバーミンガムで行う講演の告知を出すことを承諾したことがあったが、それ以外はリーディングのためにも公開講演のためにも、生涯宣伝をさせなかった。また、彼についてよく知らない人と話をする場合には、聞かれもしないのに自分の特異な能力をひけらかすようなことはけっしてしなかった。町の人々も、彼が日曜学校で教えているということのほかには、彼についてほとんど何も知らなかった。彼は、社交上の団体や友愛団体、公民団体などにも属していなかった。たんに、悩める人々に癒しと助けを与えるための道具にすぎないという不動の信念をもって生きていた。自分自身が注目の的になることをゆるさなかった。そして、悩める人が彼のところにくる場合は、はなばなしい新聞記事によるよりも、彼に助けられた人々の個人的推薦をとおしてくることを好んだ。

はじめのうち、ケイシーは、写真屋の仕事をつづけながらリーディングを行っていたため、金を受取ることをかたく拒んだ。後に、依頼があまりに多くなり、写真屋の仕事をつづけることができなくなってはじめて、家族を養うために料金を請求してもゆるされるだろうと考えるようになった。だが、そうなってからでさえ、貧しくて払えないものには無料でリーディングを行ったのである。

彼の態度は、終始一貫して事務的ではなかった。ヴァージニア・ビーチにある（一九二七年に彼はリーディングのすすめでここに移ったのだが）彼の手紙のコピーが、何よりもよくこのことを物語っている。彼の手紙は文法上の誤りや句読点や綴りに間違いが多かったが、同胞を助けみちびこうという熱意が行間にあふれていた。

彼は、これらの歳月のあいだも、自分の行っていることについてたえず疑いに悩まされた。リーディングをたのまれても、どうかすると黙ったまま何も言わぬことがあった。彼の能力が、彼自身の健康と精神状態によって左右されることは明らかだった。ケイシーはおだやかな気性の人だったが、感情が爆発することもないではなかった。経済上の心配がこころを重くすることもしばしばだった。この種の感情は、明らかに彼の才能の発揮をさまたげた。多くの場合、彼のリーディングが失敗するのは、時間がおそくなってから暗示を何度もくり返されたときや、からだの調子や心の状態がよくないときであった。

とりわけ彼が一番困ったのは、与えたリーディングがそのからだの状態を正しく言い当てていないといって怒られたり、また彼の指示どおりの治療法をやってみたが治らなかったといって怒鳴りこんでこられたりすることだった。このようなときには、長い手紙を書いて、自分のリーディングに絶対誤りはないというつもりはないと、腰を低くして謝るのだった。あいまいな部分がたくさんあったため、それがリーディングに影響したのであろうとか、またラジオの受信機でもそういうことがあるように、はっきり受信することができない場合もあるのだと――。そして、「私の目的は、ただ人を助けることにあるのです。助けが得られなかったとおっしゃるのでしたら、お金はお返しいたします」と書き添えて、受け取った金を小切手でそっくり返してしまうのだった。

ときには、こうした人が何ヵ月か経って、「あとで医者に診てもらったら、あなたのお話にぴったりの診断でした」という手紙を寄こすこともあった。またときには、治りはしたがうまくいかなかったと不平をもらした人が、後に、「食事や施術、その他の手当てや精神的訓練を指示どおりしなかったためでした」と白状することもあった。

ともあれ、ケイシーは、自分のリーディングに絶対に誤りがないとは言いきれないとわかってきたが、ときが経つにつれてその明確さと正確さが増していったため、彼は自分の能力のうまい使い方を次第に理解するようになっていった。そして、ときおりの挫折や失敗や不正確さも、年々めざましい治癒があらわれるにつれて帳消しになっていった。

カナダのカトリックの神父のてんかんが癒され、オハイオ州デイトンの高校卒業生が難病の関節炎を癒され、ニューヨークの歯科医が二年越しの偏頭痛から二週間で解放され、有名なテネシークリニックでサジを投げられていたケンタッキーの若い女流音楽家が、強皮症という原因不明の難病から一年で解放され、生まれつきの緑内障(これはほとんど不治とみられている)に悩むフィラデルフィアの少年が、ケイシーの指示どおりの手当を医者から受けて視力が回復した。これらの生きた実例が、ときとしてゆがんだり妨げられたりすることはあっても、つねに謙虚で盲信せず、良心的なケイシーに、自分の能力は神から与えられたものであって、悪魔からのものではけっしてないのだという自信を与えたのである。

彼は、一生のうち何度か、彼自身が自分に対してそうだったように、彼に対して懐疑的な研究者に遭遇した。ハーバード大学の心理学者、ヒューゴ・ムンステルベルクもその一人である。ムンステルベルクは、キャビネットや暗室や、その他インチキ霊媒のもちまわり道具をあばいてやろうという下心でやってきた。彼は、ケイシーがそのようなものを何も必要とせず、白昼にただ長椅子の上にからだを横たえ、簡単な催眠暗示を与えるだけで眠りながら意味の通ることを言いはじめるのを見て驚いた。

ムンステルベルクは、ケイシーがリーディングを与えているところを綿密に観察した。ケイシーの透視によって病気を癒された人々と面接したり、これまでのリーディングの記録を念入りにしらべたりした。彼は、ケイシーの化けの皮をひんむいてやろうと威勢よくやってきたものの、同じような下心でやってくる他の連中と同様、帰るときには、ケイシーが本物であることは間違いないと知った。ムンステルベルグは、実例そのものの証拠とケイシーの素朴な気取らぬ正直さを確認したのである。

また、ケイシーの生涯には、いろいろな時期に先見の明のある好意的な人々があらわれ、彼の仕事の人道的及び科学的価値を認めて、一生の間、運命の浮沈に応じて精神的及び経済的援助を与えてくれた。これらの人々のなかには、ケイシーがリーディングを行なったり、リーディングによる指示を実際に行なうための病院を建てようと計画するものもあった。

そうした計画を実現したのは、モートン・ブルンメンタールという、ケイシーのリーディングでいのちを救われた金持ちである。一九二九年、ケイシー病院がヴァージニア・ビーチに設立された。この病院は二年間運営されたが、この後援者が株式市場の下落で財産を失ったため、閉鎖のやむなきに到った。

一九四二年、ケイシーの伝記が出版され、翌一九四三年には「ヴァージニア・ビーチの奇跡の男」と題する雑誌が出版された。つづいて、コロネット誌などによりケイシーの治病力は全国に宣伝された。その結果、国内各地から洪水のように手紙が寄せられるようになった。

これらの手紙のなかには、急を要する悲痛な訴えも少なくなかった。ケイシーは誰にも背を向けることができなかったので、リーディングは一年半先まで予約済みになるありさまだった。一日に二人や三人では間に合わないので、午前と午後に四人ずつ、合計八人も引き受けた。眠っているあいだにはたらけるのはまことに結構なご身分と思われるかもしれないが、じつはなみなみならぬエネルギーの消耗なのである。このような不断の神経の緊張が災いし、ケイシーは一九四五年一月三日、六十七歳で死んでしまった。

以上がケイシーの経歴だが、彼の価値はその死とともに埋没したわけではない。もし人の業績が、その人が同胞の人生にもたらした幸福の度合いによって評価されるとするならば、彼の業績は永遠のものというべきであろう。しかし、それ以上に重要なことは、彼が、人間の透視能力の実在を証明する証拠を無数に生み出したことである。なぜなら、ケイシーの透視は厳格な実地テストにパスしているからである。他の人が見ることのできないものを見ることができたばかりでなく、彼が見たものは後に真実になったのである。真実になったばかりでなく、効果をあらわしたのである。効果をあらわしたばかりでなく、実際に役に立ったのである。

3章　人生の謎への解答

◎生まれ年から前生を読む
◎人口増加による余分の魂はどこからきたのか
◎アカシァ――すべてが記録されている次元

二十年にわたってその透視能力を病人を助けることに役立ててきた結果、エドガー・ケイシーの透視能力は、文字どおり数千の実例によって信頼に足るものであることが証明された。このことは、彼の不思議な生涯に訪れた新たな発展段階を考えるとき、特に思い起こす必要がある。

彼の知覚能力は、まず人間のからだの内部に向けられた。彼の能力が外部にも、つまり宇宙とか、人間と宇宙との関係とか、人間の運命の問題にも向けることができるのではないかということを思いつくまでには、長い年月を要した。

このことについては、次のような経緯がある。

オハイオ州デイトンの富裕な印刷業者であるアーサー・ラマースが、同業者の一人からケイシーの話を聞いて興味を抱き、ケイシーが当時住んでいたアラバマ州セルマまでわざわざリーディングを見にきたのである。ラマース自身は、健康上の問題はもっていなかった。

ラマースは、数日間リーディングを見ているうちに、ケイシーの能力が本物であることを確信した。彼は博識で知的な人物だったので、普通の視力では見ることのできないものを知覚できる心は、病人の肝臓のはたらきや複雑な消化器の作用より、もっと普遍的な意義のある問題にも光明をもたらすはずだと考えた。たとえば、今までにどの哲学体系が真理にもっとも接近し得たのか、人間の存在の目的は——もしあるとするならば——何であるか、霊魂不滅の教義には何らかの真理があるのか、死後、人間はどうなるのか、などについてである。そして、ケイシーの透視が、こういう問題に解答を与えることができるかどうかということについても——。

ケイシーにはわからなかった。これら人生の究極の問題に関する抽象的な疑問は、それまで彼の心をよぎることさえなかった。彼は、教会で教わる教義をそのまま素直に受け入れていた。教会の真理を哲学や科学や他の宗教の教えと比較して考えてみることなど、思いも及ばぬことだった。彼がこういう変則的な眠りに自分自身をみちびき入れるという仕事に従事しているのは、ただ悩む人々を助けたいという高潔な願いからだけであった。

彼の能力のなかに、病気治療以外の可能性があることを発見したのはラマースがはじめてだったので、ケイシーの想像力はかきたてられた。リーディングは、これまで彼に与えられた質問に答えることに失敗したことは滅多になかった。だから、ラマースの質問に答えることができないという理由はなさそうに思われた。

ラマースは、自分の仕事があるため、セルマに長く滞在していることができなかったので、ケイシーに、デイトンに一、二週間きてほしいと言った。ケイシーは、神がおそらく奉仕の新しい道をひらいて下さるのだろうと思い、ラマースの申し出を受け入れた。

ラマースは、当時、占星学に興味をもちはじめていた。もし占星学が正しい学問であるならば、それは当然、人間と宇宙との関係を適切に分析・体系づけているであろうと考えた。そして、それが透視の研究にふさわしい出発点となるように思われたのである。

こうして一九二三年十月のある日の午後、ケイシーがデイトンのフィリップス・ホテルで横たわったとき、彼に対して、ラマースのからだの内部ではなく、ラマースの天宮図《ホロスコープ》を読んでほしいという暗示が与えられたのである。

与えられる暗示にいつもすぐ快く応ずるケイシーは、眠りに入るとすぐ電文のような短いことばで彼のホロスコープを説明した。そして、リーディングがほとんど終わりかけた頃、とぎれとぎれにあいまいな言い方で、「彼はかつて僧であった」（He was once a monk）という奇妙なことばを口走った。

そこには、一音節から成る五つの単語が並んでいるだけだった。しかし、人間の運命に関するもろもろの主要な説に通じていたラマースにとって、これはギョッとするようなことばだったのである。このことは、ケイシーのなみならぬ透視力が古代の輪廻思想を真実と見ているということなのであろうか。

このリーディングは、ラマースの好奇心をますますあおりたてた。ケイシーが目を覚ますと、ラマースが、たった今ケイシーが言ったことの意味を速記者と秘書のリンデン・シュロイヤーの三人で興奮気味に議論していた。もし輪廻が事実であることが証明されるならば、その実証は哲学や宗教や心理学等の現代思想に革命をもたらすだろうとラマースは主張した。もしケイシーがこの問題についてもっとリーディングを与えてくれるならば、輪廻の法則がどう作用しているかを発見することができるかもしれない。たとえば、占星学は輪廻とどう関連しているのか、そして人生やパーソナリティや運命はどう説明されるのか――。

ラマースは、この問題についてもっとリーディングを与えてくれるよう要求した。当惑しながら、またいささか気がすすまないながらも、ケイシーは同意した。ラマースの熱心な質問に答えて、リーディングは彼自身の過去の生涯の経験やこれから研究しようとしている抽象的な問題についてさらに詳細に語った。

リーディングによれば、占星学にはある程度の真理が含まれている。太陽系は、たえず進化しつつある霊魂に対して一群の経験を提供する。人間は、この世におけるもろもろの経験と別の次元における意識経験とを交互に行なっている。そうした次元に対して、占星学は昔からその中心的役割を果たしている惑星に名前を与えてきた。しかし、現在行なわれている占星学は、ただ真理に近いというだけのものにすぎない。それは、完全な正確さに欠けている。その理由は、第一に輪廻を考慮に入れていないという点、第二に、いわゆる占星学的影響が、人間の腺組織を通じ、また他次元における経験を通じて、どのように人間に作用しているかを充分理解していないからである。ラマースは占星学の知識と輪廻の知識をともにもっていたが、このような両者の相互関係については考えてみたこともなかった。

ケイシーには、これらすべてのことは空想のように思えたが、彼も好奇心をそそられたので、ラマースに請《こ》われるままにリーディングをつづけた。そのうちに二人は、もしリーディングの途中でケイシーに「天宮図」についてたずね、彼にもっと適切な催眠暗示を与えるならば、よりよい情報が得られることに気がついた。そこで、催眠中に次のような形式でたずねることになった。

あなたの前には「○○」の場所で「○年○月○日に生まれた」「○○」という名の人がいます。あなたは、現生におけるこの人の顕在及び潜在するパーソナリティの状態を説明し、かつ、この人と宇宙との関係、またこの人と宇宙のもろもろの力との関係について述べて下さい。また、前生における地上生活の時期と場所と名前、ならびにその各々の前生においてこの人の成長をたすけたもの、またそれを遅らせたものについて述べて下さい。

それ以来、リーディングは前生における個人の状態について明白かつ率直に述べるようになった。まもなくして、それまでの肉体の健康についてのリーディングと区別するために「ライフリーディング」という用語が用いられるようになり、からだに関するそれ以前のものは「フィジカルリーディング」と呼ばれるようになった。両者のやり方は、一つの細かな点を除けば同じである。

ケイシーは、ライフリーディングを立て続けにするときには必ず強い目まいにおそわれることに気づいた。彼は、この目まいの原因を見つけるために、自分自身のフィジカルリーディングを取ってみた。その結果、ライフリーディングの場合は、からだの位置を南北の方向から北南の方向に変えるようにという指示が与えられた（頭を北に、足を南にする）。これについては、「極性の問題」であるという理由があげられただけで、他の説明はなされなかった。

ケイシー自身のライフリーディングによると、彼は一万年ほど前のエジプトに住んでいた偉大な神秘力をもつ大祭司であったが、自我がつよく官能的であったため、身の破滅をまねいた。その後、ペルシャに生まれたときにはある部族の族長だった。そして砂漠の戦争で負傷したとき、砂漠に置き去りにされて死ぬところだった。たった一人、食物も水も寝るところもなく、三日三晩、激しい肉体的苦悩のなかにいたため、肉体から意識を解放しようと懸命に努力した（ジャック・ロンドンの小説「The Star Rover」には、狂人である一人の囚人がこれと似た努力をする興味ある記述がある）。

彼はこの試みに成功した。このことが、今生において肉体から意識を解放する能力の基礎をなしたのである。現生における彼のあらゆる美徳や欠点に率直な評価が下され、それがさまざまな過去の経験に起因することが明らかにされた。彼の霊魂にとって、今回の人生は一種の試金石であった。彼は、自己を捨てて人類に奉仕する機会を与えられ、過去の傲慢《ごうまん》で唯物的な考えや肉欲主義の償いをさせられているのだった。

ラマースは、リーディングがとったこの新たな方向は今後とも研究する価値のある重要なものだと感じて、ケイシーに、家族をセルマからデイトンに呼び寄せて欲しいこと、その滞在中の費用は自分が受けもつことなどを申し出た。ケイシー夫人と二人の息子と秘書のデイヴィスが、全員、賛成してやってきた。彼らもケイシーと同様、この新しい展開におどろき、はじめは信じなかったが、次第に好奇心と興味を抱くようになったのである。

彼ら全員についてのライフリーディングがとられた。どの場合も、個人の性格について率直に評価が下され、それが過去のどの経験に由来しているかが述べられた。「前生は、四回とも科学者だった」とか、「そのために唯物的で自己中心的なのである」とか、「お前はたいへん怒りっぽかった。それで、エジプトや英国で生まれたときには悲しい経験をするようになった。そこで、今生ではそれを抑制することを覚えた」などなど。

ケイシーのよく知っている人たちばかりでなく、ラマースやリンデン・シュロイヤーや、その他、ラマースの友人など、ケイシーがあまり知らない人々の性格描写もじつに正確で、妥協せず率直に言うので、ラマースの研究熱はますますあおり立てられた。

しかし、ケイシーのほうは、ことの意味を知ると、逆に不安になっていった。自己不審と自己吟味の苦しい時期が再びやってきた。すでに医学上の診断や指示を与える自分の透視は悪魔のものでなく、神の仕事を助けるものであることを確信していたが、今度の透視は教会の教えを汚す異教の思想を伴うので、彼は何をどう信じればよいのかわからなくなってしまった。

ケイシーの心の動揺は想像に難くなかった。彼は厳格な正統キリスト教の雰囲気のなかで育ったため、自分の宗教以外の宗教については何の教えも受けていなかった。当時の彼は、自分の信仰と他の信仰とのあいだにある深遠な類似点についてほとんど無知で、彼自身の信じるキリスト教という灯のなかに燃えている、道徳的ならびに霊的な光を評価する機会をもたなかったのである。特に、ヒンズー教や仏教の主要な教えである輪廻の思想についてはまったくと言ってよいほど知らなかった。

彼は、人間は死ぬと動物の姿になってまた地上にやってくるという、霊魂の移り変わりの教義と輪廻とを混同していたため、他のそういう人々と同様、輪廻ということばを耳にしただけで不愉快だった。彼は、牛はもしかすると自分のおじいさんの生まれ変わりかもしれないといって、牛を殺すことをしないヒンズー教徒の話をいつか読んだような気がした。また、カブトムシにはもしかすると自分の死んだ祖先の魂が入っているかもしれないといってカブトムシを殺さない人々のことを、どこかで聞いたことがあるような気がした。

　だが、リーディングはまもなくケイシーのこの迷いを解いてくれた。リーディングの説明によると、輪廻は人間が動物の姿に生まれ変わるという意味ではない。輪廻はけっして無知な人の迷信ではなく、哲学的ならびに宗教的見地から絶対に尊重すべき教義なのである。インドやその他の仏教国においては、教育ある多くの人々がこのことを賢明にも信じており、その道徳原理の上に立って生活を指導している。なるほど、インドや東洋の宗教のなかには、人間の魂が動物の形にかえるという思想を説いているものもある。しかし、これは輪廻の真の原理を誤解しているのである。キリスト教にだって、歪められ間違った信仰はある。われわれは、輪廻についての歪んだ片寄った知識しかないばかりに、その本来の真理に心を閉ざすようなことがあってはならない。

　ラマースは、リーディングそのものによってこの思想をますます明らかにしていった。彼は、輪廻は「進化」であると説明する。地上に何度も生まれ変わることで、人間の霊魂は進化するのである。あるときは男として、あるときは女として、またあるときは貧民として、またあるときは王子として、またある民族に生まれたり、別の民族に生まれたりして、ついに魂はキリストによって要求される完全に到達する――その進化なのである。

　霊魂は、夜毎《ごと》に異なった衣装をつけて異なった役を演じる俳優のようなものである。あるいは、しばらくのあいだ物質的な肉体という手袋をはめ、すり切れるとそれを脱ぎ捨てて別の手袋をはめる手のようなものである。北半球の知識人のなかにも、この思想を受け入れ、これについて書いている人が数多くいる。たとえば、ショーペンハウエルは徹底的にこれを信じていた。エマーソン、ホイットマン、ゲーテ、ブルーノー、プロティヌス、ピタゴラス、プラトンもそうである。

それはそれでよい、だがキリスト教はどうなのだろう――ケイシーは納得できなかった。もし自分が輪廻を受け入れたら、そのことによってキリストとその教えを否定することになるのではないだろうか。

全然そんなことはない、とラマースは答えた。

つまるところ、キリストの教えの真髄とは何なのか。パリサイ派の律法学者が、かつてイエスにこのことをたずねた。そのときのイエスの答えが、次の聖句である。

「汝、心をつくし、精神をつくし、思いをつくして主なる汝の神を愛すべし――汝の隣人を汝の如く愛すべし。律法《おきて》と予言とはこの二つの誡命《いましめ》によるなり」（マタイ伝二十二章三五―四〇）

この単純かつ深遠な教えが、輪廻によって提起される生命進化の思想となにゆえに矛盾するのであろうか。この愛の原理が、他の世界の偉大な宗教の教えとなにゆえに矛盾するのであろうか。仏陀はかつて、「あなた自身が人からされたときに害されたと感ずるようなやり方で人を害してはならない」と言われた。「自分がされたときに苦痛と感じるようなことを人にしてはならない。これが義務のすべてである」とは、ヒンズー教の聖典の教えである。ヒンズー教も仏教も、愛の法則と輪廻という霊的進化の法則の間に何らの分裂も見出していない。前者よりも後者のほうに重点をおいているが、この二つのあいだに矛盾はないとみているのである。

ケイシーはまだ納得できなかった。彼は、十歳のとき聖書を読み、非常な感銘を受けた。それ以来、毎日数章ずつ読み、一年に一度創世記から黙示録までを読み通すようにしている。だがその間、輪廻ということばにぶつかったことがなかった。なぜ聖書は、いやイエスは、輪廻について何も語らなかったのであろうか。

「いや、イエスはおそらく話したと思いますよ」とラマースは言った。「第一に、イエスは弟子に対して、群集に語らぬ多くのことを語ったことを思い出さなくてはならない。また、たとえイエスがもっと一般的に輪廻について説いたとしても、その教えのもとの記録は数世紀にわたっていろいろな解釈を経てきたし、何ヵ国語にも翻訳されてきたということを知らなければならない。したがって、イエスの説いたもっとも純粋な教えはわれわれには届いていないかもしれないのである。

ただし、一ヵ所だけ、イエスが弟子に、洗礼者ヨハネはエリヤの再来であるということを言っているところがある（マタイ伝十七章十二―十三）。彼は、輪廻ということばは使わなかったが、「エリヤはすでにきたれり」と明確に言っているのである。そして、弟子たちもイエスが洗礼者ヨハネのことを指しているのを理解している。

また、弟子がイエスに向かって、盲人のことを、「主よ、この人が盲人に生まれたのはこの人の罪であるか、それとも両親の罪であるか」と問うているのも意味のあることである。他にも、明らかに輪廻を暗示したり指摘した箇所がある。黙示録十三章十節に、「とりこにせらるべきはとりこにせられ、剣にて人を殺すものはおのれも剣にて殺さるべし。聖徒たちの忍耐と信仰とはここにあり」とある。ここには、復讐の法則が、ある人生から別の人生へと作用していることが暗示されている。

なるほど、正統キリスト教は次第に輪廻に関係のないイエスの教えに集中されるようになってしまった。しかし、正統派によるその解釈や取捨選択が適切なものであったとどうして言えるであろうか。そのうえ――ラマースはつづけて言う――初代キリスト教の神父たちの歴史を研究すれば、彼らの多数が輪廻を承認し、これを公《おおやけ》に説いていたことを知るだろう。たとえば、オリゲネス(訳注一)、殉教者ユスティノス(訳注二)、聖ヒエロニムス(訳注三)、アレクサンドリアのクレメンス(訳注四)、プロティヌス、その他多数の人々がそうである。イエスとほとんど同時代に生きていたこれらの人々が、イエスが弟子たちにのみ秘密に説いた輪廻の教えを――これははるか古代から秘教として伝承されてきたものでもあるが――何らかの方法で学んで後代に伝えていくということがあったのではないだろうか。

また、カトリックのメルシェ枢機卿《すうきけい》は個人としては輪廻を信じなかったが、そのメルシェ自身、輪廻の教義はカトリック教会の本質的な教えと矛盾するものではないと宣言していることも注目に値する、とラマースは言った。聖パウロ大聖堂のイング司祭長も、輪廻と近代の監督教会主義とは何ら矛盾しないと言っている。だから、プロテスタントもカトリックも輪廻を宗教的ならびに科学的にあり得べき事実と考えることによって邪道にそれたと感ずる必要はないのである。

たしかに、キリスト教神学のある思想のなかには、輪廻の思想と矛盾するように見えるものもある。たとえば、死者の復活の教えや最後の審判の教えなどは、もっとも正統派のクリスチャンには輪廻と矛盾するように思えるかもしれない。しかし、「死者の復活」や「最後の審判」ということばを、文字どおりでなく象徴的な意味で言われたものと解釈することは可能ではないだろうか。また、「地獄の炎」のような詩的表現や寓話は、キリストや新約聖書の記述者が霊的真理を理解するために劇的に表現したものを、後に厳格な文字どおりのドグマに結集してしまったのではないだろうか。

ケイシーは、ラマースのこうした答えを、もっともだと考えた。この答えは、自分の特異な能力が、子供時代から信じていた宗教と相いれないものに利用されていると感じはじめた頃からつきまとっていた、ほとんど恐怖にも近い困惑をしずめるのに役立った。

しかし、また別の反問が頭をもたげた。今度は科学的な疑問である。たとえば、世界の人口がこんなに大きく増加しているというのはどう解釈すべきであろうか。このことは、あらゆる霊魂はかつて地上にいたことがあるという思想と調和するであろうか。余分の霊魂はどこからきたのであろうか。

ケイシーの家族全員が、グラディス・デイヴィスをはじめ、ラマース、リンデン・シュロイヤーなどとともに、これらの問題を熱心に話し合った。議論が行きづまると、リーディングに助けを求めた。そして、リーディングそのものがあまりに途方もなく思われるときには、公立図書館へ調べに出かけた。

彼らは、人口問題に対してはあまり苦労せず答えを見出すことができた。結局のところ、増加があったかどうか誰もたしかにはわからない、と言う者もいた。これまでの多くのリーディングが、エジプトやアトランティスなどの過去に消え去った文明を指摘している。コロンビア、メキシコ、エジプト、東洋の考古学上の遺跡は、現在はただの荒地と化しているところにかつて偉大な文明があったことを証している。おそらく、どの歴史の時期にも大きな人口の増減があり、宇宙の霊魂の総数においては結局変わりがないのかもしれない。見えざる世界は、地上の環境がかんばしくないときには、多くの霊魂を容《い》れて待機させているのであろう。

この説明は、頑固なまでに疑い深いケイシーにも充分合理的なものに思われた。しかし、今度はアトランティスが躓きの石となった。そういう文明が実際にあったということを、どうして確かめることができるだろうか。これもまた単なる神話にすぎないのではないだろうか。リーディングはかなり詳細にこの問題に答えている。

それによれば、大西洋の海底に昔アトランティスが存在していたことを口にしたのは、西洋ではプラトンが最初である。今日、一般大衆はこの問題に真面目な関心をはらっていないが、地質学者は、一時これに科学的な注意を向けたことがある。だが、彼らの意見もまちまちで、あるものはその存在を否定し、あるものは強力に支持していたりする。

いずれにせよ、この問題を取り扱った研究書は、歴史的文化的ならびに地理的見地から互いにこのことを裏づける証拠を提供している。ケイシーが手に入れたイグナチウス・ドネリーの『アトランティス――ノアの洪水以前の世界』もその一つであるが、彼は自分の与えたリーディングがこの本に提供されている主な証拠とぴったり一致しているのを発見して驚いたのである。

以上のような議論や調査、また歴史、科学、比較宗教、古代密教、催眠心理学などに関する書物を調べていくうちに、ケイシーは次第に今までもったことのない歴史的文化的視野をもつようになった。彼は、自分が催眠状態で述べることについて次第に恐れを抱かなくなり、自分のリーディングに何らかの真理があり得るのだと考え、その可能性をより深く受け入れるようになった。そして、批判的好奇心をもって熱心にリーディングの真実性を調査しはじめた。

たとえば、リーディングがつねに首尾一貫していることに気がついた。その内容は、それらが取られた時期がどれほど時間的に隔たっていても、一方が他方と矛盾しているようなことはけっしてなかった。つまり、二番目のリーディングが最初のリーディングより数ヵ月あるいは数年後にとられたものであっても、その内容は最初のそれと正確に一致していて、ちょうど読みさしの本のページを開いたときのように前とつながっていた。たいていのリーディングが、古代エジプトやアトランティスのような歴史上のある時代を想起させる意味あいをもっていた。一定量のリーディングを比較研究してみると、断片的だが詳細な描写が互いに一致していて、それぞれ、かつてどこかで言ったことをくり返したり、でなければ前の内容に新しく何かを加えたりしていた。

リーディングは、記録に残る歴史的事実とも多くの点で一致していた。たとえば、初期のリーディングの一つで、ある人が前生で「椅子浸し（Stool-dipper）」であったと言ったことがある。ケイシーは「椅子浸し」なるものについてまったく知らなかったが、百科辞典をひくと、魔女の疑いのあるものを腰掛けに革紐でしばりつけて池に浸すという、アメリカ初期の風習であることがわかった。

リーディングの歴史的正確さをはっきり示すもう一つの例は、ケイシーがジャン・ポクランなる人物について述べたことである。ジャン・ポクランという名は、フランスの偉大な劇作家モリエールの本名で、モリエールの母は彼がごく小さいときに死んだというのだった。覚醒時におけるケイシーは、モリエールについて聞いたこともなかったし、ましてやこれがペンネームで、本名はジャン・ポクランということなど知るよしもなかった。しかも、参考書を調べてみると、モリエールの本名がポクランであるという点も、彼の母が早く死んだことも事実だとわかったのである。

さらに別の例としては、ある青年の場合がある。彼は前生フランスに住んでいて、ロバート・フルトンの友達であり、フルトンの発明の一つは彼も手伝ったというのだった。ケイシーはロバート・フルトンについては知っていたが、彼がアメリカ以外の土地に住んでいたことがあったかどうかは、はっきり知らなかった。人名辞典を引くと、やはりフルトンはフランスに数年いたことがあり、彼を激励してくれる多くの人々とそこで会い、その人たちから生涯影響を受けるようになったことが明らかになった。

リーディングは、通常、前生でその人がもっていた名前を正確に言うが、ある場合には前生におけるその人の記録はどこに行けば見つかるか――たとえば本や古い書類や墓石など――をつけ加えることもあった。

そのもっともよい例は、前生の名前をバーネット・シーイという、南北戦争のときに南軍の兵隊だったといわれた人物の場合である。この人は、ヴァージニア州のヘンリコ郡に住んでいたことがあり、そのときの記録をさがせば見つかるだろうと教えられた。さっそくヘンリコ郡に出かけてみると、目指す記録はそこにはなかったが、戸籍係の書記が、そこの古い書類は最近ヴァージニア州立図書館の古記録部に移管になったと言った。そうして、ついにその図書館の古文書のなかにバーネット・シーイの記録を発見したのである。そこには、一八六二年、二十一歳のとき、旗手としてリー将軍の陸軍に入隊、と記してあった。

前生に関する情報の正確さが歴史的に確認されることも興味深いが、現在の人生に関する情報についても、その正確さを確証するものが無数にある。まもなくケイシーは、リーディングの心理分析は、彼自身や家族に関するものばかりでなく、まったく知らない人の場合にも正確であることを納得するようになった。他人の場合と違って、自分の家族についてのリーディングが正確であるのは、もともとよく知っているからだと言われればそれまでである。催眠状態に入っても、個人的な知識がたよりになるのだと解釈されるかもしれない。しかし、他人についてのそれは疑問の余地がない。

やがて、フィジカルリーディングの場合と同様、彼がリーディングの依頼者を知っているかいないかは、リーディングにとって少しも問題でないことがわかってきた。まったく知らない人でも、地球のどこか遠くにいる人でもかまわなかった。名前と生年月日と生まれた場所さえわかれば、その人のもつかずかずの才能と欠点を指摘しながら、それらが前生のどこで種をまかれたかについて納得できるように説明し、正確な性格描写を行ない、また今現在その人がどんな環境にあるかについても述べることができた。

このような未知の人の性格描写が、一回正確だったに過ぎないならば、それは「偶然の一致だ」と無視していいかもしれない。しかし、無数の人々の才能や多種多様な人々の環境までもぴたりと当てるとなれば、偶然の一致ではすまされないだろう。

ライフリーディングに関するもう一つの面は、子供の気性や職業の適性に関して非常に正確だということを、ケイシーが長年のデータから発見したことである。

あるノーフォークの子供は、生まれた日にライフリーディングが取られたが、わがままで強情で頑固で、なかなか言うことをきかない子になるだろうと告げられた。成長するにつれて、これらの特性はまさにそのとおりにあらわれはじめたのである。おそらく両親は、誕生日に予言されたことを子供には用心して知らせなかっただろうに。

さらに印象的な例は、生まれて三週間経ってとった、ある少年のライフリーディングである。それによると、少年は傑出した医者になるだろうと予言された。リーディングが述べたあらゆる性格上の欠点は、医学に対する異常なまでの興味とともに、幼年時代からあらわれはじめた。八歳のとき、彼は死んだ動物を解剖して内部を調べ、十歳にもならないうちに、むさぼるように医学辞典を読み、十二歳のときにはジョンズ・ホプキンス大学に行って医者になるつもりだと父に宣言した。子供の父はニューヨークの実業家で、母は女優だった。両親は、はじめは子供が医者になることに反対で、思いとどまらせようとしたが、子供の決心はかたく、あらゆる困難を克服してしまった。現在、その少年は東部の大きな大学の医学部の予科に通っている。両親は、リーディングの予言を子供に打ちあけてけしかけるようなことはけっしてしなかったのであるが、いずれにせよそのように育ったということは、前生の発達状況を基礎とした潜在能力について、ケイシーの透視的知覚が正確だったからだと思われるのである。

前述の例は、リーディングが高度に予言的価値を有していることを暗示している。ここで

「予言的」というのは、占い師がいうような意味ではなく、心理学者が心理テストの予言的価値についていうときの意味である。たとえば、よく知られているロールシャッハ・テストは航空士官候補生の試験の際に用いられるが、あるときこのテストの結果、二百人中六人が精神的にパイロットとしての適性を欠いていることが予見された。候補生は一応みなコースをつづけることをゆるされたが、一年の終わりには、適性を欠くとみなされた六人はやはり心理的理由で落第したのである。このような多くの実例をもとにするとき、ロールシャッハ・テストは高度の予言的価値を有するとみなされるわけである。

ケイシーのライフリーディングも、これと同じ意味で予言的価値を有していた。このことは、幼児の場合ばかりでなく、大人の場合でも明らかだった。

ニューヨークの電話交換手をしていた若い女性は、あるとき、ヴァージニア・ビーチに打ってくれと何度もたのまれる不思議な電報に好奇心を抱き、電報先のケイシーなる人物は誰であろうと問い合わせてみた。彼女の好奇心はますます高まり、ついにライフリーディングを受けてみようと決心した。リーディングは、彼女が通信技手をしていることは時間の浪費であると告げた。彼女の前生は数回とも有能な芸術家だったので、今回も成功するであろうから、商業美術を勉強するようにということだった。商業美術にしろ、その他の美術にしろ、およそ芸術にたずさわることなど思いもよらぬことだったが、物はためしと思って彼女は美術学校に入った。すると、おどろいたことに、彼女に本物の才能があることが発見され、まもなく商業美術家として成功し、その途上で性格さえも変わってしまったのである。

ときが経ち、人々の生活のなかにリーディングで述べたことが実現してゆくのを見るにつれて、ケイシーは次第に自分の仕事の価値に自信をもつようになった。リーディングにはまだ証明できないことが多くあったが、証明できている部分が、できない部分に対しても自信を与えた。多くの人が自分に適した職業にみちびかれていった。また他の人々は、結婚生活がうまく行かない理由がどこにあるか理解するようになり、社会的ならびに心理的によりよく自己を順応させる知識を与えられた。

最初ケイシーは、このような情報が与えられたのは、ラマースが輪廻を信じていて、ケイシーの心にその暗示が植えつけられたからではないかと疑った。しかし、もろもろの事実はこの疑いが誤りであることを示していた。第一に、ラマースは最初のリーディングのとき、暗示のなかに輪廻ということばは使わなかったのである。彼が求めたのは天宮図で、それ以外は何もたのまなかった。ケイシーの無意識ないし超意識が、前生についての情報を自発的に提供したのである。

そのことのみならず、後に遠方に住む一面識もない人々に対して与えた検証可能な情報なども、ほとんど全部、ラマースもケイシーも知らないものであった。もしケイシーの無意識的な心が、ラマースによって与えられる暗示をもとにして空想的な虚構をつくりあげたなら、それらの情報が、未知の、しかしその真偽を検証しようと思えばできる事実と、こう何度も一致することはなかったであろう。

これらすべての点を総合するとき、ケイシーは次第にライフリーディングの内容とそれが提供する人間の運命についての説明の真実性を確信するようになったのである。だが、ケイシーは他の何物にもまして、リーディングにみなぎるキリストの精神に信服したのである。同胞を助けようという精神でリーディングが与えられていること、クリスチャンの理想が、輪廻の思想とたやすく調和するという点で納得させられたのだった。

聖書のことばやキリストのいましめのことばが出てこないリーディングはほとんどなかった。一番頻繁に引用されたのは、おそらく「汝ら蒔《ま》くごとく刈りとらん」ということばであろう。ときにはそれらは文字どおりの引用であり、またあるときは直接的な引用の意訳だったり、念入りな言いかえだったりした。たとえば「けっして欺ちがいしてはならない。誤解してはならない。神をだますことはできないのだから。なぜなら人は蒔いたものを刈り取らなければならない。人はつねに自分と対面しているのだ。それゆえ、主の言われるように、悪意をもってお前を扱うものによくしてやれ。そうすれば同胞に対してお前がしたことを償うことができるだろう」と。

このような陳述が、前生の不正行為が原因で生じたとされる悩みに対する助言としてなされた。その陳述の仕方は非常に熱心で、つねに適切で有意義であり、信服力をもっていた。輪廻の思想と徹底的なクリスチャンの考え方との結合は、もちろん何ら科学的な力をもつものではないし、不可知論者には何の意味ももたぬであろう。しかし、ケイシーにとっては、動揺しかけていた心のバランスに決定的な重みをもたらすものだったのである。

最初の興奮がいくらか落ちつくと、グループは情報そのものの性格について疑問をもちはじめた。一つには、歴史のある特定の時代がリーディングに頻繁にあらわれてくることに不審をもったのである。多くの人が似たような歴史的背景をもっていた。実際、彼らの前生はほとんどある一定の型に落ちつくように思われた。一番よくある型の一つは、アトランティス、エジプト、ローマ、十字軍時代、初期の植民時代――という順序で、他はアトランティス、エジプト、ローマ、ルイ十四、十五、十六世時代のフランス、及びアメリカ南北戦争という系列だ。もちろんそこには変わったものもあり、中国、インド、カンボジア、ペルー、ノルウェー、アフリカ、中米、シシリー、スペイン、日本、その他の場合がないでもなかったが、たいていのリーディングは同じような系列に従っていた。

ケイシーは、このことの理由を、ある時代の霊魂は通常一緒に生まれ変わってくるからであって、その間の何世紀かは、他のグループの霊魂がいわば交替で地上にあらわれるのだと説明している。ちょうど工場の職工が交替制で出勤するように、霊魂も秩序とリズムをもって交替しつつ進んでゆくという。したがって、今日地上にある霊魂は、歴史のある過去の時代にも一緒に生存していたのである。また、家族のきずなや友情や同じ趣味によって互いに親密に結ばれている霊魂は、前生においても同様のきずなによって結ばれていたらしい。ケイシーからリーディングを受けた人々は、同じように前生で何らかの関係があったと思われるのである。

次の疑問は、これらの情報はどこからくるかということであった。これに対する答えは、催眠状態においてケイシーの心が接触することのできる知識の源は二つあるというものだった。

その一つは、ライフリーディングの依頼者個人の無意識的な心である。リーディングの説明によれば、無意識的な心は個人が経てきたあらゆる経験――この世に生まれてからの経験のみならず、誕生以前の一切の過去の経験――の記憶をもっているのである。これらの誕生以前の記憶は、近代の精神治療家によって通常引き出される、いわば揚げ蓋《ぶた》の下の無意識よりもさらに深層領域に存在している。しかも、無意識的な心は他の無意識的な心からの接近が意識的な心よりもたやすいのである。ちょうど、ニューヨークの町の一つの地点に行くのに、路面電車で行くよりも地下鉄で行くほうがたやすいように。したがって、催眠状態に入るとケイシーの心は他の人の無意識領域とただちに連絡がとれるのである。

この説明を受け入れるのはあまり困難でない。それは偶然にも、無意識的な心の存在と内容についての精神分析家の発見と、少なくとも部分的に一致している。だが、情報が提供される第二の源についての説明は少しばかり空想的かもしれない。第二の源は、リーディングが「アカシアの記録」と呼ぶところのものと関係があるのである。耳なれないことばを言った場合によくするように、眠れるケイシーはアカシアということばの綴りを述べた。それは“Akashia”形容詞は“Aka-shic”であると言った。ケイシーの説明は次のようなものである。

アカシァとはサンスクリット語で、その構成が電気的、霊的であるところの宇宙の根本的なエーテル的実体のことである。このアカシァの上に、宇宙はじまって以来のあらゆる音、光、運動、想念などの記録が印象されたまま消えずに残っている。この記録があるから、透視者や占者たちは過去を見ることができる。その過去がいかに遠くとも、またそれが普通の人間の知識ではどんなに近づきがたくとも、見えるわけはそこにある。アカシァは感光板のように印象を記録する。これは宇宙の巨大なスナップ用のカメラともみなされるものである。これらの波動的記録を読む能力はおのおののなかに生来そなわっている。それはわれわれの諸々の器官の感度に依るのであり、またラジオを正しい波長に合わせるように、正しい意識レベルに同調させることによる。覚醒時にはケイシーはその肉体的意識を充分にこれに合わせることができないが、催眠状態に入るとできるようになる。

ケイシーの眠れる唇から出るあらゆる不思議な情報のなかで、彼にとってはこれがもっとも不思議なものと思われた。しかし、疑いをもって何度も質問をくり返したところで、あるときは同じことばで、またあるときは説明をつけ加えて同じ説明が行なわれるのだった。

リーディングはしばしば「アカシァの記録」は、「宇宙の普遍的記憶」とか「生命の書」と呼んでもよいと言った。リーディングはまた、アカシァの実在について、何世紀も前に他国で教えられている点を述べることもあった。たとえば「物質」は幻影であり、本来そのような固体は実在しないというインドの概念や、物質と力の相互交換可能性、テレパシーによる思念伝達の実在というような概念が、最近の西洋科学で実証されつつあることを考えるとき、このアカシァというインドの概念についても、もっとオープンな態度を持つべきだろう。

ケイシーは長い間、この点については判断を控えていた。無意識的な心という説明はおそらく前生における個人の歴史をカバーしているかもしれない。だが、アトランティスやエジプト、イエスの時代などの過去の時代に関する「リサーチリーディング」の場合、ケイシーの唇から次々に出てくる豊富な詳しい情報が、はたしてケイシーの無意識的な心だけで説明がつくのだろうか。この情報は、その時代に住んでいた誰かの無意識的な心から引き出されるのだろうか。それとも彼は、宇宙のどこか未知の領域に保存されている、ある巨大な歴史のつづれ織りを実際に読んでいるのだろうか。

それでも、ケイシーはついにアカシァも受け入れるようになった。これに確実な証拠があるからではなく、リーディングがそう言うからであって、リーディングは他の実証可能な点で間違いがなかったからである。

超感覚知覚の研究者たちがいつか、ケイシーの情報はこの点で誤っていると証明するかもしれない。もしかすると、ほかの説明が彼の過去への透視力の理由として採用されるかもしれない。また反対に、われわれの時代の科学者が、アカシァが実際に存在することを将来証明するかもしれない。ラジオ波やラジウムや原子エネルギーや人体の神経系統の記憶印象《メモリーエングラム》（訳注五）と同様、けっしてこれが空想でないことが証明されるかもしれない。

とにかくケイシーが与えたライフリーディングとその驚くべき真実性とは、その究極の出所がどこであるかはさておき、いまだに事実として残されているのである。一九二三年から一九四五年の死に至るまでの二十二年間に、ケイシーは約二千件のライフリーディングを与えた。フィジカルリーディングの場合と同様、これらは大切に保管され注釈がつけられている。手紙やその他の書類がそれらの正確さを裏書きしている。これを調査したいと思う者は誰でも自由にリーディングの持ち主に面接することもできる。

したがって、もしケイシーとともにこれらの特異な書類の真実性や、それらが提供する人間の運命についてのもろもろの説明をついに信ずることができるようになるならば、われわれはとてつもなく多量の情報を所有していることになるのである。第一に、ここには輪廻という革命的理論を支持する情況証拠がある。かりにこの証拠を絶対的に結論的なものとして受け入れることができないにしても、少なくともそれが指示する思索領域にわれわれの注意を向けることは、科学上の手ぬかりをふせぐためにも価値のあることと思われる。偉大な発見のなかには、一見まさかと思われるようなところを探すことによって得られたものが数多くある。アインシュタインがどういうふうにして相対性原理を発見したかをたずねられたとき、彼は「公理を疑ったときだ」と答えている。さらに、われわれが手に入れているのは心理学や医学や哲学的性格の情報である。これらを分類分析するならば、自然及び人間の運命についての見方をまったく変えてしまうであろう。

二十二年間にわたって、苦しみ悩む人々がケイシーの催眠透視の精査を受けた。あらゆる種類の肉体的、精神的病いがそれらの人々を侵していた。得体のしれぬ苦悩に叫ぶ詩篇作者のように、彼らは「どうしてこのようなことが私の身に起こらなければならなかったのか」と、そのわけを知りたがったのである。

これら事例のことごとくが絶望的で悲劇的だったわけではない。これらの人々の前生の歴史は、大部分、彼らの現在の人生が平凡で月並みであるのと同じで、べつに劇的な興味をひかれるものではない。しかし、彼らの問題がたいしたものであろうとなかろうと、彼らの現在の状態はきまって何世紀も前にはじまった因果の鎖の一環であることが証明されたのである。人々は、彼らの病気や悩みが宇宙的関連を有することを次々に示された。これらのことを知ることは、彼らの人生に変容を促した。彼らの置かれた状態が長い目で見て適切なものであることを知ったことで、彼らは、より高い霊的水準においてきわめて柔軟に中庸を保つことができるようになった。

これらのリーディングの真実性を受け入れるならば、それらが有する驚異的な意義が考察されなければならない。その重要性は、それが世に新しい理論を提供しているということにあるのではない。輪廻の理論そのものは、世界のあらゆる国々に広く分布している多くの人種の間にはるか昔から見られるものである。ケイシーのリーディングの重要性は、二つのことがらのなかにある。その一つは、西洋世界ではじめて輪廻転生についての明確にして独自の、しかも心理学的に信頼できる理路整然たる説明が与えられたことであり、第二は、有史以来はじめて、かかる情報が一般大衆に利用できる形で記録として残されたことである。

ケイシーのリーディングは、東洋の哲学とキリスト教の生活指導原理とを調和させるものである。これによって両者に新しい生命が与えられることになる。かくして、これまで東洋と西洋とをそれぞれ性格づけてきた二つの見解、つまり内向と外向――の間に要求されていた統合が成就されるのである。

とりわけ、ケイシーのリーディングは特に科学と宗教との統合を成就するものである。倫理的な世界も、物質を支配する因果の法則と同じものに従属していることが証明されたのである。人間の苦しみはたんなる物質的な不運というよりも、むしろ行為や思考の誤りに原因があることをリーディングは明らかにした。人間の誕生や人間の能力にある不公平は、神の気まぐれや遺伝の盲目的なメカニズムから生じているのではなく、個人の過去の行為の功罪から生じているのである。あらゆる苦痛や不自由は教育的な目的を有している。心身の障害や災難は道徳的な原因を有している。あらゆる人間の苦悩は知恵と完成を目ざす長期大学における教訓なのである。

訳注一　オリゲネス（西暦一八五頃～二五四）
アレクサンドリアの神学者クレメンスの弟子。

訳注二　殉教者ユスティノス（西暦一二五頃〜一六六）
二世紀の護教家。ローマで殉教の死をとげた。

訳注三　聖ヒエロニムス（西暦三四〇頃〜四二〇）
ラテン語聖書（ヴルガータ）の完成者。晩年はパレスチナで修道院生活を送る。

訳注四　アレクサンドリアのクレメンス（西暦二一五年頃没）
ギリシア哲学からキリスト教に入り理知的神学を樹立した。

訳注五　生物にある刺激を与えた後、その刺激と同様の刺激に対して反応しやすくなる変化をエングラム（engram）という。

4章　肉体的カルマの実例

◎人の血を流した横暴な将軍は貧血症になった
◎椅子浸しの伝道師は今生で夜尿症になった
◎罪がいやされればカルマは消える

足が不自由だとか、耳が聞こえないとか、心身の障害、盲目、不治の病いなどは、人間の苦悩のなかでおそらくもっとも痛ましいものであろう。他人がこうした苦しみをもっているのを見ると深い同情の念をおぼえるものだが、自分がこのような苦しみを経験し、その不治の悲哀を知るとき、なぜこのようなことがほかならぬ私に起こったのであろうかと、人間に対する神のはからいを強く疑うようになる。

ヨブはもっとも正しく忍耐づよい人間の一人として知られていた。彼は一夜にしてこの世のすべての富と子供を一人残らず失った。それは彼の心にとって痛手だった。しかし彼は、一語の不平ももらさなかった。だが、最後の試練として悪魔が彼のからだに呪わしいできものを生じさせたとき、ヨブはついに神を呪い、絶望の叫び声をあげながら彼の苦悩の理由を問うたのである。「我に教えよ、しからば我黙せん。請う、われのあやまてるところを知らせよ」

苦しみは何らかの誤った行為に根ざしているにちがいないという信仰は、時代おくれの迷信として近代人から無視されている。今日では、苦しみを「罪」のせいと考える者はほとんどない。しかし、ケイシーのリーディングの観点からするなら、たとえ罪の原因はかくれて見えなくても、罪と苦しみは厳格な因果関係をもっているのである。

ケイシー・リーディングの基礎をなすこの考えを理解するためには、カルマということばの意味を知ることがまず必要である。なぜなら、このことばが、罪と苦しみの因果関係をあらわす唯一のことばだからである。カルマとはサンスクリット語であり、文字どおりの意味は「行為」ということである。しかし哲学上の思想としては、あらゆる人間の行為を支配している因果律、または作用反作用を意味している。インドのブラフマン哲学の遵奉者であったエマーソンは、この概念を「償いの法則」と言っている。キリストが「人はその蒔《ま》いたとおりのものを刈りとる」と言ったのは、端的にこのことを意味していたのである。ニュートンの運動の第三法則——あらゆる作用はそれと等しい反作用を伴う——は、物理法則と同様、道徳律にもあてはまる。

ケイシーのライフリーディングは、人間の現在の苦しみや思いどおりにならないことの原因を過去の特定の行為に帰着せしめ、カルマという抽象概念をより鮮明に身近に浮かび上がらせた点で魅力がある。これらの実例を徹底的に調査すると、そこには種々さまざまなカルマが示唆されている。その一つは「投げ矢のカルマ」とも呼ばれるべきもので、ブーメラン（オーストラリア先住民の用いた飛び道具）が、投げるとそれを投げた人のところに返ってくるように、他人に向けられた有害な行為がそのまま自分にはね返ってくるというものである。

投げ矢のカルマの実例は、ケイシーのファイルのなかに数多く見出される。その一つは、生まれながらにまったくの盲目であった、ある大学教授の例である。彼はラジオでケイシーについての話を聞いた。彼はフィジカルリーディングを申し込み、その指示に従って整骨療法《オステオパシー》や電気療法、食事療法などの総合治療を行なった結果、からだが丈夫になり視力もいちじるしく改善した。医者からサジを投げられていたのに、三ヵ月すると左眼の視力は一〇パーセント回復した。彼のライフリーディングは、四回にわたるこの人の前生について述べた。一つ前は南北戦争時代のアメリカ、二つめは十字軍時代のフランス、三つめは紀元前一千年頃のペルシア、そして一番古くは沈没直前のアトランティスであった。

それによると、現在の彼に盲目をもたらした霊的法則は、ペルシアの時代に彼が発動させたものである。彼は野蛮な風俗をもつ民族の一人で、その民族は赤くやけたコテで敵の目をつぶす慣習があり、彼はそれを行なう職業についていたのだ、と。

ここで当然生じるのは、たんに社会の慣習上課せられた義務を遂行したにすぎないのに、どうして個人がその責任を負わなければならないかという疑問である。これは徹底的に取り上げて論じる必要のある問題であるから、二十三章で詳しく述べることにしたい。

次に注目すべき例は、マニキュアの美容師をしていた女性で、この人は一歳のとき小児麻痺にかかっていた。そのため、足の発育がとまってしまって、ひどく不自由になり、松葉杖と添え木がなくては歩けなくなってしまった。

彼女のこの障害の原因は、カルマの立場から見るならば、アトランティスに生まれたときに彼女がある方法によって——それが薬によるのかあるいはテレパシーによるのか、それとも催眠術によるのか、リーディングは明らかにしなかったが——「人々の足を弱くし、人のあとからついて歩くことしかできないようにしたところにある」というのだった。このために今度は自分がそのような目にあっているというのである。

投げ矢のカルマの第三の興味深い例は、四十歳になる婦人の場合で、彼女は子供の頃からアレルギーの症状で悩まされていた。ある特定の食物——主にパンやその他の穀類だが——を食べると、花粉症の患者のようにクシャミがはじまるのだった。またある品物——主として、靴の皮とかメガネのプラスチック製のふちとか——に触れると、横腹に神経性の激痛が起こるのである。長年にわたっていろいろな医者にかかったが、効いたのは二十五歳のときに受けた催眠療法だけだった。その療法は、およそ六年間は効いていたが、その後次第にもとにもどってしまった。

この婦人がケイシーからリーディングを受けようとした主な目的は、病気を治すためであったが、ケイシーの透視にはカルマからくる原因が含まれていた。リーディングは次のように述べた。「この人は前生において化学者だった。そしてある物質を用いて人にかゆみを起こさせた。だから今生において自分がそのような目にあっているのである。またこの人は、吐く息が他人にとって毒性をもつようにある種の物質を用いたこともある。それゆえ彼女は今生において、ある種の金属やプラスチックや匂いや皮に触れるとすぐ中毒するのである。皮が樫でなめしてある場合はかぶれないが、この人がかつて前生で他人を害するために用いた材料と同じものでなめしてあるならば、この人は中毒する」と。

肉体領域におけるカルマの第二の例は、「器官のカルマ」とも呼ばれるべきものである。ある人生である臓器を酷使すると、それに続く人生で同じ臓器からそれにふさわしい懲《こ》らしめを受ける結果になるのである。このカルマのよい例は、子供の頃から胃弱で悩む三十五歳のある男性にみられた。彼は、つねにあるきまった組み合わせの食物しか摂ることができなかった。しかも、注意してもなお食物をかむのに数時間を要した。この過敏性のために、彼はしばしば人なかで気まりの悪い思いや不便を経験しなければならなかった。

ケイシーのリーディングによれば、彼のこの胃弱の原因はルイ十三世時代のフランスでの前生にあった。彼はそのとき王の護衛係で、かたわら王室衣装部の顧問でもあり、自分の義務を忠実に遂行した。だが、彼には一つの大きな欠点があった。ひどい大食漢だったのである。ぺルシャの宮廷医をつとめていたその前の人生においても、彼は宮廷の食事を享受していた。つまり、二度の前生において、彼は暴飲暴食という心理的罪を犯したのだ。このアンバランスは何らかの方法で矯正されなければならなかった。それゆえ、生まれつき消化器が弱いというかたちで、今生での節制を余儀なくされていたのである。

ケイシーのリーディングにしばしばみられる第三の肉体的カルマは「象徴的カルマ」とも呼ばれるべきものである。これは、病気のもつカルマ的原因のうち、もっとも驚くべき、かつもっとも興味あるものである。

初期のライフリーディングだが、小さな子供のときから貧血症で悩んでいる青年があった。父が医者だったこともあり、あらゆる治療法が試みられたが何の効果もなかった。頑固でいっこうに治ろうとしないこの青年の病気は、根深いカルマに原因があることを暗示していたが、事実、リーディングは五回もさかのぼったペルーにおける前生にその原因を帰した。この青年は、その当時横暴にも国の支配権をうばって統治者の位についたのだった。「多くの血が流された。それゆえ現生において貧血症になったのだ」と、リーディングは語っている。

このことばの意味は、これと他の肉体的カルマの例とを比較してみると明らかになるだろう。これはたしかに器官のカルマではない。というのは、この人の罪というのは、何らかの不節制をして自分自身のからだを酷使したのではないからだ。また、これは厳密に言って、投げ矢のカルマでもない。もし投げ矢のカルマならば、青年は支配者による無情な殺戮《さつりく》の犠牲者になったであろう。ヒットラーの軍隊によって血を流したポーランドの青年になったかもしれない。

しかし、この青年はそうならず、彼自身の肉体が殺戮の戦場になったのである。いわば、自分の罪を償ういけにえの祭壇となったのである。このように、一生肉体的障害につきまとわれることは、戦場における血なまぐさい死よりもはるかに教育上有効な刑罰である。青年はかつて征服者の侮蔑をもって人々の血を流した。それゆえ彼は、いま自分自身の血液の不足によって病身となり、彼の肉体の一部が象徴的にカルマを負っているのである。

この考えは、精神身体医学によって見出された臨床的事実について知識のない人には空想的に思えるかもしれない。そう昔のことではないが、病気というものはすべて肉体的な原因によるものだと考えられていた。しかし、精神医学の発達により、少なくともある種の肉体的状態は精神や感情の乱れによることが実証された。そしてこの発見から、いわゆる精神身体医学という部門が生まれたのである。

精神身体医学の臨床実験は、感情の緊張が言葉や行為で表現されないときには、一種の「器官言語」を通して、象徴的に肉体上に表現されることを証明している。「精神身体医学」の教科書の著者であるワイスとイングリッシュは言う。「たとえば、もし患者が何らの臓器の原因なくして嚥下《えんげ》できぬ場合は、患者の生活環境に何かのみこむことのできないものがあることを意味しているかもしれない。臓器の病いでない吐き気は、ときとして患者があれこれの環境的要因を消化できないことを意味している場合がある。食欲がなくなった結果ひどい栄養失調になっている患者は、肉体的に飢えていると同様、精神的にも飢えていることがしばしばある。この場合に病む器官は、環境状態がわるくて心に不安を生じているのに、活発にはたらいている器官である場合が多い。しかし、体質や親との類似など、その他の要因も器官の選択を決定することがある」

さて、ここで注目すべきことは、いわゆる象徴的カルマなるものと精神身体医学の「器官言語」とのあいだに、ある密接な関連があるように思われる点である。象徴的カルマの場合は、その人の意識のなかに自己の犯した罪に対する罪悪感が非常に深くあるため、その罪悪感が肉体そのものに投影されるというべきか、そうしてあらわれてくるように思われる。そしてこの場合、犠牲になる器官は象徴的に適切だと思われるものが選ばれる。

ケイシー・ファイルのなかのこのような象徴的な復讐の多くの例のなかから、二、三の代表的なものをあげてみよう。ひどい喘息《ぜんそく》患者がケイシーに言われた。「他人のいのちを圧しつぶす者は、いつか自分のいのちを圧しつぶすことになる」。耳の聞こえない人が諭された。「これからは二度とあなたに助けを求める人に耳をふさいではなりません」（この人はフランス革命のときに貴族だった）。脊椎カリエスの患者が言われた。「この人は他人を妨害したので、いま彼自身がそのような目にあっているのだ」。進行性筋萎縮症にかかっている患者が言われた。「これはたんに下肢の神経や筋肉が萎縮したのではない。前生においてあなたが自分や他人の生活のなかにつくり出したものの結果である」。

　象徴的カルマのもっとも注目すべき例は、二歳のときから慢性夜尿症で親を困らせていた十一歳の少年の場合であろう。このケースは治癒過程が特異なので、少し詳細に述べることにしよう。

　幼い頃、彼は非常におとなしい子供だった。両親の手を煩わせることがまったくなかったが、二番目の子供が生まれたときから寝小便をするようになった。それも毎晩きまって漏らすのである。両親は、下に赤ん坊が生まれたので、その子の心に動揺が生じ、親の注意を引く優位な存在になろうと、幼児の習慣に逆もどりしたのだと考えた。赤ん坊である妹が両親の愛情を独占しているのではないことをその子に知らせようと、両親はあらゆる努力をしたが、夜尿症は依然としてつづいた。

　ついに子供が三歳になったとき、両親は精神科医に相談しようと決心した。一年あまり精神科医にかかったが、いっこうによくならないので治療をやめてしまった。その後五年間、少年は毎晩床をぬらしつづけた。両親はあらゆる有名な専門医に相談してさまざまな治療を試みたが、まったく効果がなかった。八歳になってもなお病気はつづいていた。両親はもう一度精神科医の助けを求めようと考え、二年間治療をつづけた。それはその子の一般的な個性の成長には役立ったが、寝小便のくせは依然なおらなかった。二年間むだに努力した末、精神療法は断念してしまった。

少年が十歳のとき、両親はエドガー・ケイシーのことを聞き、子供のリーディングをとってもらおうと決心した。少年のライフリーディングによれば、彼の前生は初期の清教徒時代、つまり魔女裁判の時代における福音伝道師で、魔女の容疑者を椅子にしばりつけて池に沈める刑を積極的にしたということだった。

リーディングは、このカルマの説明とともに治癒の希望を与えた。両親は、少年が夜眠りに入るときにある暗示を与えるように指示された。その暗示の内容は、肉体的なものではなくて精神的なものでなければならぬと言われた。

母親はリーディングを受けてすぐに、子供のベッドのそばに坐って、子供が眠りに入るのを待った。彼女は次のことばを低い単調な声で言いはじめた。「あなたは親切で立派な人です。あなたは多くの人を幸福にするでしょう。あなたはあなたとつき合うすべての人を助けるでしょう。あなたは親切な立派な人です」。同じ意味のことをいろいろな言い方で五分から十分、子供が眠りかけたときにくり返した。

すると、その晩十年ぶりに少年は寝小便をしなかった。母親は数ヵ月間この暗示をつづけた。その間一度も寝小便はなかった。次第に暗示は週に一回ですむようになり、ついにその必要もなくなってしまった。少年の夜尿症は完全に治癒したのである。

このケースには二、三のおもしろい特徴がある。第一に、この暗示をはじめた最初の晩に九年越しの悪習がピタリと止んだということ自体、不思議なことである。もしこの母親が理知的で正直な婦人でなかったならば、人はたぶん、話が誇張して語られていると想像したかもしれない。だが彼女は法律家で地方検事職の一員であり、騙されやすい不正直な迷信家ではなかった。

このケースの第二の注目すべき点は、このようなすばらしい効果をあらわした暗示が、寝小便をしてはいけないというような意味の暗示ではけっしてなかったということである。子供の肉体的な意識にはまったく向けられず、むしろその霊的意識とでも言われるべきものに暗示は向けられたのである。つまり、彼がサーレム時代の前生からひきつづいてもっていた罪の意識――それは腎臓の機能障害として彼自身のからだに象徴的にあらわれていたのであるが――に向けられたのである。彼はかつて自ら手を下して他人を「水浸し」にしたか、あるいは水浸しの刑の責任者だった。それゆえいま自分自身に復讐を受けていることを、ぼんやりとではあるが感じていたのである。

この子供は現生においては誰にも危害を加えたことはなかったが、彼の心のある層では、かつて他人に与えたむごい刑罰のしつこい記憶のために、いまだに自分の親切を疑い、自分は社会に受け入れられないと思っていたのである。母親の暗示は彼の心のこの深層に達し、彼の罪が社会奉仕や親切によってすでに償われている、償うことができるのだということを保証し、その結果、これ以上の象徴的復讐を受ける必要をなくしたのである。

子供はそれ以来、よく順応するようになった。彼はいま人から好かれ、人気者になり、優秀な学生になり、リーダーになっている。生来の内向性はみごとに矯正され、ジョンソン・オコンナの人間工学研究所の試験では、完全に適応性をそなえた外向的性格と評価された。この性格上の変化は、一部は精神科医の療法にもよるが、一部はケイシーのリーディングのおかげであると子供の母親は言っている。

両親の観察によれば、現在十六歳になるこの少年のもっともいちじるしい特徴の一つは、他人に対するまれな寛容さである。他人のなかに見るいかなる性格上の欠点に対しても、彼は何らかの心理的な説明、何らかの弁明を見出してやるのだった。彼のかつての狭量——そのために肉体的な欠陥が生じて象徴的なこらしめを受けたのだが——は、積極的な寛容さへと変化したように思われる。この均衡はすでに徹底的にとりもどせているので、肉体的カルマは当然消え去るであろう。

これらのカルマの作用の実例をながめるとき、これらに対するある概念づけが可能であることを見出すであろう。カルマはしばしば作用反作用と定義されてきたが、この定義はケイシーのリーディングによって実証されている。しかし、あらゆるカルマの特徴である復讐的反作用は、通常そう厳格に文字どおりあらわれるのではない。たとえば、かつて敵の目をつぶした盲目の教授は、今生で野蛮人に生まれてきたのではない。若くして異種族から目に烙印を押されるような残酷な目にあったのでもない。そうではなくて、彼は二十世紀の近代社会に、生まれながらの盲人としてあらわれたのである。彼の現生の出来事は、いかなる点においてもけっして前生の写しではないのである。

この他にも、ある似たような実例から、われわれはこのことを次のように総括することができる。つまり「カルマは心理的法則であり、本来心理的な面に作用し、物理的な環境はたんに心理的な目的を果たす手段にすぎない。したがって、客観的な物理的な面は正確なものではなく、ただ正確に近いだけであって、心理的な面のほうが反作用はより正確である」

なお、反作用の原因に関しては、次のような要約も可能であろう。ケイシーのファイルのなかには、現生の苦悩がその本人の犠牲者によってひき起こされていると見られる場合はまったくない。教授は盲目に生まれついた。だが、彼の両親が前生において彼の犠牲者であったと見られる節はない。小児麻痺のマニキュア美容師は、今までわかっている範囲では、かつてのアトランティス時代の彼女の犠牲者から病気を受けたのではない。また前述の胃弱患者は、彼がかつて虐待した人の胃とは関係なしに胃弱になっているのである。

つまり、反作用とか復讐は、最初罪が犯されたその同じ人やまたその人の肉体的器官から生じているのではなくて、むしろその行為が向けられたと同じ場からきているように思われるのである。二、三の図表で示せば、このことが明らかになるであろう。

ウィスコンシン・マジソン・バーチ街六一四番地のジョン・ドー氏に手紙を書く場合、われわれはジョン・ドーと呼ばれる人をかこむ四つの同心円的環境を特定しているのである。

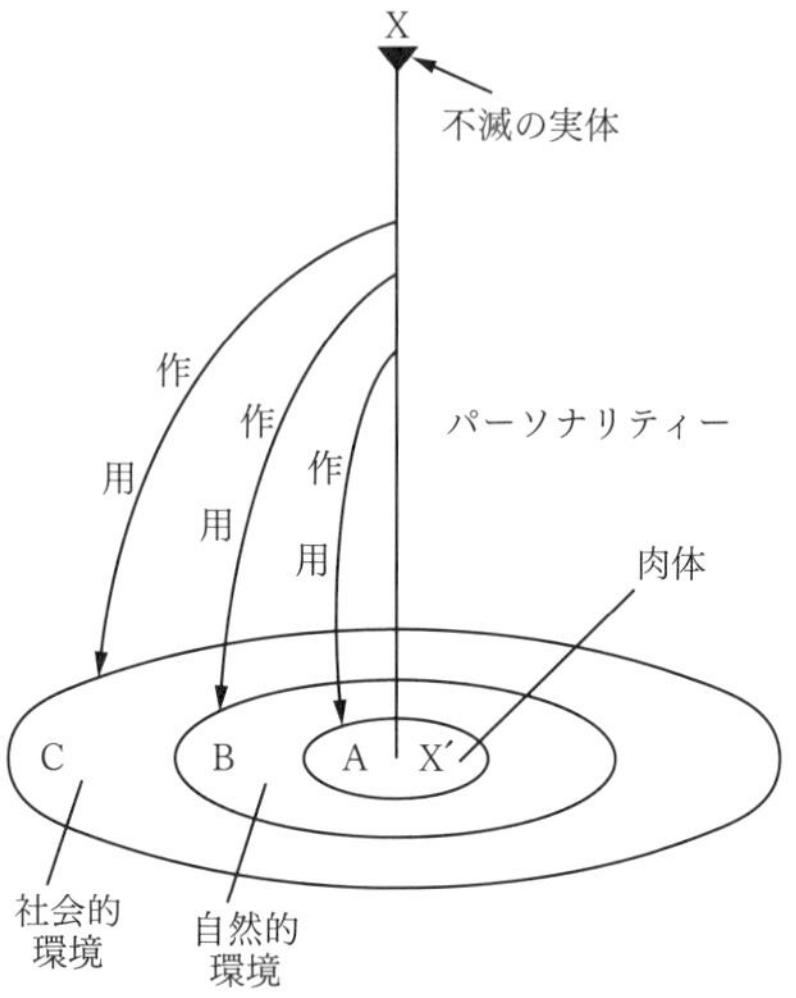

図表（Ⅰ）

ジョン・ドーと同様、霊的自我が物質界に受肉すると、自己が数個の同心円的環境にかこまれているのを見出す。これらの環境は自我を包むばかりでなく、作用領域、すなわち作用の場を自我に提供しているのである。

自我の作用領域を構成するものは、いろいろな方法で詳細に分析されるであろう。だが、自我が自己の意志をはたらかせる主な領域は三つあるように思われる。第一は、それ自身の肉体（これはさらに無数の器官や機能に細分されるし、おそらくはより精妙なエーテル的側面に細分できるだろう）であり、第二は、それ自身の自然環境（これはあらゆる外的環境を意味する）であり、第三はその社会環境（自我が関係をもつあらゆる人々を意味する）である。

図表（Ⅰ）はこれらの同心円的場をあらわす。

Xは不滅の実体で、X′において肉体に受肉している。XX′なる実体は三つの主な作用の場に包まれている。すなわち、A．彼自身の肉体、B．自然界、C．他の人間。XX′からABCに放射されている矢は、これらの場に影響を与える意志的行為を意味する。

図表（Ⅱ）は、これらの場から生ずる反作用、つまり、もとの行為の結果としてXX′に影響を与える反作用をあらわす。したがって、もしXX′が自分の肉体（A）を過食によって酷使するならば、現生または来世において、これと同じ領域から肉体的な反作用を受ける。反作用を受けるときにすでに別の肉体に生まれ変わっているかもしれないということは重要な問題ではない。なぜなら、作用の場が同じであるから、崩れたバランスはどの場においても矯正できるからである。

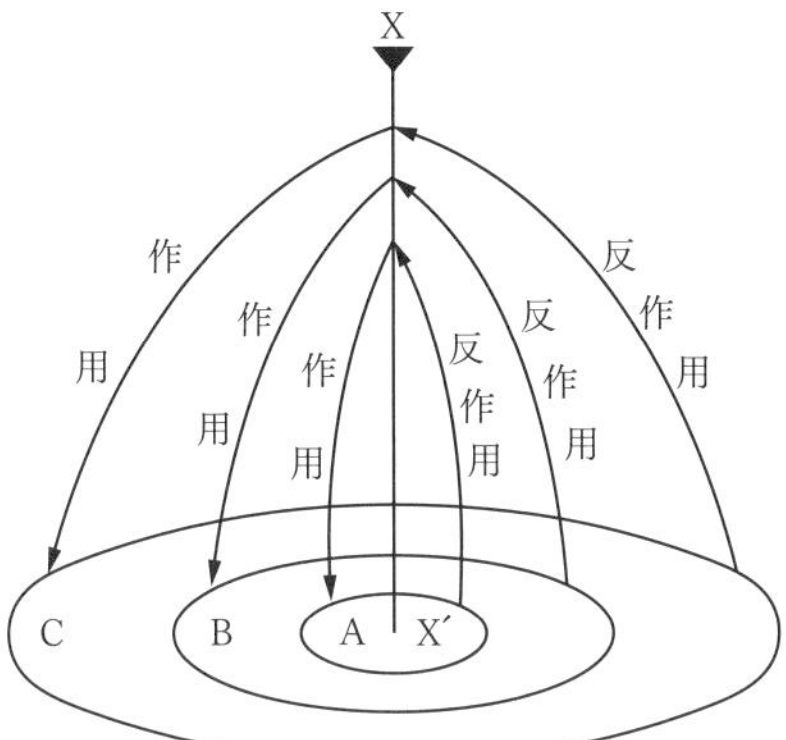

図表（Ⅱ）

この概念は、テニスの試合から類推すればさほど奇異に思われないであろう。かりに二人の人がアマチュアテニスの試合をして五対五の接戦に至ったとき、コートの使用時間が切れて中止しなければならなくなったとする。だが、彼らは勝負に熱中するあまり、今度は近くの公園に出かけて別のコートを借りて三十分後に試合を再開したとする。試合の場所はちがっているが、得点はもとのままである。彼らは、中止したときの得点、つまり五対五の同点から試合を再開する。ここで注意しなければならないのは、この得点なるもの

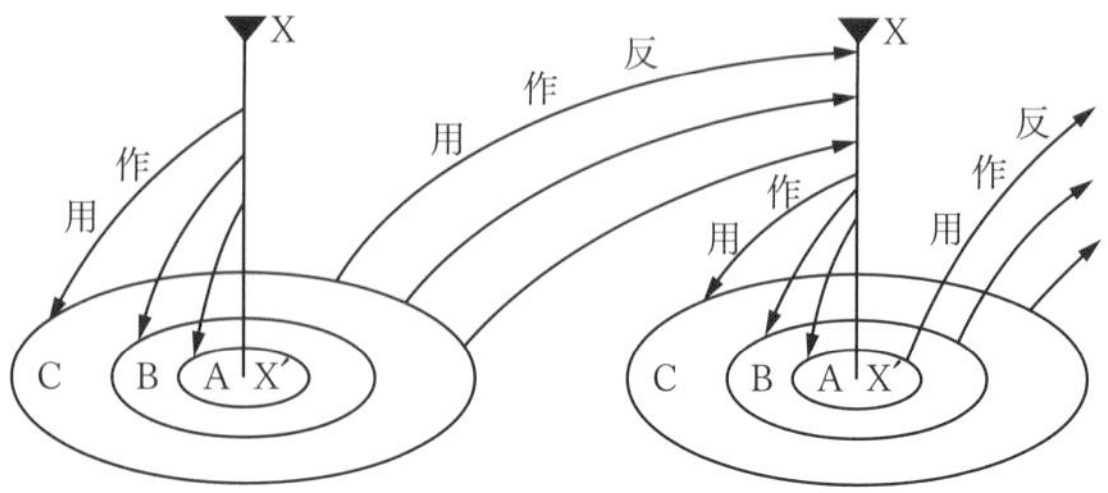

図表（Ⅲ）

は目に見えないという意味で、はっきりしていないという点である。しかし、これは選手が活躍しているところの目に見えるコートと同様、完全に現実的なものであり、この競争が行なわれている肉体というコートも、霊の得点も同じなのである。

図表（Ⅱ）の説明をなお続けるならば、ＸＸ′がほしいままに森を破壊するのか、あるいは鉱物を建設的に利用するのかに応じて（場Ｂ）、その反作用は彼が森や鉱物に与えたものに相当する幸運や不幸となって、後に同じ場からもたらされるであろう。ケイシーのファイルには、この種の反作用の実例が数多くある。またかりに、ＸＸ′がその同胞（場Ｃ）を残酷に、あるいは無情に取り扱ったとするならば、その残酷や無情は必ずしもその同一人物からでなく、同じ場から彼のところにはね返ってくるであろう。しかし、この反作用はすぐその人に影響を与えずに、来生において遅れてあらわれるかもしれない。

図表（Ⅲ）は、オラフ・オルセンとして仲間に知られているＸＸ′なるパーソナリティが、彼自身の過去の行為であるＸＸ′、つまりマイケル・ギオンなる人物から受けている一連の影響力を示す。オラフ・オルセンは、過去の行為のエネルギーの反作用から影響を受けていると同時に、未来に生まれてくる自分自身の上に反作用を及ぼすことになる新しい原因をも発動しているのである。

したがって、ケイシーのリーディングは、人間の肉体的苦悩の問題に関して、多くの啓蒙的な思考法を展開してくれたわけである。これらは、われわれの通常の五官による知覚では、広大で複雑なつづれ織りのごく一部しか見ることができないということを示しているように思われる。われわれに見えるなめらかな表面の下には、無数の下糸と無数の目に見えぬもつれがあるのである。そのうえ、このつづれ織りはあらゆる方向に遠く広くのびひろがっている。いかなる糸も「誕生」と呼んでいる見かけの境界からはじまるものではなく、また「死」と呼んでいる見かけの境界をもって終わるものでもないのである。

5章　嘲笑のカルマ

◎残酷な笑いやさげすみのことばは肉体的攻撃に等しい
◎ローマ時代に人間と獣の闘いを特等席で笑って見ていた人の今生
◎同性愛のスキャンダルをすっぱぬいた人

キリスト教神学における七つの基本的な罪の一つは傲慢《ごうまん》である。他の多くの神学上の教義と同様、これは知的興味をそそるものだが、しかし病苦という現実の医学的な問題には無縁のように思われる。だが、もしケイシー・リーディングの証言を受け入れるならば、傲慢の罪が非常にはっきりとした肉体的な苦しみとしてカルマの結果をもたらすことがあるのを認めなければならない。この傲慢が、嘲笑とか嘲弄という行為として表現されるとき、特にカルマを生じるのである。残酷な笑いやさげすみのことばは、肉体をもってする攻撃的行為にも等しいものである。それゆえ、ここに投げ矢のカルマが生じ、嘲笑された人が悩んでいる肉体的苦悩と同じものを結果として受けるのである。

ケイシーのファイルには、この種のカルマを原因とする深刻な障害の実例が七つある。そして奇妙なことに、そのうち六つはローマのクリスチャンの迫害時代にその起源をもっている。ここにもわれわれは、歴史のある時代の一群の霊魂が他の時代に同時代人として再び地上に帰ってくるさまを見るのである。

実例のうち、三つは脳性麻痺のケースである。一つは四十五歳になる婦人で、この人は法律家の妻で三人の子供の母親だが、三十六歳のとき脳性麻痺にかかり、それ以来歩行不能になってしまった。彼女の生活はすべて車椅子のなかでいとなまれている。家の一個所から他のところに行くにも人手にたよらなければならない。リーディングによれば、このカルマの原因は古代ローマにおけるこの人の行いにあるとのことだった。彼女はその当時王族の一員で、ネロと緊密に提携してクリスチャンを迫害したのである。「この人は闘技場で足が悪くなった者に嘲笑をあびせかけた。だから見よ、それと同じことが今度は自分の身に起こっているのだ」と、リーディングは言うのであった。

第二の例は、おそらくケイシーのファイルのなかで、これ以上悲惨な例はないと思われるものだが、三十四歳になる婦人のケースである。生後六ヵ月で脳性麻痺にかかり、そのため背骨が曲がり、足が悪くなったのである。父親は農業を営んでいたが、娘のこうしたありさまに対してもいっこうに無関心で、娘が養鶏で苦労してかせいだ金を自分のために勝手に使って平然としているのだった。運命はこの女性に二度も不幸な恋愛をもたらした。最初の恋人は第一次大戦で戦死してしまった。その後別の男と婚約したが、彼は死にそうな病気にかかった。そして治ると世話をしてくれた看護婦と結婚してしまった。これらすべての肉体的精神的痛手に加えて、両親はたえず夫婦喧嘩をし、農場の生活は淋しく、おまけに石段から転げおちて、ただでさえ曲がっている背中に怪我をして病床に臥《ふ》すというありさま。これこそ生きながらの地獄絵図だった。

ここにもカルマが、少なくとも肉体的な状態に関するだけでも——前々生にさかのぼるローマ時代にみられる。リーディングは言う。「この人はその当時の宮廷内の家族の一員で、しばしば人間と人間との闘いや、人間と猛獣との闘いを特等席に坐って眺めた。現在彼女が受けている肉体的苦悩の大部分は、その当時いのちがけで戦う人々の悲惨な状態を見て笑った、その嘲笑に原因がある」。

第三の例は、ある映画のプロデューサーで、この人は十七歳のとき脳性麻痺にかかり、乗馬もスポーツもできるようになったものの、いまだに少し足が不自由だった。この人の場合も、初期のキリスト教徒時代のローマがその罪の場所だった。「この人は軍人の仲間で、闘技場に出て恐怖心を起こすものや、表向き何の抵抗も示さず屈してしまう人々に嘲笑をあびせかけたのである。この仕打ちのために、この人は今生で敗北者になったのだ。今生で肉体の障害をもったことは、内的自己の目覚めのためと霊力の発達のために必要な経験なのである」。

脳性麻痺以外の病気で嘲笑に原因をもつ興味深いケースが他に四つばかりある。その一つは、腰椎カリエスで足が悪くなった女の子である。彼女の前生は、アメリカの初期の開拓者だった。彼女の病気のカルマ的原因は、その一つ前のローマにおける前生にあった。当時この人はネロの宮廷の貴族の一員で、闘技場でキリスト教徒の迫害を見物するのを楽しんだのである。彼女は特にライオンの爪にかかって横腹を引き裂かれた少女をあざ笑ったのだ。

次は十八歳の少女の場合で、彼女は肥り過ぎでなかったら、きっとチャーミングだったにちがいない。医者は肥満の原因を、脳下垂体の過度の活動だと診断した。ケイシーのフィジカルリーディングも、これを「腺の異常」と呼んでいる点で一致していた。しかし、リーディングは他の場所で、腺そのものが霊魂ないしカルマの遺伝をあらわす焦点であると言っている。それゆえ、この少女の腺の状態とそれから生じる肥満症とは、カルマに原因をもつものであると考えてよいであろう。ライフリーディングもこの推定を支持している。彼女は、二つ前の前生においてローマの運動選手だった。彼女は美しさもスポーツ選手としての技能もともにすぐれていたが、肥っていて彼女ほど敏捷《びんしょう》でないものをあざ笑うことがしばしばあったのである。

第三はカトリック信者の二十一歳になる青年で、両親は彼を司祭にしたがっていた。だが彼はその使命を感じなかったので、両親のすすめに応じなかった。彼の人生におけるもっとも中心的な問題は、いちじるしい同性愛の衝動だった。彼の依頼でライフリーディングがとられた。それによると、彼の前生はフランス宮廷の諷刺家で、宮廷内の同性愛のスキャンダルをもちまえの漫画的才能をもってすっぱぬくことに特別の興味を感じていた。「あなた(訳注一)は、他人をさばくことによって自分自身を罪に定めている」。リーディングは終わりに言った。「あなたがさばくそのさばきで、自分もさばかれ、あなたがはかるそのはかりで、自分もはかり与えられる。さばくあなたも同じことを行っているからである」。

四番目の例は、十六歳のときに自動車事故で背骨を折った少年である。専門医はこの子は生きられるだろうかといぶかったが、彼は頑張った。だが、五番目の脊椎から下が完全に麻痺してしまったので、それ以来車椅子に釘づけにされているのだった。この事故から七年半の後、つまり少年が二十三歳のとき、彼の母が彼にかわってケイシーからリーディングを受けた。ライフリーディングによると、彼の前生はアメリカ独立戦争の頃で、当時彼は決断力と勇気をかねそなえた陸軍の将校だった。そのときの経験がもとで、現在の彼はきちょうめんで快活で、逆境のなかにあっても手にもっているものを最大限に利用する才能に恵まれていた。

だが、これより一つ前の前生のほうが彼の現在の苦悩に関するかぎり重要だった。彼は初期キリスト教時代のローマの軍人で、「放縦にふけっていた。彼は、闘技場に入れられたキリストの教えに忠実なクリスチャンたちの苦しみを見て得意になっていた。闘技場で戦い、そこで対戦した多くの人が、後に再び猛獣と戦うのを見物した。多くの苦しみを眺め、それを軽んじたのである。それゆえ今度は彼自身が自分自身のなかに苦しみを経験し、それを軽んじなければならないのだ――ただし異なる目的のために。その当時彼があざ笑った信仰心が、自分の犯した罪を償うために彼自身のなかに生まれなければならない」。

この七つの苦悩のうち――三つは脳性麻痺であり、そして腰椎カリエス、肥満症、同性愛、骨折による脊椎の麻痺であるが――生まれながらこれらの病気にかかっていたものが誰一人いないことは興味深い。どの場合でも苦悩は生後六ヵ月から三十六歳にわたる期間に、後天的にあらわれている。そのうち一人は思わぬ事故によって苦悩が生じたのである。

だが、表面上の原因のかげに、別のもっと深い原因があるように思われる。不慮の災難にあっても、ある人は死に、ある人は死なない。またある人はかすり傷一つ負わないのに、ある人は醜い障害を負うという場合、これらは一見偶然のことのように思われる。しかし前述の数々の実例は、不慮の災難の混乱のなかにおいても、何らかの内的な目に見えぬ力がはたらいて、カルマの上から言って、当然はらうべきものが正確にそこに割り当てられているように思われるのである。脳性麻痺の菌に感染しやすいということさえも、同様の誘因をもっているように思われる。

嘲笑のようなつまらぬことに対して、このように大きなこらしめが与えられるのは一見不つり合いのように思われるかもしれないが、しかしよく考えてみれば、それが当然の報いであることは歴然としている。他人の苦しみをあざ笑う者は、その人にはわからぬある必要性がその事情のなかにあることを見抜くことができずにいるのである。つまり、あらゆる下劣な愚行を通してさえ自己を進化させようという、すべての人のもつ権利を軽蔑したことになるのである。万人に生まれつきそなわっている尊厳と価値と神性――たとえそれがいまどんなに低い滑稽な状態に陥っていようとも――を冒涜しているのである。加えて、その人に対する自己の優越性を主張しているのである。嘲笑という行為は、もっとも下等な意味における自己主張の行為なのだ。

以上のことを考えてみるとき、古代の知恵の書のあることばを思い出さずにはいられない。そして、（訳注二）「あざける者の座に坐らぬ人は幸いである」という聖句の意味がわかってくるにちがいない。また、詩篇の記者が（訳注三）「舌をもって罪を犯さないために、わたしの口にくつわをかけよう」と決意したとき、彼の直覚は正しかったことがわかってくる。（訳注四）「汝らさばかれざらんために人をさばくな」ということばが、炎の舌をもって書かれた黙示録のように、突如としてくっきりあらわれてくる。（訳注五）「おろか者よ、と言う者は地獄の火に投げ入れられるだろう」というイエスのことばは、嘲笑のカルマがいかに悲劇的に償われてゆくかを眺めるとき、新しい心理学的意味を加えるのである。

訳注一　ローマ書二章一節及びマタイ伝七章二節
訳注二　詩篇一篇一節
訳注三　詩篇三十九篇一節
訳注四　マタイ伝七章二節

訳注五　マタイ伝五章二十二節

6章　中間解説

◎前生で卑しい手仕事に献身した美しいモデル
◎性交過剰は来世にてんかんもちになる
◎気まぐれ、不可解はありえない

ケイシーのファイルを徹底的に調査するとき、われわれは医者や精神科医、心理学者、社会福祉指導員たちのケースの記録の全部を集めたものよりも、その種類と範囲において比較にならぬほど茫大な人間苦のパノラマを見る思いがする。これは誇張のように思われるかもしれないが、けっしてそうではない。ここに代表される人間苦は、あらゆる種類の治療法にふれているだけでなく、忘れられた過去何世紀にもわたる何千もの邪悪、過失、愚行、苦痛などを包含している。

ケイシー・ファイルにはカルマの消極面がめだっている。というのは、彼のところに助けを求めにくるのは主として病気や心の悩みをもつ人々だったからである。健康なものは医者を必要としないし、適応性のあるものは人生の究極の意味などあまり問題にしない。それゆえケイシーのリーディングの大部分は、医学や心理学や宗教の専門家では解決できない非常に現実的な、またときにぞっとするような個人的な問題をもつ人々に与えられたものである。

このような研究は、これらのリーディングが苦しみや悩みに含まれる倫理的あるいは霊的意味を明らかにすることがなければ、気が滅入ってしまうようなものである。試みにリーディングのどこか一節を読んでみると、さながらダンテの神曲の地獄篇や煉獄篇《れんごく》を読むのとちっとも変わらぬすさまじさが感じられるのである。しかも、そこには、ダンテに見られるような中世の神学上の制約からくる知的限界はない。ケイシーのリーディングは倫理的、宇宙的及び理性的な評価基準のなかで、苦悩に対する一貫した評価を与えている。この研究を忍耐づよく遂行できるのはひとえにこのためである。忍耐が必要だが、同時に、興味深く、はげまされるし、勇気を鼓舞され、深い安心感を与えられるのである。もっとも、その土台になるものは多くの場合何かの病気とか障害などであるが。

だが、ケイシー・ファイルの実例のすべてが失敗や異常の事例だというわけではない。人間の能力や才能、天才、何らかの面における卓越などが、それぞれ過去における面の精進の結果であることは、後に職業指導のケースについて述べるときにわかるであろう。

恵まれた環境や健康なからだも積極的なカルマの結果である。しかし、リーディングのなかには、これに対するカルマ的な基礎について何ら説明がなされないこともしばしばある。これはおそらく、有能な新聞記者と同様、ニュース・ヴァリューのあるものはよいニュースではなくて悲惨なニュースであることを情報の提供者が知っているためであろう。またケイシーからリーディングを受けた人々も、幸運の場合は別に説明を求めなかったためであろう。幸運な人は、それが生まれながらの権利であることを本能的に感じている。不幸に陥ったときにはじめて、どうしてこんなことが起こったのかと問題にしはじめるのである。

美しい容姿も、やはり積極的なカルマの結果である。リーディングはしばしば、現在美しいからだをもっている者は、過去において、霊の神殿であるからだの手入れをよくしたからであると言っている。だが、ここにわれわれの注意をひく実例で、美に対する別のカルマの理由を述べたものがある。それはニューヨークのあるすばらしいモデルで、彼女のなみなみならぬ美しい手は、マニキュアやハンド・ローションの広告や宝石商から引っぱりだこであった。このような美を生まれながらもつに至ったカルマの原因は、彼女がイギリスの修道院で修道女をしていたすぐ前の前生にあった。そこでの彼女の人生は、卑しい、いやな手仕事をすることに費やされた。しかし彼女はそれをきわめて献身的な奉仕の精神をもってしたので、彼女の霊魂の浄化が彼女の容姿と手を特別美しく変化させたのである。

これこそまさに美を渇望するものを鼓舞する実例であろう。またこれは、カルマは必ずしもその結果において窮屈な懲罰的なものばかりではないことを思い出させるであろう。カルマの懲罰的な面をあらわす実例は、その慈悲深い面をあらわす実例よりもおそらくはるかに印象的であろう。印象的であると同時に、現代のように道徳的に頽廃した、何もかも混乱した時代には必要でさえある。賢い人間は人生に対する賢明な道徳的基盤をもたねばならない。教会の正統的教義は、もはや批判精神と科学精神できたえられた現代人には受け入れられない。伝統的な懲罰や理想は粉砕されてしまった。しかし、これにとって代わる、新しい、科学的に承認しうる概念はまだあらわれていないのである。

約二千年の間、西欧の道徳意識は神の子であるキリストをとおして罪が贖《あがな》われるという、身代わりの教義をもととする神学によって鈍化されてきた。キリストに生じた不思議な出来事や、またキリストのもたらしたおびただしい影響力に直面するとき、懐疑的な者であっても、キリストが神の独り子であり、その神の子が人間を自由にするためにあのように高貴にあわれみ深く生き、かつ死んだという神学を受け入れるかもしれない。しかし、ますます多くの人々が、現代物理学の進歩に照らして、宇宙のすべての生命は極微の原子に至るまで、宇宙の他の生命を貫く一つの中心的なエネルギー、すなわち神という共通の維持力によって互いに関連していることを感じるようになってきている。こうした観点に立つならば、人間を含むあらゆる生物は、ある巨大な中心的太陽から放射される光線と同様に、ひとしく神の子である。したがって、イエスという人物がわれわれと異なるのは、おそらく彼がわれわれよりこの中心的太陽に近かったという点であると感じられるであろう。

また、キリストが人間を自由にするために自分のいのちを捧げたということは、歴史上特異な事件ではない。比較宗教を研究するならば、他の民族にも殉教の死をとげた救い主のあることが明らかである。西欧文化における多くの理想主義者は、すすんでその生命を人類のために捧げた。マチニ、(訳注一)ボリヴァール、リンカーン、聖フランシス、ゼンメルヴァイス、(訳注二)聖女テレザやその他何百人という男女が人間を自由にするため生き、かつ死んだ。だが、誰も彼らの努力によってわれわれの努力が免除されるとか、彼らの犠牲によってわれわれ自身の個人的罪がゆるされるなどと感じているものはない。

それゆえ、キリストは神の子であり、彼は人類の救いのために死んだという――この二つの説から教義をつくり上げるということ、そして救いがこの教義を信ずることにありとすることは、キリスト教というよりはむしろ一部の神学者の犯した大罪なのである。これは、償いの責任を外的なものにおしつけてしまっている点において心理的犯罪である。救いというものを、自分自身の本質的神性に対する信仰をもとにした自己変革に求めるよりも、他人の神性に対する信仰に依存せしめているのである。身代わりによる贖いを信ずることが必要であり、無信仰に対する刑罰は永遠の呪いであると宣言することによって、神学は人の善悪や真偽に対する感覚に違反しているのである。物質科学と精神科学できびしくきたえられた二〇世紀の人間は、このような教義をもはやそうやすやすとは真《ま》にうけない。

その硬直した神学のもつ欠陥にもかかわらず、教会は疑いもなく世界における善への偉大な推進力であった。そのうえ、今日のめざめた教会はもはやこの教義を狭く文字どおりには教えていないし、また信仰告白が天国に入るための絶対条件であると考えているわけでもない。しかし、この態度の名残は、厳格な神学が優勢でない教会においてさえ明らかに見られるのであって、キリスト教界は行為の領域から責任を取り去り、それを大部分、無批判な信仰の領域におしつける信条に支配されている。

個人の救いにおいて行為が根本的に重要であることは、カルマや輪廻の法則を研究するとき目立って明らかになってくる。それゆえ、この古代の知恵はキリスト教のもろもろの宗派が陥っている貧血症的な無気力に活を入れる強壮剤の役割を果たすものである。われわれが、ケイシーの述べるカルマの法則の懲罰的側面をここで残忍なまでに詳述したのは、輪廻の真実性を受け入れるようになった人々をいたずらに滅入らせるためではなく、むしろ人間のもろもろの出来事の根底には宇宙的正義があるという確信の上に築かれた希望や、楽天主義や、新しい宗教的信念へと人々をみちびくためである。

宗教の土台が科学によって解体された以上、もはや道徳を成り立たせていた根拠はすべて消え去った、だからどんな行ないも自由であり、教会の教えによって制限される必要はない、と感じている人々にとって、輪廻とカルマの実例はいまいましい邪魔者に映るだろう。残忍な行為は、結果として盲目や貧血症や喘息や麻痺をもたらし、また性交過剰はてんかんを、私利私欲のために他人を妨害することは下肢の麻痺を招くという事実は、人々をハッとさせて善行にみちびく力をもっている。

なおまた、以上のようなケースは地球上の悩める無数の人々の惨状に対してある説明を提供するであろう。足の不自由な人、盲目、狂気、てんかん、寝たきりの病人、ハンセン病、その他戦争や事故で手足を切断された人々などは、通常われわれの目に入らない。彼らは、そのあわれな家庭や収容所のような施設に隔離されている。繁華街にこういった障害をもつ人々を見かけることは滅多にない。その数が全体でどのくらいにのぼるかは、ときたま雑誌などでこういう問題を取り扱ったものを読むときに間接的に知らされるくらいである。だが、現実にはその数はおびただしく、その惨状は極に達している。われわれの大部分が当たり前のこととしている正常な状態がひとたび奪われるならば、人間の運命はいかに惨めなものになるかということを悟るためには、彼らの存在に気づかされる必要があるのだ。

このような悲劇に対するキリスト教の説明は、普通「神の意思」ということばでなされている。しかし、愛そのものである神が罪なき人々にこのようなみじめな苦しみを負わせる意思を同時にもっているということは、矛盾もはなはだしいと言わねばならない。神の意思はそれゆえ「不可解」とみなされている。しかし不可解ではこの本質的矛盾は解消しない。

輪廻の原理は、このようなジレンマを、「神の意思は宇宙における事実であるかもしれないが、しかしそれは気まぐれや不可解な目的などという問題ではない」ということを示唆することによって解決している。これはむしろ霊的目的の法則であって、悩みに陥るだけの理由のあるものが悩んでいるのである。人が人生において負うべく与えられている十字架は、前生において蒔いた種に相当しているのであって、それより大きくも小さくもないのである。

西欧の伝統的思想のなかで育ったものにとって、輪廻という概念ははじめは受け入れがたく、とうてい信じられないかもしれない。なぜなら、観察可能な経験の範囲をはるかに越えているからである。だが、人生にはこの他に信じがたいものがどんなにたくさんあることか――しかもそれについてわれわれは考え直してみようともしていないのではないか。卵からオタマジャクシがかえる。それがはじめ魚になり、それから蛙になる。毛虫は絹の薄衣を自分で織って、やがて優美な蝶になる。これこそ、同一生命がその自己同一性を失わずに連続的にちがった肉体的な形態のなかに宿るという、真におどろくべき実例ではないか。しかもわれわれはこれを当たり前のこととして受け入れているのである。

誕生の過程はそれ自体一つの奇跡であって、おそらくわれわれは顕微鏡でそれを見ることがなければ信ずることができないであろう。二つの微小な細胞が合体し、それが数学の法則どおりに分裂増殖して、系統発生の道をたどりながら、ついに人間という目や唇や手や足や、またそれを統率する脳髄をもった生きものが生まれてくるという事実は、ホイットマンがその詩のなかでいきいきと描いているように、いかなる懐疑論者の心をも動揺させずにはおかぬであろう。連続的人生は一回の人生と同様、何らおどろくべきものでもなければ不合理でもないのである。ヴォルテールは言っている。「二度生まれるということは、一度生まれることと同様、何らおどろくべきことではない」と。

心理的に、また倫理的になるほどとうなずかせるケイシーのリーディングは、われわれの懐疑をくじくうえで役立ってくれる。不思議な情報源から特殊な方法で与えられるこれらの情報は、われわれを一次元の知覚から他次元の知覚へとはこび上げる媒介物とみなされるであろう。これは、人生が、われわれの閉じこめられている小さな世界よりもはるかに広大な、想像を絶する宇宙構造をもつものであることを、また、われわれが今まで考えたこともないような広大な意味が人生にあることを教えてくれるものである。

訳注一　南米の有名な将軍政治家（一七八三―一八三〇）

訳注二　ドイツの医学者

7章　停止中のカルマ

◎魂はふさわしい文化期に集団で生まれかわってくる
◎科学技術、霊能力の乱用で古代アトランティスを滅ぼした人々
◎意識の拡大のためにきたる試練を怖れるのはふさわしくない

これまで述べてきた肉体的カルマのケースを調べると、ある奇妙な事実に気づく。それは、ある行為のカルマの結果が、ときとして一つの生涯またはそれ以上の間をおいてからあらわれるということである。ここに生ずる問題は、このようなカルマの停止はどうして必要かということである。どうして、壁にぶつかったボールがすぐはね返るように、反動がすぐあらわれないのであろうか。

この問いに対しては若干の答えがある。一つは、自我はそれがつくり出したカルマを償うのにふさわしい時と所を待たなければならないということである。適当な機会があらわれるまで

数世紀を要するかもしれない。そしてそのあいだの期間は、その他の性格上の問題が解決されるのに使われるのである。この種のカルマの停止のよい例は、ケイシーの資料のなかでは、沈没したアトランティス大陸にかつて住んでいた人々に見られる。

大西洋の海底に大昔、広大な大陸が存在していたということは、歴史上、地理上及び文化上の証拠をもとにかなり強力に支持されているが、科学的にははっきりと肯定も否定もされているわけではない。この存在の提唱者を歴史上に求めれば、まずプラトンだ。彼は、クリティアスとティマイオスの対話のなかで、まじめにアトランティスに言及している。しばしば引用される地理的証拠の一つは、大西洋横断ケーブルが切断されて一万フィートの海底に沈んだとき発見されたものである。海面に引き上げると溶岩が数片ついてきたのだが、顕微鏡で調べたところ、それが海上の陸地で硬化したものであることが証明されたのである。文化的な証拠のなかでおそらくもっとも目ざましいのは、洪水の伝説がいたるところにあることである（これは聖書ばかりでなく、世界のあらゆる原始民族の神話や宗教に見られる）。第二は、エジプトと中米の言語や建築が、両大陸のあいだに何の交通機関もなかったことがはっきりしている時代のものでも、非常によく似ていることである。これらすべてを考慮に入れるとき、総体的な証拠は結論的ではけっしてないが、なるほどとうなずかせる力をもっているのである。

ともかく、ケイシーのリーディングを承認するならば、アトランティスはまぎれもなく存在していたことになる。ケイシーによれば、ピラミッドのなかのまだ開かれていないある部屋が、このアトランティスの歴史と文明についての全記録を近い将来明るみに出すであろうというのである。これらの記録は、この呪われた大陸の一部の住民が、紀元前九五〇〇年頃の第三次、つまり最後の大洪水に見まわれたときにエジプトに逃げたが、その際にエジプトにもち込んだものであると言うのである。ケイシーはまた、フロリダ州マイアミのビミニ島はかつてアトランティスの山の頂であったと言っている。ここの海底からは、太陽エネルギーをとらえるためドーム内に水晶でできた特殊な装置を収容したアトランティス時代の立派な神殿が発見されるであろうと言う。リーディングによれば、アトランティスは今日のわれわれよりもはるかに高い科学水準に達していたらしく、電気、ラジオ、テレビ、航空機、潜水艦、太陽エネルギー、原子力エネルギーの動力化などが高度に発達していた。彼らは、現代のものよりもはるかに効率の高い暖房、照明、輸送技術をもっていたようである。

こうしたことのどれもこれも、これをまじめに考えてみるかどうかは別として、きわめて興味あることだ。しかし、もしこれをまじめに考えるならば、忘れてはならない大事なことがある。それは、ライフリーディングがくり返し「アトランティスはその巨大な力を誤用したために破滅した」と言っていることである。アトランティスでは、電気エネルギーや心霊エネルギーとある種の催眠術を、性欲の満足や他人を強制労働に追いやるために利用したとされる。そのため人間は極度の堕落に陥った、と言うのである。

これを事実として受け入れるならば、当時の人格の堕落は、電気や心霊学や心理学の知識が利用できない時代には、完全には償われ得るものでないことが理解されるだろう。大食を克服し得たかどうかの最終的判定は、当人をもう一度美食でかこんで、彼が節制をまもり得るか否かをみて決定するものだ。また、男は、美女にかこまれて（訳注一）聖アントニウスのように断固として誘惑に抵抗することができないならば、性欲を克服することができたということにはならない。それと同様、アトランティスの科学がその絶頂にあったときにその巨大な力を濫用した者たちは、それと同じ機会が提供されたときにそれを建設的に使うことができないならば、その利己主義と権力欲を克服したとはいえないであろう。

　歴史の周期的進歩は、二〇世紀をちょうどそのような時期にしたのである。それゆえに、ケイシーのリーディングによると、アトランティスの人間が現代に非常に数多く転生しているのである。したがって、現代のおどろくべきテクノロジーは、二つの局面において理解されるであろう。第一は、アトランティス時代の業績の記憶をもっている、大胆な発明の才ある天才的能力の結果として。第二は、そのあいだの世紀に彼らが、利己主義や文明の仮面をつけた蛮行へのあらたな誘惑に耐え得るだけの素質を獲得したかどうかを判定する試験場として。

　したがって、適切な文化期を待たなければならないということが、カルマの停止を決定する主要な要素のように思われる。これは、歴史の周期的進化と、この地球に転生している霊魂のグループと転生していない霊魂のグループとの、あるリズミカルな交替とに関係をもっているように思われる。民族や人種の大波が、このような宇宙的リズムをもった回帰の法則に従うということは、合理的なことであろう。しかし、ケイシーのリーディングはあちこちで、この大波の内部のグループや、またこのグループのなかの個々人の転生といえども、たんに一定のリズムをもった機械的な、宿命的なものではないことを示唆している。霊魂や霊魂のグループは、回転式のドアのような自動的な規則性をもって帰ってくるわけではない。ここにも他のあらゆる創造の場合と同様、自由意志がはたらいているのであって、個々人ないしそのグループは、自分のあらわれる時と所を選択することができるのである。

このことは、もしある個人が他の個人的な霊魂、または霊魂のグループとの関係で、何らかの素質をつちかう必要がある場合には、彼は他の霊魂がその転生のために選んだ時期と一致させるために、自分自身の転生の時期を延ばす必要があるかもしれないという、さらに複雑な場合も生ずることになる。しかし、もしこのような延期があまり長期になる場合は、そのあいだ、彼の別の個性面を進化させるために地上に帰ることが得策だと考えるかもしれない。そして、このためにカルマの停止というような現象が生じるのである。

もちろんこうした総括は科学的に確実なものというわけではない。ただたんに、ケイシーのリーディングにくり返しあらわれる示唆を基礎に想定したものにすぎない。

前述の諸要因は、カルマの停止に関する純然たる外的要因を代表するものである。だが、ここには内的要因もあるように思われる。つまり、カルマの償いをするために外的要因と同程度に重要なのは、それだけの能力が必要であるという心理的事実である。カルマに対峙できるだけの旺盛な闘志を獲得するためには、何らかの機会が与えられなくてはならない。そうでないとカルマの債務があまりに重いために、成長よりも破滅をもたらす結果となるからである。

悩みをもつ人で、ケイシーのリーディングから、その悩みの起源が数回前の前生にあると言われた人々は、カルマがこのように遅れてあらわれるわけを知りたがった。後にリーディングをうけた人でこの点について質問した人々はみな、第五章で述べた足の悪い少女と内容的に同じ答えを与えられた。つまり「この人はどうしてローマ時代からのカルマを償うために今回の転生を待たなければならなかったのでしょうか」と問うたのだが、答えは「もっと前ならできなかったからだ」と言うのだった。それが不可能であるのは、外部的な制約によるよりも、むしろ内的能力の問題であることは前後の関係で明らかである。この例をはじめ、他の例においても、そのあいだの過去生を綿密に分析してみるならば、それだけの期間が、ある積極的な性格を獲得するために必要な経験であったことがわかるのである。

たとえば、自動車事故で怪我をした十六歳の少年の例をもう一度思い出してみよう。カルマの種は古代ローマ時代に蒔かれたことが判明している。だが、アメリカの革命期における経験によって、彼は勇気とか快活とか、その遭遇する一切のものを自己に有利に用いる能力などを獲得する機会を与えられたのである。これらの特質は、現生において実現するカルマの悩みに耐えるために必要なものだった。

これに相当することは、借金をした場合に人が常識的にしていることのなかに見出されるであろう。銀行から五千ドル借りた場合、その人はその借金を翌日返済することはできない。翌日どころか、翌週、翌月、あるいは翌年になってもはたして返すことができるかどうか疑問である。それゆえ、借主が十分な返済金をととのえるまで、猶予されるのである。翌週返す能力がないのに、返済を要求することは無理である。おそらく道徳の分野で負った借金の返済についても、同様の扱いがなされるのであろう。

もし輪廻の法則が将来一般に受け入れられるようになり、カルマの概念がたとえそれが大ざっぱにでも西欧の大衆に理解されるときがくるとすれば、停止中のカルマという観念は多くの人々の関心を引くかもしれない。過去の何らかの残忍な行為は、現生または来世において盲目という形で懲罰を要求するかもしれないという思想は、たしかにあまり歓迎できぬ思想である。身に覚えのないカルマの借金は、鋭敏な想像力をもつものにとって、デモクリスの剣のように不気味に頭上にぶら下がっているように思われるかもしれない。あるいはまた、道の曲がり角で待ち伏せしている猛獣のように思われるかもしれない。悪魔や地獄の火が前時代の化物であったように、輪廻論者の最初の何十年間かは、停止中のカルマが化物のように見えるのは当然であろう。

恐怖に対するこうした傾向を防止するため、新思想派の指導者たちは――クリスチャンサイエンスが、罪や、病気や、死や、誤謬《ごびゅう》や、物質を否定するように――停止中のカルマの概念を全面的に否定するかもしれない。たしかにこのような否定は偉大な暗示力をもっているであろう。また精神力に向かうことによって、健康をもたらすような結果を生み出すこともあるかもしれない。しかし、物質や罪やカルマを口で否定してみたところで、実際にこれらが存在しなくなるわけではない。人生におけるわれわれの仕事は、駝鳥《だちょう》のやるようなおめでたいごまかしで物質の存在を否定することではなくて、これを支配し、秩序立て、ひいてはこれをより高い霊的水準から創造することである。事実、物質は霊のエネルギーが凝集したものにすぎない。換言すれば、物質とはたんにバイブレーションの異なる霊にすぎないのである。

罪やカルマに対しても同様である。輪廻論者に言わせれば、カルマを否定することは、それが現在はたらいているカルマであれ停止中のものであれ、支払うべき借金や学ぶべき教訓の存在を否定するのと同じことで、根本的に不誠実な態度である。自分の義務に関して、それが物質的な性格のものであれ精神的な性格のものであれ、ごまかしや欺瞞の態度をとるものは尊敬を受けることはできない。なぜなら、否定するためにどれほど心をごまかそうとも、その人が本質的に自分の責任を回避しようとやっきになっているという事実はくつがえすことができないからである。

しかし、このことは精神的暗示を用いてはならないという意味ではない。むしろ反対に、暗示はこりかたまった精神や罪悪感や硬直した態度を溶かすうえに役立つであろう。われわれはすでに、寝小便を癒された少年において、暗示が罪の潜在意識に達した一つの著しい例を見てきた。彼に象徴的な刑罰を与えていたのは、自分が価値のない人間であるという意識であった。この罪悪意識からの解放と、自分も同胞に対して役に立つ人間になり得るという意識が、彼の肉体の状態にも人格にも変化をもたらしたのである。

また、アレルギーの場合も暗示と催眠術がリーディングによってすすめられたが、いずれの場合にも、与えられた暗示は否定的なものではなかった。反対に、その子供のもつ「長所の確認」や「霊的調和の意識」が暗示の内容だったのである。もし精神療法家がカルマからきた病気や切迫したカルマの重圧感などを治療しようと欲するならば、その治療は、過去の負債を正直に認め、その負債を返済しようという誠意を示し、そして最後に、そのために必要な能力のあることを確認するものでなければならない。

それゆえ、もし輪廻論者の見解を承認するならば、人類が霊的にまだ未熟であり、したがって、人間は一人ひとりその来生において不愉快なカルマを予期しなければならぬという事実を素直に受け入れることが必要である。しかしながら、この事実を恐怖や心配の種にしてはならない。これは以下の二つの理由からである。第一は、「一日の労苦は一日にて足れり」という聖句にあるように、人生にどんな苦しみがあろうとも、各人に与えられた運命は正当なものであって、各人の能力に応じたものであるという、落ちついた安心感をもって生きるべきであるからだ。われわれはけっして重すぎて背負い切れないようなカルマにまきこまれることはないのだ。第二は、カルマを信じようと信じまいと、未来はわれわれにとってつねに不確かであるということである。そしてもし、われわれにおそいかかるかもしれぬ未来の災難が偶然のものであるよりもカルマから当然あらわれるものであるとするなら、カルマは正義が行なわれるための法則の作用をあらわしているのだから、われわれの恐怖はつのるよりもむしろ緩和されるはずだからである。

人が将来の苦難をおそれることは理解できるが、彼に教訓を与えるため、その意識の拡大のために将来必ずくる困難を怖れるのはふさわしいことではない。正直な人間は借金をしたら一心に返そうとする。彼は良心的に毎日財布のヒモをひきしめて、月の終わりに請求書がきたときにそれを払うことができるようにする。請求書をつきつけられる日のことを毎日心配しながら一ヵ月をすごすということはない。むしろ支払う義務を果たすことができるようにエネルギーを集中するだろう。

われわれは、かぎられた意識的な心においては、身におぼえのない、過去に招いたかもしれぬ道徳的負債の正確な性質を自覚していない。しかし、正直者の特徴である誠意と従順とをもたねばならない。そして、返済しようというひたむきな自発性をもって償うべく精進しなければならない。

負債ということばは誤解を招きやすい。むしろ不足とか欠乏とか言ったほうがよいかもしれない。欠乏症は、からだに不足しているビタミンやミネラルを補うことによって克服される。不足がみたされるまでは病気は治らない。同様に、カルマが生じるのは、根本的な意味において霊性が欠けているためである。つまり、自己の霊性についての認識が欠けているために生じるのである。それゆえ、カルマから生じたもろもろの症状を矯正するには、この状態をひき起こした霊性の欠乏を補い、自らの霊的本性を自覚するようになることである。

だが、カルマが負債とみられようが、不足や欠乏とみられようが、その償いが反抗の精神よりも自発的精神をもってなされるべきであることには変わりない。カルマの存在を否定することは、従順よりもむしろ反抗の精神を生むことになる。なぜなら、こうした否定は、自分の本性を永遠不滅の霊と見る広大な英知よりも、むしろ現在のつかの間のパーソナリティの利益にもとづく欲望とか我意をあらわしているからである。

ケイシーのリーディングは、カルマに関してとるべき正当な態度を助言していることが多い。次の一節は特に鋭い示唆に富むものである。

もし経験が、わがままやうぬぼれや自慢の種に利用されるならば、その人は自分自身を堕落させ、後に償いをせねばならぬカルマをつくることになる。だから、あらゆる試練、あらゆる誘惑にあうとき、それが精神的な経験であれ、肉体的な経験であれ、それへの解決はつねに「私の意志ではなく、おお神よ、汝の御心が私のうちに行なわれますように」という態度をもってなされなければならない。

「汝の御心」は、もちろん二つの意味に理解される。一つは非人格的な宇宙法則をとおしてあらわれる「神の意志」として。もう一つは、密教におけるごとく、われわれが祈るときに「わが父」と呼びかける大霊として。どちらの解釈を与えようと、われわれの前にあらわれるカルマに対してとるべき態度は従順と信頼でなければならない。

輪廻の法則によって明らかにされた秩序と正義と恩恵の宇宙においては、怖れることは何もないのである。

訳注一　エジプトの聖者。修道院制度の創始者。アタナシウスやアウグスティヌスに影響を与えた。

8章　カルマと健康の問題

◎この人は何のために病気を治したいのか
◎憎しみや敵意や不正や嫉妬があるかぎり肉体の治癒は望めない
◎パン屋の不注意

不幸なことに、カルマは多くの場合、消極性、無気力、宿命論などと結びついて考えられやすい。これは主として、カルマの信仰が普及しているインドの国民が、一般に消極的で無気力で宿命論的に見えるからである。

なるほどインドの社会状態はみじめである。カルマを信ずるにあたってのヒンズー教徒の消極的態度にも一部の責任があることは否《いな》めない。しかしそれは、インドの聖人聖者の教えが時代を経るにつれて多くの迷信に脚色され、その教えの内容が大いに変質してしまったからである。それらが無学な大衆に及ぼしてきた心理的効果をカルマの信仰に帰することは適切ではない。そのうえ、人間を無気力にするようなインドの気候風土の影響も、そこに住む人々の心理を形成する重要な要素になっているであろうし、その宗教的信仰が何であろうと、その精神的傾向や性格にも影響を与えてきたであろう。

実際には、ちょうど偽善とキリスト教との間柄がそうであるように、カルマの信仰と無気力のあいだには心理的なつながりは何もない。キリスト教は過去にも、そして現在も無数の偽善者を生み出してはいるが、偽善はキリスト教の罪ではないのである。

もし人がカルマの概念を受け入れるとするならば、これに対する心の態度は、宇宙における他の法則に対すると同様、従順と信頼でなければならない。だが、彼には当然どの程度従順になるべきか、どの程度自分に課された試練を甘受すべきかが問題となるであろう。この問題は肉体的カルマからくる悩みの場合には特に関心がもたれるものである。

ケイシー・リーディングはこの点でもきわめて興味ぶかい。なぜなら、輪廻論から導き出される倫理的ならびに実際的な問題に対して、リーディングがそれぞれ具体的な解答を示しているからである。それゆえ、次のような問いをもってこれらのリーディングを調べてみたい。すなわち、肉体的カルマの刑罰で悩んでいる人々に対してどんな療法が（もしあるとすれば）指示されたか、どんな希望が（もしあるとすれば）その治癒のために示されたかである。

ケイシーのリーディングは、カルマの信仰には消極的な受身の態度が伴わなければならぬ、という見解が誤りであることを示している。「これはあなたのカルマです。しかし、それに対しあなたにはできることがあります」。リーディングはつねにこの一貫した態度を示している。もとのリーディング資料に見られるもっとも著しい要素は、病気の悩みがカルマからきたものであることが述べられると、必ずそれに引きつづいて、その治療法が示されていることである。肉体的カルマの場合には、たいてい治る見込みのあることがはっきり示される。カルマの負債があまりに重すぎる場合には、率直に、完全な治癒は望めないが、努力すれば改善するということが言われ、次に具体的な治療法が述べられている。

ここに注目すべき例が一つある。ある原因不明の病気にかかっていた三十四歳になる電気技師が、最近医者から治る見込みのない多発性強皮症と診断された。三年間、彼は働くことができなかった。目がかすんで読むことも書くこともできなくなり、歩こうとすると、ころんでしまうこともしばしばであった。彼は次々にあちこちの慈善病院に入れられ、そのあいだ妻がデパートの店員をして、五歳になる子供と彼女の生計を立てていた。ライフリーディングはとられなかったが、彼はフィジカルリーディングで病気の原因はカルマからきていると言われた。しかし同時に、希望を失わぬようにと励まされた。

彼のリーディングは三頁にもわたるもので、まず医学用語で病状に対する病理学上の説明がなされ、それにつづいて人間の体内には自然治癒力があることについてさらりと意見が述べられ、次にその病気がカルマからのものであるから、心のもち方を変えて、憎しみや敵意を意識から完全に取り除くように、との勧告がなされた。リーディングは、最後に治療法に対する入念な指示をもって終わっている。

約一年して、男はもう一度リーディングを受けたいと手紙で言ってきた。それには、言われたとおりの治療を行なったところ、すぐに回復の兆候があらわれたと報告してあった。四ヵ月ばかりは順調によいほうに向かっていたが、それからまた逆もどりして体力の衰えがあらわれはじめたのだった。あまり精神的な面に注意をはらわず、肉体面の指示だけまもった様子だった。というのは、次のようなあからさまなことばで、リーディングが彼をとがめたからである。

そうだ、このからだは前にも見たことがある。なるほどからだのなかの肉体的な面はだんだん回復してきた。しかし、まだまだしなければならないことがある。

前にも言ったように、これはカルマからきたものである。隣人や物ごとに対する本人の心の態度を変えなくてはだめだ。

機械的な手段を肉体面の矯正に用いたかぎりでは、回復はあらわれている。

しかし本人があまりに自己満足し、あまりに自己中心的で、霊的なことを拒否してその態度を改めないならば——また憎しみや敵意や不正や嫉妬があるかぎり——忍耐や、辛抱や、隣人愛や、親切や、やさしさと矛盾する何かが心のなかにあるかぎり、肉体の治癒は望めない。

この人は何のために病気を治したいのか。自分の肉欲を満足させるためか、ますます利己的になるためか。もしそうならば今のまま治らぬほうがよい。

もし心のもち方や目的が変わり、口にも行ないにも変化をあらわすならば、そしてその上で指示した物理療法を行なうならば本当によくなるであろう。

だが、まず心と精神と目的と意図とを変えなくてはならない。あなたの目的とあなたの霊魂が聖霊の洗礼を受けないならば、どんな機械的療法を用いようとも完全な回復は望めないだろう。この勧告を受け入れるか拒絶するか、それはあなたの心次第だ。あなたが償いをしないならばリーディングをしても無意味である。これで終わる。

ここで注目されるのは、意識の内容や人生における霊的目的を変えるならば治る見込みがあると言っていることである。なんのために治りたいか、リーディングは率直に問うている。自分の肉欲の満足のためか、利己主義をさらにつのらせるためか。そうならばむしろ治らぬほうがよいと。

このあからさまな叱責のことばには、名医の総合的人間観があらわれている。名医の視野にはたんに個人の一時的利益以上のものがおさめられている。ケイシーは一万五千にものぼるリーディングをとったが、そのあいだ一度たりとも、その人の罪がたとえどんなに不名誉な、恥ずべきものであっても、治療法の指示を拒んだことはない。しかしこの例のように、彼がいかに憐れみをもっていても、その病気がその人の道徳的矯正という目的をもっており、その病気の原因である道徳的欠陥を治さなければならぬことを指摘せざるを得ない場合もあるのである。病気に悩むものは、でき得るかぎりの方法を用いて、それを治すことに努めなければならないが、同時に彼の霊魂の内的欠陥を矯正するために、人生が彼に与えてくれたきっかけをしっかりつかまなくてはならない。自然の妙薬や現代医学のつくり出した特効薬によって、一時的な病気の回復は得られるかもしれないが、カルマという道徳的な力の前には、これらも結局は無力なのである。つまるところ、治癒は内部から霊的にもたらされなくてはならない。でなければ長くはつづかないのである。

次の盲人の例もこの見解と同じものを示している。

これは大部分カルマに原因をもつ症状である。人間関係に霊的理想をよりよく応用するならば、この人の人生経験は非常にちがったものとなるであろう。はじめは視力にはあまり大した変化はないかもしれないが、内的自己に順応性が獲得されるならば肉体面もよくなるであろう。

脊椎の異常も、口や歯茎の異常と同様、目と関係がある。まず「霊の果実」をあらわし、キリスト意識を毎日の経験に応用するよう努力すべきである。つまり、隣人愛と親切と忍耐と、辛抱とやさしさを実行することである。

また特に、第四、第三、第二、第一胸椎と、第一、第二、第四頸椎を整骨療法《オステオパシー》で調整すること。この調整は指示されたとおりに施術しなくてはならない。特に耳の下部の乳様突起とつながるあたりの部分は特別に注意して施すこと。

以上二つのケースから、リーディングが意識と性格の変化を肉体的カルマに起因する病気の回復の必要条件としていることが理解されるだろう。カルマの目的が道徳的教育を施すことにあるとするなら、カルマを基礎とした治療を用いることがいかに自然であるかがわかるのである。もちろんカルマが矯正する罪というのは、神々や霊たちを怒らせたというような迷信的・原始的な意味での罪ではないし、また原理主義者の言う罪でも、ヴィクトリア朝時代や清教徒時代の道徳における罪でもない。むしろこれは心理的な意味での罪である。普遍的に定義される罪であり、普遍的に宇宙法則に従属する罪である。

この意味における罪は、根本的に利己主義や差別意識のなかにある。そしてこのうぬぼれは多くの形をとる。他人の心やからだに暴力を加えること、また不節制や怠慢によって自分自身の肉体を酷使すること、自尊心や排他的な心などもこのあらわれである。これらのもろもろの罪は一つの基本的な誤り、一つの基本的な誤解、一つの基本的な健忘症のゆえに犯される。罪とは、人間はたんなる肉体的存在であると考え、人間の本性が霊であるという事実を忘れるところから生じるのである。彼が克服しなければならないのは、自己は肉体なりとの妄想である。そしてこの妄想とたたかうもっとも確実な道は、これを否定する消極的な過程によるのではなく、「我は霊なり」と考える積極的な過程をとおしてである。

「我は霊なり」という意識を獲得するなら、ケイシー・リーディングや他の神秘主義者が言うところのキリスト意識に到達することができるのである。上述の例ばかりでなく、他の肉体的カルマのほとんどすべてのケースにおいて、その治癒のためには当人が少なくとも何らかの方法においてキリスト意識に達することが必要であると説かれている。

しかしながら、キリスト意識というのはクリスチャンだけにかぎられた特典ではない。忘れてはならないのは、キリストはイエスという人間の名前ではなくて、その文字どおりの意味は「油をそそがれた者」であり、その神秘的ないし心理的意味は、解脱した意識、または霊的意識という意味である。クリシュナや仏陀も同様に、キリスト意識の所有者である。そして世界中の人間は、その師が誰であろうと、またその霊的悟りがどういう名称で呼ばれていようと、この意識の獲得をめざして暗中模索しているのである。

ケイシーがリーディングで述べることばはキリスト教の慣用語であるが、これはおそらくケイシー自身がキリスト教のなかで育ったためであろう。彼の意識的な心にキリスト教的表現や見解が滲みこんでいるために、催眠状態に入って超意識から述べることもこのスクリーンを通過するのだ。おそらく、もしケイシーが仏教国に生まれていたならば、やはり仏教という文化的環境に彼の知恵を適合させて、一般的に用いられている仏教用語を用いたであろう。しかし、このように表現が特殊化されているということは、彼が述べることの応用の範囲がかぎられているということにはならない。

たとえば、ここに脊髄カリエスの患者に与えられた勧告がある。

忘れてはならない。この症状の原因はあなた自身の罪の償いのためである。これはカルマからきたものである。この償いを果たすにもっともよい方法は、法則を成就することによって因果の法則を取り去り、かくて恩寵の法則を打ちたてた主を信じることである。この人がなすべきことは、法則であり、真理であり、光であるあの方の腕にすがることである。

ここに言う「恩寵の法則」も、キリスト教国のみの特質、すなわちイエス・キリストを信ずる者のみの特質ではない。恩寵はクリスチャンばかりでなく、仏教徒にもイスラム教徒にも与えられる。法則、真理、光などのことばは普通クリスチャンがイエスに対して使うことばである。しかし、法則や真理は他の偉大な宗教の導師やその教えにも適用できるし、また真理や神の象徴としての光は普遍的なシンボルである。

同様に、強皮症患者の場合に言われた「あなたの霊魂が聖霊によって洗礼をうけるまでは」ということばも、典型的なクリスチャンの用語である。しかしその背後にある思想――自己の本体の神聖を悟ったときに生まれる新たな生命の流出――は、世界のあらゆる深遠な宗教に種々様々なことばで表現されている。それゆえ、ケイシーのリーディングがキリスト意識という とき、それはキリスト教の伝統のなかで育った人々にもっとも受け入れやすい用語を用いているのである。この心理状態はいくらでも別な名称で呼ぶことができるものである。

霊的意識であるキリスト意識の実現が、カルマの厳格な復讐を解消する「恩寵の法則」である。霊的意識はカルマの原因となった過失を無効にするという意味において「法則を成就」するのである。おそらくキリストは「私は法則を破壊するためにきたのではなくて、霊的意識をとおしてそれを成就する方法を教えにきたのである」と言われたにちがいない。

しかし、この意識の完全な実現はけっして容易なわざではない。リーディングは言う。「神の力を意識するようになるための近道はない。それはあなた自身の意識の一部であるが、それを実現しようという願望だけでは達成できない。霊的真理を精神面に適用する努力もせずに、この意識を欲したり期待する傾向があまりにも頻繁に見られる。門に辿りつく道は一つしかない。幻視者、数霊術者、占星学者たちによってどんなことが言われようと、精神の治療に近道はない。彼らは衝動を読み取るかもしれないが、衝動は意志を超えるものではない。人生とは自己のうちに学びとるものである。それは公言するようなものではない。学ぶべきものである」

アファメーションを唱えることや、瞑想と祈りの実践、聖書の研究、道徳の実践、隣人への奉仕などが、高次意識を達成するためにリーディングによってしばしばすすめられている。しかし真の成長は機械的には達成できない。心が充分にやわらげられないならば、いくらこれらのことを実行しても、それはパウロの言うように、やかましい鐘や騒がしいシンバルと同じである。真の愛がないならば、それらは本質的に価値がないのである。修業としてはそれらに価値があるだろう。暗示力としては効果があるだろう。教育的な経験としては、それらは霊魂を正しい道に踏み出させるだろう。しかし霊的に言って、魂がまだ幼稚園程度の人々にとっては、これらの行ないも彼らをすぐに大学へとみちびくことはできないのである。すべての人が、一生涯のあいだに、キリスト意識の真髄であるあのすべてを包み込む愛を獲得してカルマの負債から自由になることができるほど霊的に進化するわけではない。

関節炎で悩む青年の場合も、情報の提供者はその青年が治らないことを知っているらしかった。それゆえ、彼は生物の能力の限界を知っているがゆえに、はかない望みをもたせたがらぬ医者の誠実さをもって「一時的によくなることはあるだろうが、完全な治療はのぞめない」と言っている。

だが彼は、ここで問題を放棄しているのではない。この場合ばかりでなく、他の同様の場合にも、物理的治療法を指示し、その人がただちに苦痛から解放される可能性があるか否かにかかわらず、その病気にうちかつ努力を積極的にするようみちびいている。忍耐、持久力、不屈の精神、その他病気のあいだに学ぶ謙遜や親切などの徳は、少なくとも間接的にカルマの負債の道徳的成就に貢献するであろう。したがって、リーディングはカルマからの悩みに対して受身の態度をうながすどころか、いきいきとした能動的な、積極的な態度を奨励している。

治療の問題でもう一つ重要なのは次の点である。つまり、リーディングはその人の発達段階に応じた勧告を与えることの必要性を知っていたということである。精神療法に対する理解力がなく、またそれをきらう人に精神療法をすすめるようなことはしていない。

アレキシス・カレルがその著書『人間――この未知なるもの』及び『ルルドへの旅』で述べている証言によれば、深い信仰の持ち主のなかには、ルルドの泉でガンやその他の、一見不治と見られる病気を即座に治癒された者が多くあったとのことである。このような人々に治癒が生じたことを考えると、肉体への執着が捨てられず、同程度の信仰や心の態度を欠く者に同様の治癒が生じることは期待できそうもない。

数多くのフィジカルリーディングを比較研究したところでは、情報の提供者はつねに暗黙のうちに、本人の信仰の限界を認めていることが明らかである。たとえば、さまざまな疾病に関して、リーディングは、一部の人たちが精神的な暗示だけで治癒し得ることに明らかに自信があるようであった。暗示の力や無意識的な心の作用はそれほどに強力なのである。その一方で、同じ疾病であっても、精神療法についての理解のない人や疑っている人、あるいは唯物的な見解にとらわれている人たちは、精神療法では治らない。こういう人々には、特定の物理療法をすすめるほうが簡単で、また賢明である。

ここで思い出すのは、ヒンズー教の導師が、ある偉大なヨギについて学んでいた若い弟子について語った物語である。この弟子は精神力を用いて奇跡的なわざを行なう基礎的な教育を受けていた。なかなか才気ある若者だったが、彼は修行のために山に籠《こも》り、十年経って師のもとにもどってきた。「この長い年月のあいだ何をしてきたのか」師はやさしい関心をもって訊ねた。「水の上を歩くことができるように心を支配する方法を学んできました」弟子はいささか得意そうに言った。「これこれ、それではお前は時間をむだに費してきたではないか。渡し舟をやとえば、わずか二ペニーで向こう岸に行けるということを知らないのかね」

精神力の鍛錬に何世紀も献身してきた民族によって語られているこの物語は、病気の治療に一切の物的方法を拒否する人々が慎重に考えねばならない常識的な教訓を示している。たしかに、純然たる精神力によって病気を治そうという努力は賞讃に値するし、また力も生ずるであろう。クリスチャンサイエンスや、宗教科学や、ユニティーその他同種の精神運動は、病いは気から起こるのであるから、気をしっかりすれば病気は治るということを一般人に自覚させた点では非常に役立っている。しかし、精神身体医学で認められてきたように、病気の原因が心にあるのではない場合もしばしばあるし、またその原因がどうであれ、精神療法よりも物的療法で治る場合が往々にしてあるということも認めなければならない。

ケイシーの治療上の見解で重要なもう一つの面は、リーディングが、ある療法を、他の療法より絶対的な意味で、より霊的であるとみなしていない点である。あらゆる療法は同じ神聖な源から発しているのである。

背中の激痛に悩まされていた一婦人は、物理療法を用いるべきか、それともユニティーにたよるべきか迷っていたが、リーディングはこの場合に、次のような答えを与えている。

この病気は大部分精神によって克服される。しかし状況に応じて対処するように。もし痛みがひどいときは必要に応じて治療をするなり手当てをすることだ。根本的にはどの療法もちがいはない。なぜなら、どういう種類の治療法にもそれぞれの長所があるからだ。それらには、ある人々が考えているような矛盾はない。

キリストはすべての人を同じ方法で癒されただろうか。ある人々には物理的な方法を用いられたのではなかったか。またある人々には命ずる方法を用いられたのではなかったか。ある人々にはたんにことばを語られただけではなかったか。「主なる汝の神は一つなり」この根本原理を忘れてはならない。

それゆえ、肉体、精神、霊魂のすべての領域にその一なるものへの調和があるのだ。各々の面にそれぞれの特質と限界がある。ただ主にのみ完全な一致があるのである。

また、十年間関節炎をわずらっていたピッツバーグのある新聞記者は、物理療法よりも心理療法をたよりにしていた人だが、血液の循環と排泄をよくするために水治療法と紫外線療法をすすめられた。

効果的な治癒はすべてあなた自身の内でなされる。すべての治癒は神からくる。誰があなたの病いを治すのか。それは万物の本源である。この世にあるさまざまな療法はすべて一つの源からくる。そのもろもろの利用はたんに肉体の原子を刺激するにすぎない。人体の細胞はそれ自身が小宇宙である。

肉体の上に及ぼされる影響が、薬からこようと、機械からこようと、水治療やその他からこようと、それらはすべて必然的に生命という一つの源からきているのである。

ケイシーの治療哲学に関して述べておかなければならないもう一つのことは、次の点である。すなわち、あらゆる病気の原因は究極的には心にあることは間違いないが、われわれは物質のなかにどっぷりつかった世界に生きているがゆえに、また、さまざまなグループの霊魂やさまざまなレベルの活動とかかわりあいをもっているために、多くの異なるレベルの原因を発動させたり、それらに左右されるのである。

たとえば、レストランに行って腐ったチョコレートクリームパイを食べ、その結果プトマイン中毒にかかったとする。精神分析や精神療法の専門家のなかには、これを内的な心の状態——何らかの生活状態に対する心理的拒絶——と診断する人もあるだろう。この論理に従うならば、合理的な結論は、同じレストランで同じチョコレートクリームパイを食べた他の二五〇人も、同じく何らかの心理的拒絶を経験していたがゆえに、嘔吐という具体的な口実を彼らに提供してくれる同じレストランに（おそらく無意識のうちに）連れてこられたのだと断言せざるを得なくなる。

もし日常生活のつまらぬことに至るまで、われわれに生じる一切のことがらに心理的原因があると主張するならば、必然的にそのような結論にみちびかれるであろう。この説明は、たとえどんなにこじつけに見えても正しい場合があるかもしれない。ケイシー・リーディングの証言によるならば、たいていの原因が目に見えぬ力や引力の糸から生じている世界においては、われわれはこの可能性をあえて否定することはできない。だが、この場合、その二五〇人が、腐った材料を使ったパン屋の不注意や打算の犠牲になったと見るほうがより妥当であろう。

純然たる物理的観点に立って言えば、彼らの胃の化学的成分が、腐ったクリームの有毒な化学的成分に反応したのである。人間の現在の進化の程度、及び物質にかかわりあっている程度においては、当然、もろもろの化学的、生物的、機械的、社会的、人種的及び経済的な力に左右されざるを得ない。最終的に、人はそういう力から影響を受けないだけの力を獲得しなければならないのだが、そうでないかぎり影響を受けることを認めるほうが、より現実的で納得しやすい見解であろう。それゆえ、ケイシーもしばしば、純然たる肉体の状態には純然たる物的療法をすすめているのである。中毒には解毒剤を、うっ血には熱の利用を、よりよい気候を必要とする病気には転地療法というように。

街でころんで足をくじいた場合、精神科医や精神療法の専門家は、これを「怪我しやすい」傾向とか、パーソナリティの状態や特質に帰そうとするが、同時にこれは、道が壊れていたとか、折あしく子供がうっかり自転車の車輪を突き出していただけのことで、深い内的な意味を発見するために霊魂まで詮索する必要のないこともある。暗示、アファメーション、視覚化、祈り、信仰などは、真の原因が何であれ、われわれがまだほとんど理解していない精神身体的理由で骨の修復を早めることに役立つかもしれない。しかし、催眠中ケイシーがしばしば表現する「思わぬ事故はしばしば創造の際にも起こる」という思想を思い出すことも必要であろう。このいささか謎めいたことばには、一切の出来事を何らかの堅固な因果律に帰す前に、一歩しりぞいてしばらく考えてみようと思わせるものがある。

原因の問題をはなれても、ケイシー・リーディングの物理療法はそれ自身興味ぶかい。カルマに原因をもつ病気にもそうでない病気にもすすめられた治療法は、それだけで単独の研究テーマになる。ケイシーの催眠中の意識は、有能な医者のようにあらゆる療法を自由自在に取捨選択している。それらのなかには、食事、運動、内服薬、ビタミン療法、手術、薬草、マッサージ、整骨療法《オステオパシー》、水治療法、電気療法をはじめ、放射活性装置や湿電池を用いる療法なども含まれている。

ついでながら、この最後の二つの装置はリーディング自身の発明である。その製法がこちら側の質問をまたずリーディングのなかで述べられ、その使用が何百というケースにすすめられた。整骨療法が病気の予防や治療にもたらす効果はたえず強調されている。また事実、きわめて著しい効果が、幼児性緑内障の治癒や難産の治療、さらには出産を楽にする方法に至るまで、あらゆるケースにあらわれている。

これらをはじめ、その他多くの独創的な治療法がケイシーのリーディングから生まれている。医者にサジを投げられた患者にこれらが実際にどのような効果をもたらしたかを調査し、もろもろの病気における治療法の主な特徴を抜粋するという仕事が、医学の修業をした資格ある研究者の努力を待っている。

しかし、調べた範囲だけでも、そこには新しい治療哲学、新しい統一的人間科学が示唆されている。人間は肉体、精神、霊魂の三つの面から構成される単位として考えられている。人間のこの三重性は神の三位一体的性格に由来しており、これは人間が数世紀にわたって切り拓いてきた医学、心理学、宗教という、三つの偉大な知識群のなかに反映されている。これらの分野は、ときとして反目しながら、ばらばらのコースを辿ってきた。しかし、このばらばらや反目は、人間が自分自身に対して無知であることに起因している。おそらく実際は、医者、心理学者、宗教者は同じ研究室のテーブルに向かう三人の職工であり、同じ粘土の鋳型工であり、同じ聖火の番人なのである。

9章　心理学の新領域

◎十字軍の夫に捨てられた女性は男性不信になった
◎航空機への興味はアトランティス時代のパイロット経験から
◎ラフカディオ・ハーンとアラビアのロレンスの場合

謎を解くことは教育的な娯楽である。子供の手品を解くには思考と論理が鍵である。それゆえ、人間の正体とか、その起源、その究極の目的というような、あらゆる謎のなかでもっとも深遠な謎と思われる問題にも、次のような簡単なマッチの手品から学べる知恵を適用することができるだろう。

その手品というのは、六本のマッチで四つの二等辺三角形をどうしたらつくれるかという問題である。挑戦者は自信たっぷりに三角形をつくりはじめる。しかし彼の自信はまもなくくじかれ、ついにこの難題は解けないものとあきらめてしまう。この問題は、平面に四つの三角形をつくろうとする無駄な努力をやめ、彼が三角形を二次元のかわりに三次元で操作することに気づいて、ピラミッド型に組立てるまでは解決できない。

ある意味で人間の謎も、このマッチの手品にたとえることができる。ただ一次元加えるだけで――この場合は時間次元だが――人間は自己を知ることができるように思われる。

人間の肉体の誕生と死は、普通、人間のはじめと終わりであると考えられている。しかし、もし人間がたんなる肉体ではなくて、肉体に宿る霊魂であり、この霊魂が生まれる前から存在し、死後もなお存続するものであることが科学的に立証されるならば、この発見は心理学を一変させるであろう。それは、あたかもシャフトが地表から地下の深層におろされたと同然である。近代の深層心理学は、石油採掘用の二マイルシャフトに比べれば、玉ねぎを植える二インチの穴にも等しいほど浅いものである。

第一に、このように時間次元を加えるならば、パーソナリティの特性に対する人間の理解は大幅に拡大されるであろう。心理学者はこれまで、パーソナリティを構成する諸性質について綿密な統計的臨床調査をしてきた。これらの調査は人間の心の精巧さを証明する不朽の功績で、人事関係の仕事や職業指導や臨床心理学などに実際に応用されてきた。しかし、それであってもなお、人間のほんの表面をなでまわしているにすぎないのである。

輪廻説を承認することは、これまで気づかなかった背景にサーチライトを当てることである。こうして照らし出された景色には、それ自身の不思議な魅力がある。しかし、その主たる重要性は、そのなかに現在の特性や能力や心的態度がたどってきたゆるやかな経路が認識されることである。別の比喩を用いるならば、あたかも輪廻説によって水面より下に九分の八もかくれていた氷山が暴露されたかのようである。心理学者は、苦労してそのわずか九分の一の目に見える部分を研究してきたにすぎないというわけである。

ケイシー・ファイルは、時間というこの新たな次元に関する無数のケースと、時間によってどういうふうに現在の特性が説明されるかという実例を提供している。あるリーディングでケイシーは、ハンニバルに捕えられてガレー船を強制的に漕がされた一人の兵隊について述べた。彼はその時黒人に虐待され、ついにそのなかの一人によってたたき殺されてしまった。これは三回前の前生で起こったことだが、このときの非常に苦しい経験によって生じた黒人に対する憎しみは、二千二百年を経た今日でも無意識層に深く持続していたのだ。一番最近の前生では、彼はアラバマの農夫だったが、その長い一生のあいだ、彼は容赦のない猛烈な憎しみをもって黒人に対した。そしてあるとき、実際に白人主権協会なるものを設立したのである。

これは、一つの生涯から次の生涯へと心的態度がもち越される典型的な実例である。ライフリーディングのファイルにはこれと似た例が無数にある。たとえば、ある新聞の特約寄稿家で、長年猛烈な反ユダヤ的態度をとっている女性がいた。彼女のライフリーディングによると、この心的態度は彼女がサマリア人の一人としてパレスチナに生きていた時代にその根をもっていた。そのとき彼女は、ユダヤ人の隣人たちとしばしばひどい喧嘩をしたことがあったのだ。

また、三十八歳になるある未婚の婦人は、過去にいくつかのロマンスがあったが、男性に対する根深い不信のために結婚にまで至らなかった。この不幸は、彼女が前生で十字軍に従った夫から捨てられた経験に由来しているのだった。

さらに、ある著しい宗教的寛容さをもつ婦人だが、この人はイスラム教徒のあいだで改革運動に従事していた頃、この特質を獲得したと言われた。異教徒であるこれらの人々に会ってはじめて、彼女はキリスト教徒以外のものにも理想、主義、勇気、親切、慈悲などの美徳があることを知った。この印象は非常につよく彼女の心に残ったので、宗教的な寛容の心がその後もなお持続するようになったのである。

これとは反対に、宗教的なことに対して至って懐疑的なあるコピーライターは、かつてやはり十字軍の戦士であったが、彼の交際している人々の聖職と実践とのあまりにも露骨な矛盾を見出して愛想がつきたので、これがあらゆる信仰宣言に対する根深い嫌悪となってしまったのだった。

以上、前生にその原因があると見られる三つの心の態度——人種、異性、宗教に対する——を見た。もちろんその各々の場合に、このような反応を起こさせる環境上の要素が現生になければならない。黒人を憎んだ男は、一八五三年に南部に生まれた。それゆえ、彼の環境上の慣習や伝統が、人種的優越感という病原菌を育てるのに都合のよい条件となったわけである。前に引用した他の二つの場合にも、同様に現在の環境の影響という可能性が論じられるであろう。しかし、このような猛烈な態度が数多くあることと、同じ環境の影響にさらされた他の人々が必ずしも同じような反応を示さないという事実を見るとき、現生の境遇に見られる原因よりももっと根深い原因があるという説のほうがより信頼性があるように思われる。

精神医学者は、個人がとる主要な心的態度は無意識から発すると見る点で、輪廻論者と見解を一にしている。輪廻説は、ただこの無意識の領域を前生の経験の影響を含むまでに拡大したにすぎない。肉体の病いがそうであったように、われわれのもつ時間軸をうんと拡大することによってわれわれの心的態度の起源を見つけられるかもしれないのである。

心的態度と同様、好き嫌いや興味も、人間のパーソナリティを構成する重要な要素である。自己保存欲、生殖欲、支配欲などの基本的本能は、人生におけるあらゆる表面的な興味と密接に関連している。しかしながら、これらの衝動がそれぞれの人のなかに興味や情熱としてあらわれる、そのあらわれ方にはかなりの相違がある。

たとえば、五人の子供をもつある家庭で、一人の子供は蝶に熱心な興味をもっているかもしれない。また他は音楽に、他は機械に、四番目は絵に、そして五番目の子はいたずらに興味をもっているかもしれない。この才能や傾向の相違に対して、心理学は通常、個人の性質は第一にその遺伝子のもつ遺伝的資質によって決定され、次に家庭における兄弟姉妹の位置関係と経験という精神分析的因子によって決定されると説明している。この説明は、それが当てはまるかぎりきわめて筋のとおった説明である。しかし、問題の視野に輪廻の可能性を含める者にとっては不十分である。ケイシーのリーディングは、才能や興味の基礎を、先祖の遺伝よりも霊魂自体の遺伝のなかにしかと置いている。かりにあげた五人の家族においても、もしケイシーの見解をあてはめるとするならば、現生におけるこれらの傾向の基礎は、前生における環境においてつくられたにちがいないのだ。

ケイシー・ファイルのなかには、興味ぶかい前生的起源を示す次のような例がある。

ニューヨークのある歯科医だが、この人は首都で生まれ育った。彼の家族は何代も前から都会育ちの人々だった。開業は繁昌していたし、都会生活もきわめて好きで性に合っていたが、それでいて彼は定期的に野原や川に鉄砲や釣竿をかついで出かけ、一人で荒野にキャンプをしたい衝動を感じるのである。自然や野外生活に対する強烈な興味はべつに異常なものではないが、彼の徹底的に都会的な性格とは矛盾する要素である。だが、輪廻説から見れば、このことはよく理解できるのである。ケイシーのリーディングによれば、彼の前生は初期のオランダ植民時代にこの国にやって来たデンマーク人だった。彼はニュージャージーの沼や湖や川の多い地方に住み、猟師であり毛皮の商人だった。それゆえ、森や小川に対する郷愁が、今生において都会生活をするようになってもなお残っていたのである。

また、ある特定の場所に強烈な魅力を感じる人も多くいる。このような魅力の原因は、ケイシーのリーディングによれば、そこで楽しく過ごした前生の無意識の思い出にあるようだ。たとえば、東海岸のある婦人実業家は、長年米国の西南部に移転したいと願っていた。彼女はついに移転し、今ではニュー・メキシコでホテルの支配人をしている。リーディングによれば、彼女は前生を二回ともこの地方で過ごしたので、この地方への郷愁がそのあいだ持続していたのである。

南洋諸島、ニューオーリンズ、インド、中国などに特にあこがれを抱いている四人の人々は、各々がそれらの土地で過ごした経験があり、そこに強い魅力を感じているのだと言われた。

ある種の芸術や職業上の活動に対する興味も、リーディングは同様に、過去の経験にその原因を帰している。ギリシアのダンスや劇に対するある婦人の熱烈な興味は、これらの芸術が全盛であった頃のギリシアに彼女が住んでいた経験からきていた。テレパシーに対するある少年のいちじるしい興味は、彼が心理学や思念伝達の教師としてアトランティスに生活していたときの経験に基礎をもっていた。ある美女の航空術に対する狂信的な興味も、パイロットと通信技師をしていたアトランティス時代の経験に発していた。足のわるい子供を助けることに対するある婦人の情熱は、キリストの教えに感化されて障害をもつ者や病人を助けはじめたパレスチナの経験にその源があった。テクノクラシー運動を長年熱心にやっているある技師は、かつてアトランティスでその国の科学行政に積極的にたずさわっていたことがあった。

過去からの興味の持ち越しは、有名人の生涯に特にはっきりあらわれている。これらの人々についてはケイシーがリーディングをとったわけではないので、ここでは、こういう人々の既知の伝記的な事実をもとに、ケイシー・データに照らしながら論ずることにする。

たとえば、ドイツの考古学者ハインリッヒ・シュリーマン――この人は埋没したトロイの町の廃墟を発見し、それによって偉大なホメロスの叙事詩の歴史的基礎を築いた人だ――の場合を考えてみよう。彼はドイツの北部のある村の貧しい牧師の息子だったが、幼い頃からイリアスの物語に魅了され、ギリシア語を学んでトロイの物語の発生した場所を見つけ出そうという大望を抱いた。

彼は人生の最初の三十五年間に財産をため、これによって後に考古学上の目的を成就したのだった。彼は非凡な言語学者になったが、特にギリシア語と、ギリシアに関するあらゆることがらに熱中した。後年、彼は会話にホメロス式の挨拶を用いた。伝記記者は、彼が息子に洗礼を受けさせるためにギリシア人の牧師に彼を渡すとき、息子の頭上にホメロスの詩をかかげて朗読してきかせたと記している。これはたんに彼が熱中してやった、無数の突飛な言行の一つにすぎない。だが、このように無茶な情熱も、霊魂がかつて幸福に過ごした時代を憶えていて、それと同じ環境をもう一度つくり出そうと一生懸命になっているのだと解釈するなら、理解することができるであろう。

このほか、無数の同種の実例が伝記のなかに発見できる。たとえば、作家のなかでいかにも目ざましい実例にラフカディオ・ハーンがいる。ハーンはアイルランド人を父とし、ギリシア人を母としてイオニア島に生まれたが、彼はギリシアからイギリス、イギリスからアメリカ、仏領インドシナへと放浪し、ついに真の魂の郷里を日本に見出し、そこで日本の婦人と結婚し、日本名を名のり、日本の学校で教師をした。日本的なものの見方に対する、彼のおどろくべき本能的理解力、日本語から欧米の言語へ、また欧米の言語から日本語に翻訳する非凡な能力などは、彼がおそらく前生において日本人であったために、今生においても前生の特性をやむにやまれず再現したがっていたのだと考えれば、それほど不思議に見えないであろう。

さらにもう一つの例は、T・E・ロレンスがある。伝記作者が指摘しているように、彼はアラビア人との取引が非常にうまく、また実際にアラビア人の一人であるかのような何かをその血のなかにもっていた。彼は、祖国のイギリスやイギリス人の家族のあいだではくつろいだ気分になれなかった。学校は、十字軍や中世の城や要塞を勉強する以外は退屈でならなかった。アラビアの陸軍指揮官としての彼の目ざましい成功は、中世における彼の未完の冒険を完成させるものとして眺めるなら、よりよく理解できるであろう。彼はその時代アラビア人であり、陸軍の戦術家であったが、人生における自らの使命として無意識のうちに考えていたところのものを果たし得ずして死んだのだろう。

このような異国に対する興味は、偉人や有名人にばかり見られるものではない。これらは興味を共有するサークル仲間をつくる人々のなかにも見出せるものだ。

特徴も、興味や態度と同様、パーソナリティの分析において重要な要素であるが、ケイシーのファイルはこの特徴が前生に起源をもつことを示すおもしろい実例を提供してくれる。

中西部のある資産家の夫人は非常に尊大で横暴だった。ライフリーディングをとると、彼女のこの傾向は、オハイオ州でかつて学校の教師をしていたことや、パレスチナやインドにおける前生で権力者の地位についていたことからきていることがわかった。

ある少年は、子供の頃から非常に議論好きで、きわめてするどい推理力をもっていた。その性質は、アルフレッド大王によって陪審制度が設立された頃に彼が法律家として生きていたこと、及びペルシアで裁判官をしていた前生に由来しているのだった。

神秘的で瞑想的な傾向をもつある婦人は、十九世紀における前生で修道院の院長をしていた。ある金持ちの青年は、治る見込みのない悪質な飲酒癖のために名門の家名を汚しているならず者だったが、この欠点の基礎はゴールド・ラッシュ時代の自堕落な経験によってつくられたのだった。

ケイシーのファイルには、これに似た何百という実例が見出せる。心理学や、こうして取り扱われる問題に通じている人は誰でも、このケイシー・データが（もし真実ならば）差違心理学に新しい深層と包括性を与えると認めざるを得ないであろう。

以上を要約すると、次のようになる。近代心理学は、人間の相違は第一に両親の遺伝子により、第二には環境の影響によって決定されると考えている。しかしながら、輪廻論者の見解によるならば、遺伝も環境もともに前生のカルマのもつ決定要素の結果であって、霊魂のもつすべての性質は両親から遺伝されたというよりは自ら稼ぎとったものなのである。

遺伝学説には一般に認められていない、ある誤りがある。遺伝の見解からみて、精神的な現象は生物的な現象によってつくり出されると考えられている。「あなたはどういうふうにして相対性理論を発見されたのですか」と問われたときに、アインシュタインは「公理を再検討することによって」と答えた。アインシュタインのこの率直な大胆さを思い出すとき、遺伝学説を支えている根本概念を再検討することが必要となるだろう。精神と肉体の関係に対する人間の知識は、たしかにまだ幼児期にある。しかし、精神的な現象は大部分、前生における精神的な現象からも生じるというほうがより信用できるし、心理学上はるかに健全のように思われる。「お前たちの現状のすべてはお前たちが考えたことの結果である」と仏陀は言われた。仏教という、優れた、心理学的に精密な宗教においては、輪廻はもちろん主要な教えになっている。仏陀は、人間のもろもろの性質は、その人の思考様式と前生の行為の結果であると説いた。単純に機械的に考えたとしても、個人の能力はただ個人の反復的努力によって得られたものである、と説明することは、筋のとおったことである。もしそうであるならば、現生におけるる人間の能力の相違を、前生における人間の努力の相違に帰すことは推論上必要なことである。

東洋思想の熱心な研究家であり、ヒンズー教の聖典であるバガヴァッド・ギーターの忠実な読者であったエマーソンは、前述の概念を徹底的に理解していた。このことは、彼の書いたいろいろなもののなかにそれとなくあらわれているが、特に経験について書かれた随筆のなかに明確にあらわれている。その随筆の書き出しは次のようである。

われわれはどこにいるのであろうか。はじめや終わりのわからぬもの、またはじめも終わりもないらしく思われるものの連続のなかにいる。目覚めればわれわれは階段の上にいる自分自身を発見する。見下ろせば今昇ってきたらしい階段は下にある。また見上げれば、その階段は上にのびて視界から消えて見えない。しかし、古い信仰によれば、守護神がわれわれの入ってゆくドアのところに立っていて、われわれに身の上話をさせないために飲ませる黄泉の川の水を与えてくれるという。(訳注一)その川の水はあまりにも強く混合されているので、いまだに昼間も昏睡から覚めることができない。

エマーソンは「連続」ということばを用いて、あらゆる人生に進化的性格のあることを暗示している。階段という彼の比喩は、人生を幾たびも重ねるにつれて人間の能力が上昇するように見えることをたくみに表現している。事実、特徴や才能の成長は、ケイシー・データによれば、階段的性格をもち一種の連続を表示している。このことが連続の原理という名称を思いつかせたのである。これは次のように図で示すことができる。

左の図は、個人が何らかの特徴（たとえば正直、勇気、公平、無私など）ないし才能（音楽的才能、芸術的力量、数学的洞察力など）の獲得において、少しずつ進歩してゆく状態を示すものである。たとえば、音楽的才能に関してある人が経た進歩の経路をたどってみると、彼が最初の人生においてごく初歩的な楽器――おそらく葦笛のような――を使いはじめたのを見るだろう。第二、第三、第四の人生においては、その時代のもう少し進歩した他の楽器を用い、ピッチやリズムやメロディーの記憶、その他われわれのいう音楽的才能なるものの内容を次第に加え、増していったであろう。そして、最後に第三十五回目の人生において、なみなみならぬ才能、いわゆる天才的能力をもって生まれてくることになったのだ。

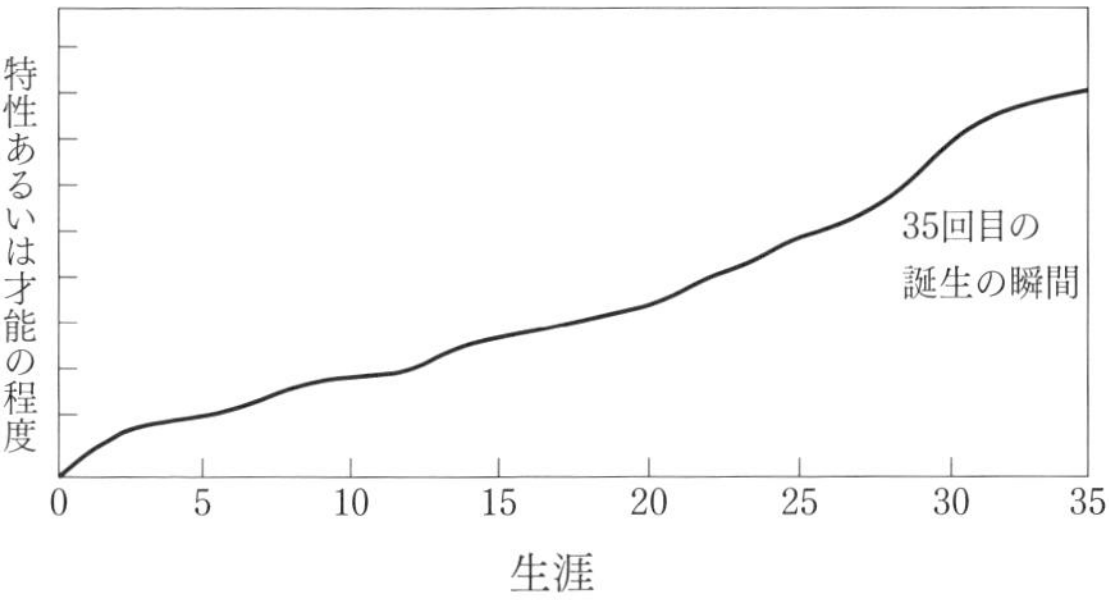

この理論が個人差の心理学にもたらす新しい深みは、次の図表において、第四十回目の人生へと誕生した瞬間からの、ジョンとピーターの音楽的才能を比較するとき、いっそう明らかになる。

次ページの図表は、ピーターという個人が幾回もの前生で音楽に献身したことを示している。ジョンのほうは音楽にある程度の関心をもっていたが、あまり大した関心ではなかった。かりに音楽的才

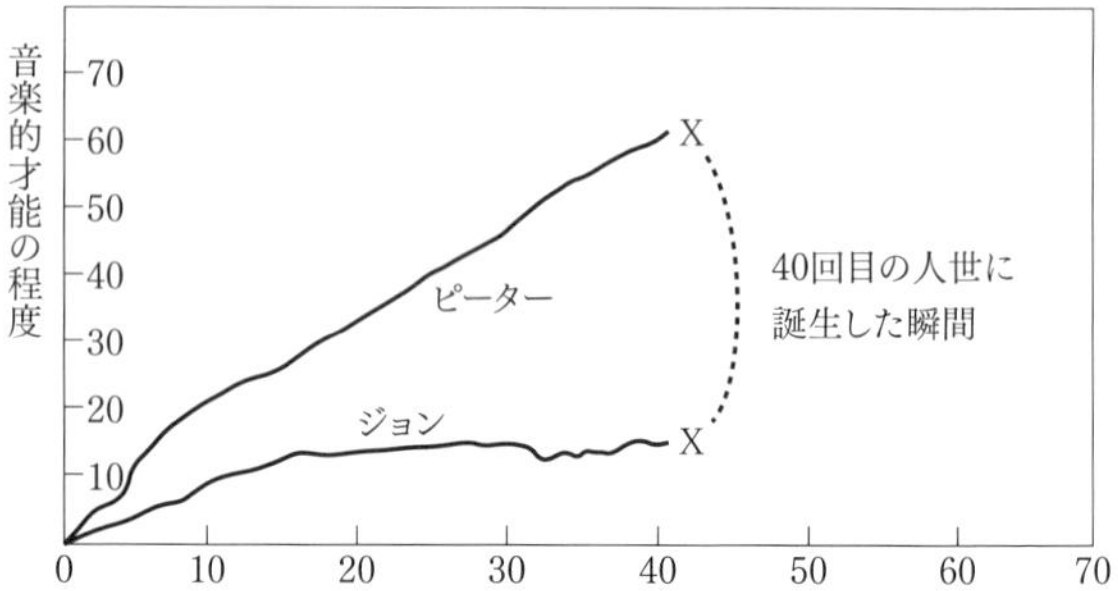

能の程度を示す目盛りのうち、六〇を天才とするならば、ピーターは誕生の瞬間に音楽の天才であり、ジョンは程度の低い能力の持ち主にすぎない。同様の図表は、人間のもつ他の才能についてもあらわすことができる。ここには個人差の科学に対する基礎が示されている。生まれたときに、すでに人間の天賦の才に相違がある理由がこれで理解できるだろう。

不幸なことに、カルマの思想を受け入れている人々のなかには、カルマをただ懲罰や苦悩としてのみ考える傾向の人が多い。しかし、カルマの文字どおりの意味は「行為」であり、これは中性的なことばであることを忘れてはならない。現象界の一切のものには極がある。つまり陽と陰の両面がある。カルマも例外ではない。行為は善でも悪でもあり得るし、また利己的でも利他的でもあり得る。もし行為が善であるならば、それが連続することを妨げるものは何もない。それは自然の成りゆきによってつづくであろう。そしてすでに述べたように、これはカルマの連続の原理と呼ぶことができる。だが、もし行為が目にあまるほど邪悪で不純であるなら、それは改められなければならない。これは作用反作用の法則によって行なわれる。これはカルマの復讐の法則と呼んでよいかもしれない。
　復讐の原理によるならば、われわれは、カルマのもつ、つり合わせようとする苦しい力をとおして、自己完成という狭き道へとつれもどされる。しかし、連続の原理によるならば、われわれはそれとまったく同じ狭き道を通りながら、心おだやかに何物にも妨げられずに進んでいくことができる。部屋をつくり続けるオウム貝のように、われわれも人生の旅を何回も重ねながら、自らの霊魂のために次第に立派な棲家を建て、ついには解脱を達成するのである。

訳注一　この川の水を飲むと生前の一切を忘れると言われている忘却の川

10章　人間のタイプの問題

◎臆病は前生の夫のサディズム的嫉妬から
◎魂の成長に必要な霊的理解力
◎他人を利用する者は、未来の人生でのけ者にされる

「この世のなかには、世のなかを二種類の人間に分ける人とそうでない人の二種類の人間がいる」と言ったロバート・ベンチレイ(訳注一)は、そのすぐれた天稟《てんぴん》の才をもって他の多くの類型論にとらぬ、確実な根拠のある類型論を構成した。

ベンチレイは、最近、人間のパーソナリティについての見解を基準にして心理学者の間に根本的な区別をつける仕事にも着手している。心理学者のなかには、世界を一定のタイプの人間に分けるものと、そうでないものがいる。前者はいわゆる人間のパーソナリティの類型説を固守する人々で、後者は特性説の主張者である。これらはともに人間の差違を分析する試みであ

る。

われわれも日常生活の中で、各自が自分なりに考案した価値体系にしたがって、人をさまざまなタイプに分類している。社交的な話しやすいタイプ、ひかえ目で話しにくいタイプ、利己的なタイプ、自己中心のタイプなどなど。多くの心理学者も、この一般人の分類は根本的に妥当であると考えてきた。それゆえ、そういうタイプや種類の存在を認めて、それに対する科学的基礎を確立しようと試みてきたのは当然のことである。こうした見地から多くの類型論があらわれた。主なものは、ユング、シュプランガー、クレッチマー、ロザノフのもので、それらはみなまじめな科学的評価を受けている。

輪廻論は賢者ソロモンのように、パーソナリティの特性説も類型説もともに肯定すると同時に、両者の不完全さも指摘する。もし二説のなかの一方をケイシー・リーディングの光に照らして考察するなら、なぜわれわれが以上のように言いうるかが明らかになるだろう。

科学的類型論のなかで一番よく知られているのは、カール・ユングの唱え出した、内向性・外向性の類型論である。ユングのこの概念によれば、あらゆる人間のパーソナリティの根本的相異は、彼らの関心が外的実在にあるか、それとも内的実在にあるかによる。このことは、彼が選んだ内向、外向の、向くということばのなかに見られる。Introvert, extravert の vert は向く、intro は内部、extra は外部である。しかし、輪廻論者からみれば、ユングもユングにつづく心理学者たちも、どうしてある個人は内向性の宿命をもち、他は外向性の宿命をもっているかに対して満足のゆく究極の説明を与えているとは思われない。これら二つの基本的な心理状態については、ユングもその他たいていの権威者も生物的な原因に帰している。輪廻論者はしかし、これについて、前生の行為が根本的な決定要素であって、生物学的原因は第二義的なものとみなすのである。

前生の経験がどういうふうに内向性の素因をつくっているかは、ケイシー・ファイルのさまざまなケースのなかにはっきりあらわれている。このようなケースを調査すると、人がある一群の心理的特徴を次に持ち越していく仕組みには、「連続の原理」がはたらいていることがわかるのである。

このことがはっきりあらわれている例として、音楽の才能をもっていたある女子大生のケースがある。個人的な魅力があるにもかかわらず、この女性は極度にはにかみやで臆病で、友達をつくることが非常に困難で、学内のクラブに入会をゆるされなかったことをひどく気に病んでいた。彼女の子供時代の環境は明らかでないが、おそらく家庭環境のなかに内向的になる因子があったものと思われる。

しかし、彼女のライフリーディングによると、この気質は前生に起源をもっていた。彼女は非常な才能と美貌と如才なさをもつフランスの貴婦人だったが、彼女の夫はブラウニングの詩の「私の最後の公爵夫人」の傲慢な公爵と同じく、自分の妻が誰にでも愛想をふりまくのが我慢ならなかった。そこで彼は彼女のあらゆる自然な衝動を、横暴な冷酷さでおさえつけ、ときには鞭で打つことさえしたのであった。このことが、彼女を極度に内気な引っ込み思案にしてしまった。誤解されやしないか、叱られやしないかという恐怖が、彼女の無意識的な心のなかに、現在にいたるまで持続していたわけである。

同じような抑圧は、個人的事情や身の上はこれとはかなり異なるが、次のケースにもあらわれている。この青年はリーディングを受けたとき二十八歳で、勤勉で内向的性格だった。ケイシーによれば、彼は前生においてサーレムでの魔女裁判のとき迫害を受けたのだった。この経験が現在の彼の気質に二重の結果をもたらした。第一は、彼にあらゆる種類の圧迫に対する憎悪を残したこと、第二は勉強への強い衝動と、そうして得た自分の知識を自分にだけ秘めておこうという、同じくらい強い衝動である。

ここで注目しなければならないことは、サーレムの魔女裁判に対してケイシーのリーディングが普通の歴史家とは多少異なった解釈を与えていることである。というのは、リーディングが述べるところによると、当時は本物の心霊現象が流行病のようにあちこちにあらわれ、霊的性格や霊媒体質による正真正銘の心霊現象を経験したものが非常に多かったのである。もちろん、それらは当時の正統的な見解から不評をかった。この青年の場合、その経験が何であったかリーディングははっきり指摘しなかったが、ファイルにあるサーレム時代の他のケースから判断すると、彼が何か自分の体験した不思議な心霊現象や、または目撃した現象について述べようとしたはずみに、あるいは、民衆が狂気のように非難しているある人を弁護してやろうとしたはずみに捕らえられて、むごい迫害を受けたのかもしれない。犬や猫でも、虐待すれば人間を信用しなくなるものである。それゆえ、この人の心の無意識の奥底に、人を軽蔑する本能や、友人を求めたり自分の知っていることを話したりすることをためらう本能があったとしても理解しにくいことではない。

ケイシーのファイルには、サーレムの経験に関するもので、これに似た同様の内向的傾向をもたらしたものが他にも記録されている。また、これとは異なった原因で引っ込み思案の性質になった実例も明らかにされている。きわめて非社交的な性格のある医者は、前生でクエーカー教徒として沈黙の行をしたためにこの傾向を獲得した。あるニューヨークのセールス・マネージャーには社交性が非常に欠けていたが、それは彼の前生が探険家で、南アフリカで超然たる孤独の生涯を送ったためだった。ある高校の女子生徒は強い劣等感をもっていたが、それは前生でアメリカ・インディアンの少女として、白人の移民にどうにもならぬ劣等感を抱いたことが現生の彼女の内気のもとをつくったのだった。あるオハイオ州の医者は、医者として腕はあったが、極端に隠遁的な性格で、たえず自己に対して不信の念を抱いていた。この傾向の原因はコロラドにおける経験にみられ、彼は初期のジョージア州において公共の福祉のために献身的につくしたが、その貢献は不当に過少評価され侮辱されたため、それ以来幻滅を感じて無情になり、自分も人もともに疑い、自らのカラのなかにとじこもるようになってしまったのだ。

したがって、内向性は上述の例やその他のケイシーの実例を証拠にするならば、自我を引っ込み思案にさせるような経験に根をもつもので、一つの人生から次の人生へと自然に連続してゆくのである。

連続の原理は、外向的な性格の場合も同様に作用する。その顕著な一例は、三十代の後半に離婚した女性で、最近三回目の恋愛に夢中になっているまったく自制力のないパーソナリティに見られる。ケイシーのリーディングによれば、彼女の活発な社交的能力は前二回の前生にその基礎が敷かれた。一つは初期の植民地時代にダンスホールの芸人として、次はフランス宮廷でルイ十四世のめかけとしてである。後者の経験から彼女の外交的手腕、魅力、そして「すべての人を――王様から皿洗いの女中に至るまで――自由をあやつる能力」を獲得したのだった。彼女は、この天与の才能をダンスホールの芸人になることによってさらに発展させたが、ついに運命の逆転とともに心も変わり、自分の住む町で「天使」のような奉仕をするようになったのである。

第二のおもしろい例は、ニューヨークの非常に魅力のある奇術師である。彼は誰とでもすぐ友達になることができ、喜劇を演ずる才能をもっていた。こうした羨ましい外向的傾向を、リーディングは二回の前生経験に帰している。最初はモーホーク・ヴァレーに初期の移民として住んでいた頃で、そのとき彼はその地方の多民族の移民たちを統一しようとした。このときは短命だったが、その時代に獲得した能力と、すぐその前の前生で獲得した能力が、現在の魅惑的な支配能力となってあらわれているのだ。つまり、この人の指導者的性格と魅力の大部分は、初期のアメリカにおける理想主義的闘争から発したものであり、機転のきいたウィットと人を笑わせるセンスは、英国のヘンリー八世の宮廷道化師として前生を送ったことに関係していた。察するところ、彼は政治に積極的で、国家の福祉の増進に真剣な関心をもち、その才能も宮廷における外交上の利益のために利用したのであろう。

要するに、ケイシー・ファイルにある外向性のあらゆるケースは、前生における社会的に外に向かった活動の結果と思われる。

内向的なパーソナリティが、多くの人生を重ねるにつれて外向的になり、また反対に外向的なものが内向的になってゆく経路を分析することは興味ある仕事である。忘れてならないのは、内向的とか外向的とかいう用語は、由来からすれば注意を内に向けたり外に向けたりすることである。このことば自体、心理的運動の方向を暗に意味している。それゆえ、内の方向とか外の方向という心理運動も、他の運動と同様、強制的に停止されるまではどこまでも続けようという性質をもっているわけである。

ある霊魂は、内向と外向のいずれにも片寄ることなく、動物としての健全な満ち足りた人生を何度もくり返していたかもしれない。だが、そうしてかりに十九回目の人生において霊魂を自然に内に向けるような何かが起こったとする。おそらく足が不自由になったとか、からだが虚弱だというような理由で、仲間と同じように健康なくつろいだ外向性をもって生きることが困難になったのかもしれない。

このようにしてはじまった内向への傾きは、はじめは（おそらく不愉快であろうが）健全なものである。はじめは償いのメカニズムのように見えるにしても、その人の分析力や価値観や非物質的実在への自覚を鋭くするという意味でよいことである。しかしながら、運動の惰性で次第に内向的な方向をどこまでも続けるようになると、ついにはひたすら自分自身の象牙の塔に立てこもり、自分以外の世界がもはや無用で注意を向ける価値のないもののように思いはじめてくる。超然とした態度や冷淡な優越感が彼を友人仲間からますます孤立させ、消極的な態度が彼を不活発にし、非社交的にしはじめる。

このような傾向は、二十回、二十一回目の人生においてますますその度を強めていき、ついに隣人に対する怠慢の罪や、また積極的に犯した罪によって発動された、異常なほど内向的なカルマ的原因が挫折を引き起こすようになる。この行き詰まり状態はエゴを恐怖におとしいれ、その結果彼に注意の方向転換を決意させるようになる。素朴な（そして不完全な）類推をするなら、これは巻き爪になった足の爪を伸びるにまかせてゆくうちに、ついに痛みがひどくなって、無精な主人もやむなく医者に出かける決心をするのに似ている。

こうして二十二回目の人生における破綻から、このエゴはついにもっと社交的で外向的になるようしゃにむに努力するようになる。二十三回目の人生において、地上生活と霊的世界での生活によってこの衝動にはずみがつくだろう。そしてこのはずみは二十四、二十五回目の人生においてもその力を持続し、ついに二十六回目の人生において一人前に育った外向的性格があらわれるようになる。

だが、もう一度困難な時期がくる。彼は自分の社交的な天性を、わがままや傲慢のために利用することなしに、幸福に社会に適応してゆくことができるであろうか。極端な内向性がうぬぼれの強い孤高に向かう危険をはらんでいるのと同様に、極端な外交性も社交的に有能な人の陥るうぬぼれの危険性をもっているのである。それゆえ二十六回目の人生においては、この人は高慢で肉欲的になり、充ち足りた社交的能力と自信から生まれた利己的な行為が目立つようになるかもしれない。

だがいったん利己主義がはたらき出すと、カルマが活動しはじめる。それゆえ、二十七、二十八回目の人生において、ゆたかな才能を生まれつき賦与されながら、子供時代の環境の影響で内向的または中間的傾向へと傾かざるを得ないようにされ、もっと霊的な基盤に立って行動することを余儀なくされるようになる。

再びバランスへの闘争がはじまる。こうしてわれわれは、ヘーゲルの唱えた「正反合の原理」が、歴史上の出来事の運動パターンを説明する以上の原理であることを発見するのである。つまり、これは霊魂の成長における運動型をも示すかもしれない。そのように見ると、内向、外向という一般的な気質的傾向が、霊魂の状態として実際に存在しているように思われるだろう。ユングやオヴァーストリートなどは、内向、外向それぞれが真の直観を代表するもので、霊魂の二つの根本的かつ相反する両極の状態を示すものだとみなしている。けれども、これら二者は、世界中のあらゆる人々の名前を納める整理棚として存在するというよりも、すべての旅行者がときおり宿をとるホステルとしての性格をより多くもっているのである。

内向性も外向性も、男性女性と同様、両極を象徴している。霊魂がときには女のからだに、またときには男のからだに宿って、その両方の性になることで両極の美徳や長所を学ばなければならないように、それは連続的に人生を重ねるうちに、著しく内向的なパーソナリティと著しく外交的なパーソナリティの両方になり得るのである。もっとも、その究極の目的は、内向・外向双方の性質を獲得して両方に向かうようになることにあるのだ。この過程は振子のように続いていって、ついに霊魂は内向と外向という用語が適用しなくなるほどの純然たる感受性と純然たる表現性、純然たる内向性と純然たる外向性の態度のなかで、みごとなバランスがとれるようになるのである。

ケイシー・ファイルのなかには、社会的適応がうまくいった例や失敗した例で、今まで述べた原理を裏書きするものが数多くある。

そのなかの一つは、目立っておしゃべりで攻撃的で、外向的な性格の婦人に関するものである。彼女は幼少の頃は女優になることを目指していたが、家庭が貧しかったのと、背が低くずんぐりしているために、女優になることはとうていかなわぬ夢とあきらめ、その代わり実業界に入った。ライフリーディングによると、彼女はアメリカ独立戦争のときに芸能人であった。

社会的地位と贅沢なくらしを意のままにしたが、それは個人的な主義、節操を犠牲にして得たものだった。他人を支配する能力、弁舌の才、芝居の才能などはその頃獲得したものであった。だが、彼女はそれらの才能を霊的理解なしに用いたため、今生では挫折に直面したのである。

この人は明らかに、さきに述べたような危機に直面していた。彼女は容姿や家庭環境に妨げられ、芸能人としてはなばなしく活動しその才能を発揮することができなかった。弁舌の才は比較的抑制されていないように見えたが、リーディングは霊的な理解力なしにその表現の才を用いてはならないことをはっきり警告した。何かもっと悪いことが彼女の上に起こらないようにという意味であった。

このような実例には、霊的な問題と職業の問題が複雑にからみ合っている。この場合のように、職業上の失敗が能力不足のために生じるのでなく、何らかの霊的欠陥がその人にあって、職業上の野心が遂げられると、その欠陥が矯正されずに終わってしまうために起こる場合が少なくない。リーディングはこの女性に――彼女はこのとき三十二歳だったが――物語の語り手か、でなければ子供や病人の友になること、その他なんでも、彼女の才能を利己的でない方法で建設的に用いることをすすめた。

過去にその外向的才能を濫用したために、現在いやおうなしにその心的態度を矯正させられている実例は、ワシントン州で私設秘書をしていた四十八歳になる婦人にもみられる。彼女の手紙には、彼女が入ってゆくどんな社交グループにおいても、彼女が自分を歓迎されない人間と感じていることがあらわれている。おそらく、子供のときに彼女の兄や姉が仲間に入れてくれなかったのだろう。

彼女は手紙にこう書いている。

「私は恐怖心をもって育ちました。それが一生つきまとっているのです。群集のなかにいるとき、私はいつも自分が不要な存在であると感じます。どうしてよいのか、何と言ってよいのか途方にくれるのです。私はいろんなことをしてみたいのですが、その方法がわからないのです。人から嫌われるのが怖ろしくて、人から求められる以上のことをしなくてはならないという気がいつもしています。ですから、誰かほかの人のために何かしようとして、自分の安楽や健康を犠牲にしてしまうのです。私は人から必要とされたいのです」

彼女は今まで三度恋愛の経験があったが、そのうち三度とも、男は愛を誓いながら彼女を捨てて他の女と結婚してしまった。

ライフリーディングは、彼女が前生でオハイオ州の初期の移民であったことを指摘しながら、こう述べている。「過去、彼女は他人を遇するにいんぎんであったが、それは自分自身の利己的な目的のためであった。それゆえ、自分は満足したが多くの人を失望させた。今生において彼女をつまずかせている人々に、かつて彼女は権力をふるったのである。他人を踏み台にすることは、いつか自分自身で埋め合わせをしなければならないカルマにおちこむことになる」

宇宙は正直である。宇宙はそのなかにつぎ込まれたものをそのまま返す。この婦人の悲惨な状態は、彼女がかつて他人の生活に対してつくった状態を、真実を映す鏡のように暴露している。前生における彼女は、他人との交際も、それが自分の利益にならない場合はしなかった。そのため、現生では家庭での子供時代の位置が、彼女に自分は無用の人間だと思わせるもとをつくった。こうして彼女は不安定な内向的な性格となり、それが大人になってからも続いているのだ。彼女は十人並みに器量がよく、男性を惹きつけるだけの社交的才能もあったが、男たちが彼女を愛していることを信じさせようとしても、結局はどの男にも失望したのである。

自分は要らない人間であるという意識や内向的性格が、人から好かれ人から必要とされるようになるために他人を助けようという努力へ向わせたのである。このようにして、カルマの矯正目的は成就されつつある。自分の利益のために、過去において不誠実に濫用した社交能力が今生では抑圧されているので、いやでも誠実な無私な態度をとり、自分を社会に順応させるより外に道がないのだ。

人に失望するという経験はかなり一般的なもので、ここにはほとんどきまって投げ矢のカルマがはたらいている。次のリーディングの一節は、このことをきわめて簡潔に要約している。

この人は、他人にしばしば失望してきた。だが、あのキリストの永遠の法則に心を開けることだ――蒔かれた種はいつか刈りとらなければならない。あなたは他人を失望させた。それゆえ、現在は自分自身の失望を通して、忍耐というもっとも美しくもっとも理解されがたい徳を学ばなければならない。

外向的な人は他人の感情を無視するのが特徴である。それゆえ、自分自身が他人の薄情の犠牲になることが最上のこらしめなのである。

これらの実例や、その他同様の多くの実例が、霊魂というものが、何らかの内的堕落によって矯正的抑制が加えられるまでの間、妨げられずに前進する傾向があるという見方を裏づけている。その極に達すると反対の方向が誘い出され、その結果、正反対の状態に達するのである。このような作用が、振子の振動のようにつり合いがとれるようになるまで続くのである。

以上、ここでは現代の類型論の一つであるユングの説に関してのみ、リーディングを検討してきた。しかし、これまで組み立てられたあらゆる類型説にもこれと同じ結論があてはまるだろう。それが価値を基準にしたシュプランガーの人間の分類のような心理的類型論であれ、またクレッチマーのような肉体的類型論であれ、それらはいずれも、精神や霊魂など、深層性格が外にあらわれた形をとりあつかっているのだから。類型論の真実性に関する科学の最終的な判断がどうであれ、ケイシー・リーディングはこれらを承認するものに、少なくとも一つの事実を提供している。現在の類型論の体系は、霊魂の上に永遠の烙印を捺すものではない。便宜上、パーソナリティはいろいろなタイプに分類されるであろう。だが、どんなタイプであれ、それは意識の一時的な状態であり、永遠の自我が成長の途上でしばらくの間とどまる状態にすぎないのである。

訳注一　ロバート・ベンチレイ（Robert Benchley 一八八九－一九四五）米国のユーモア作家。「Lore conguero all, The Early Warm」その他著書多数あり。

11章　復讐的心理カルマの実例

◎冷淡な修道尼は、月経過多になった
◎人を非難する者は、みずからのうちにそれを償う
◎魔女裁判で投獄された婦人を次々と強姦した牢番人

われわれはすでに、道徳的な罪である傲慢が、種々のみにくい障害の形で肉体に明らかな結果をあらわすのを見てきた。ケイシー・ファイルには、諸々の道徳的な罪が深刻な心理上の問題になっている例も多い。そのうち二つは、不寛容の罪にそのカルマの原因をもつ適応異常である。

一つは、ルイ十四世時代のフランスの修道院の尼僧の場合である。彼女は厳格で冷淡で、他人の弱点を容赦なく非難した。聖書のことばを文字どおり解釈し、その掟にそむくものを軽蔑した。

この狭量のカルマの結果は、まず今生の彼女に、ある腺の疾患としてあらわれ、それは青春期を通じてずっと続いた。この疾患——月経過多——のために、彼女は規則的に学校に行くことができず、月四週のうち二週間はベッドに伏していなければならなかった。彼女は内気で引っ込み思案になり、同年輩の友達から次第に遠ざかる有様で、それらが彼女のパーソナリティのあらゆる面に影響を与えていた。

だが障害はついに治った。少女は美しい乙女に成長し、ニューヨークでモデルになり、ついに結婚した。しかし彼女は、相手の選択においても不運だった。二人には共通点がほとんどなかった。夫は冷淡で愛情に乏しく、彼女は愛情に飢えた。第二次大戦が始まり、彼女の夫は海外に出征した。それから猛烈に淋しい時期がはじまった。この緊張があまりに大きく耐えがたかったため、彼女は盛り場に行き、そこで酒をあおってふしだらな生活にふけった。彼女はコップに一、二杯の酒を飲めば社会的抑圧から解放されることを発見した。

こうしていったん酒の味をおぼえると、やめることができなかった。酒の上の騒ぎはますます長びいた。彼女は夜も昼もぶっつづけに三週間も飲み、そのあいだにたまたま好きになった兵隊や、水兵や、航空兵や、海兵隊員とベッドをともにした。酔っぱらうと身だしなみにまったくかまわなくなり、台所のごみを裏庭に捨てにゆくのに部屋着のボタンをはずしたままおかまいなしに出て行ったり、一糸まとわぬ裸体のまま宿舎の応接間に陽気にぶらぶら入ってゆく始末だった。

とうとう彼女はアルコール中毒でからだをこわしてしまった。手がふるえ、夫から家族手当の小切手がきても名前をサインすることができないほどだった。正気になって分別をとりもどしたとき、彼女は陸軍のキャンプや海軍基地の集合地である盛り場から足を洗って、生まれ故郷に帰ろうと決心した。その後の彼女の手紙は、彼女が秘書として責任ある地位についていることを報じたが、他の情報ではまだいくらかは酒をのんでいるらしかった。夫とは離婚してしまった。

一見この堕落は、彼女の本来のパーソナリティの欠陥に由来しているように思われる。だが、この欠陥はまた生殖腺の障害という肉体的欠陥からもきていた。（ケイシーはしばしば、諸種の腺はカルマ的原因が具体化する焦点であることを指摘している。）

この機能障害は、他人に対する彼女の非難や、彼女の愛の欠けた心情の直接的なカルマの結果であった。かつて彼女が他人のなかに無情に非難した弱点が、彼女自身の弱点になったのである。このような方法で、彼女は過ちがいかに避けがたいかということを、また誤りを犯した者をさらに罪に陥らせる飢えや、官能の喜びにつかの間の慰めを求めてしまう弱さや淋しさを、身をもって味わわされたのだ。あざ笑う者と同様、人を非難する者も、自らのうちにその非難の罪を償わなければならないのである。

次の例は、二つの過去生で傲慢と偏見の権化であった婦人に関するものである。彼女はこの二生涯のはじめのほうでは、ユダヤ教の律法学者の妻として、キリストと同時代にパレスチナに住んでいた。社会的地位の立場から、彼女は当時宗教界に一大波紋をまきおこしていた常識はずれのイエスという若者の活動にがまんがならず、これをひどく嘲笑した。

次に彼女は、マサチューセッツ州のサーレムに生まれ変わった。しかしこのときも、以前におとらず、他人をひどく非難排斥した。時代や慣習が変わっても、優越感のなかに彼女が見出した快楽を弱めた形跡は見られなかった。それどころか、彼女は以前にもまして薄情になったように思われた。リーディングのことばを引用するならば、「この人は個性の死後存続に関する確実な証拠をもつ者に対して、詰問したり非難したり辛くあたったりした人々の仲間だった。この人は、当時多くの虐待事件をひき起こした。誰かが水浸しの刑に処せられる際には、この人が立ち会って承諾を与えた。誰かが鞭で打たれると、この人は証拠を提供して認可を与えた。それゆえ、現在この人は、失心状態に陥る時期をもたらされることによって束縛をうけているのである。交感神経系と脊髄神経系の不協調から生ずる圧迫が、乳び管と第一、第二頸椎に障害を起こしている。これが肉体的反動の時期をもたらす原因である」

リーディングの言う肉体的反動とは、この婦人が現生において三十九歳のときにかかった神経衰弱のことで、その後十四年にわたって定期的にうつ状態が起こった。彼女は未婚だった。彼女がニューヨークの高級住宅街に住んでいることや彼女が無職であるという事実は、この婦人が独立した財産の持ち主であることを物語っていたが、はっきりとここに、医学的ないし精神医学的症候群があることがわかる。つまり、仕事をもたず無為に日々を送っていることが、彼女の憂うつの大きな原因であったかもしれないという見方である。だが、前にも指摘したように、それは表面的な因子ではあるが、根本的な原因ではない。この婦人の性格の核心には、人間に対する不寛容や、また人間の情熱とか苦悩に対する冷淡な無関心があった。彼女の冷たい不寛容な行為は、前生において多くの人々に救いようのない絶望感を与えた。それゆえ、彼女自身がいまこの思いを経験しているのは当然のことである。

さて、この婦人が、なぜパレスチナの不寛容のカルマの結果をサーレム時代に経験しなかったかが問題になるだろう。この問いに対しては二つの答えが可能である。第一は、彼女のサーレムでの転生には彼女の不寛容の罪を償う以外の目的があったということ。それゆえに、パレスチナで生じた傾向が、この人の人生におけるもう一つの大きな目的に夢中になっているあいだに手綱をはなれて、ますます強化されてしまったのかもしれない。第二は、彼女のパレスチナ時代の不寛容は、他人に深刻な傷を与えるほどあからさまなものではなかったかもしれないということである。それはまだごく初期の不寛容であって、大きなカルマを生じるだけの力をもたなかったのかもしれない。人生における各瞬間は、言わばテストのようなものである。サーレム時代に、彼女は寛容にも不寛容にもどちらにもなれるような地位に置かれた。だが彼女は、このテストに失敗したのである。それゆえ、パレスチナ時代の不寛容は消えるどころか逆に強化され、かくして現在のカルマの結果を積極的に生むに至ったのである。

不寛容と同じような特徴に属するものに、批判的傾向がある。次の例は、過度の批判が生み出すカルマの結果の興味深い例である。その人は二十七歳になる青年で、陸軍大尉であったが、劣等感でひどく苦しんでいた。このパーソナリティの欠陥に対する原因を彼の子供時代に見出すことはできなかった。ことによると、批判的で理不尽な親をもっていたのかもしれない。もしかすると肉体的な外見が彼を級友の嘲笑の的にしていたのかもしれない。われわれがこのような推論をするのは、彼のカルマの罪の性質のためである。リーディングは「人は蒔いたものを刈り取らなければならない」という。

「あなたが人を批判したから、今度は自分が批判される番になったのだ」

リーディングは、この青年が前生で文芸批評家であって、自分の気に入らないものはすべて容赦なく痛烈に批判したことを明らかにした。過去において他人に多大な自己不信を植えつけたために、今度は自分自身が自信喪失で悩まなければならないというわけである。ここに、カルマのもつ多種多様な働きの一断面が見られる——これは非常に重要な面であって、その道徳的な意味を熟考する必要がある。

もちろん、職業的な批評家は非常に数が少ない。しかし、この地球にはアマチュアの批評家が何十億人といる。おそらく他のどんな職業といえども、これほど多くのアマチュアが、しゃべることを習いおぼえた瞬間から死が唇に封をするまで、おもしろおかしくこの気晴らしに従事しているところはないであろう。これは経済の点からいって金のかかる仕事ではない。食べることよりももっと気楽に誰にもできることである。ほかの人間の娯楽とちがって、一枚の舌さえあれば、何の道具もなしに一年中、屋内でも屋外でもできる。二、三人よれば必ず人のこき下ろしがはじまるというわけである。

しかしこれは、金の面では一円もかからぬ批評であっても、心理的な価格としてはいつかは支払わなければならない高価な娯楽である。情報の源は――ケイシーは自分の情報源をこう呼ぶのだが――長い時間軸の上に原因と結果をながめる有利な立場にあるので、しばしばこの面で著しい誤りを犯している人々に鋭い警告を与えている。次に引用するのは、数百にのぼる同類のケースのうち、特に顕著な例である。

この人は腹をたてると他人をきびしく批判する傾向がある。これは改めなければならない。なぜなら、他人について言ったことは、いつか何らかの形で自分自身の身にふりかかってくるからである。

次に、道徳的な原因が現実の結果となってあらわれることを示すリーディングの一節をかかげてみよう。これは聖書のある深遠なことばをわれわれの心によみがえらせる。

（訳注一）あなたがたに言うが、審判の日には、人は自分の語ってきた無益なことばに対してすら釈明しなければならないであろう。あなたは、自分のことばによって正しいとされ、また自分のことばによって罪とされるからである。

聖書のなかの審判の日を、カルマの負債が満期になるときと見ることは、不合理ではないと思われる。

口から入るものが人を汚すのではない。口から出るものが人を汚すのである。(訳注二)

人を裁くな。自分が裁かれないためである。あなたが裁くその裁きで、自分も裁かれるからである。(訳注三)

カルマの結果からながめるとき、これらの引用句は突如として正確な力強い実際的な意味をもってくる。その力は動かしがたいものである。

これらの実例で注目しなければならないのは、動機と目的がカルマの作用をひき起こす力になるという点である。この青年大尉を破滅におとし入れたものは、彼が前生で文芸批評家を職業としていたことではなくて、むしろ彼のとっていた態度であり、彼の職業をあさはかに遂行することによって他人の自信を喪失させたことにある。同様な事情は(五章に詳しく述べた)

キリスト教徒を嘲笑したローマの兵士にみられる。彼のカルマはローマの衛兵としての義務を遂行したためではなく、無力な人々を嘲笑したことに由来していた。いつもそうだが、問題は文字でなくて精神である。形ではなくて実質である。行為ではなくて動機である。

　前章で、われわれは、前世において人々に命令を下していた経験によって高慢な性格が形成された例を見てきた。リーダーシップは賞讃すべき性質であるが、これはしばしば横暴へと堕落する。職務上の地位が不謹慎なうぬぼれや尊大へとみちびいた例は、人類史上、一、二にとどまらない。権力の濫用とそのカルマの結果を示すひどい実例は、ケイシー・ファイルにも多数見られるところである。

　たとえば、サーレムで魔女裁判が行われていた頃に有力な地位についていたある人物のケースを見てみよう。多くの婦人たちが魔女の嫌疑をかけられて迫害にあったのは、大部分この人の責任だった。しかし、公衆道徳とキリスト教信仰の保護のために魔術のぼっ発を防ぐことに情熱を傾けていたはずのこの清教徒は、自分の置かれた地位と権力を利己的目的のために行使するようになったのである。彼は、投獄された婦人たちを自分の肉欲の満足のために利用したのだった。

　ファイルはこの清教徒のやくざ者が、今生でしばしば猛烈なてんかん(原注一)の発作におそわれる十一歳の少年として生まれていることを明らかにした。しかも、夫に捨てられて貧困にあえいでいる女の息子として。リーディングをとったとき、彼は左半身の自由がきかず、またしゃべる能力を失っていた。ひとりで衣服を脱いだり着たりすることができず、大小便も自分でできなかった。肩は前にかがみ、二、三十分ごとに起こる痙攣が二、三日もつづくと、頭をまっすぐにあげていることも一人で坐っていることもできなかった。

ケイシーによると、てんかんは往々にして性的過剰のカルマの結果である。この場合は権力の濫用がこの事態を引き起こした主要な要素であって、母親の貧困と低い社会的地位は、かつての彼の経済的に安定した地位と対照的であるのだが、彼のてんかんそのものはやはり性的過剰のカルマの結果であって、これは職務上の地位の濫用の一形態なのである。

次も権力の濫用に関する例で、ローマのキリスト教徒の迫害の時期に関するものである。ロマスは軍人だった。その地位はかなり高かったので、軍人としての月給以外に金をかせぐことができた。リーディングはその方法が不当所得であったか、あるいは恐喝であったか、はたまた悪徳金融業であったか明らかにしなかった。しかし、何らかのこれに類する不埒《ふらち》な行為が、物質的な面で彼にかなりの利益をもたらし、その結果、霊的な面では堕落の一途をたどったのである。そして、このために土星の影響を受けるようになったとリーディングは告げた。

このリーディングの最後の部分は注意を要する。なぜなら、霊魂は転生と転生の間に惑星に滞在し、罪の懲らしめは土星の近くに――これはどうも狭い煉獄のようなところらしいが――一時的に送り込まれることではじまることを暗に示しているからである。これはまた、地上に生まれる人間と「占星学」との相互関係に関するケイシーの見解を暗に示している。占星学ということばはケイシー自身が非常に慎重に用いていて、星の影響力に対するわれわれの理解力はまだまだきわめて幼稚であることを何度も指摘している。

ロマスの今生の状態はたしかに非常に拘束されているので、占星学の心得のある人なら誰でも、明らかに土星の影響を見て取ることができるだろう。貧乏で取り立てをうけたり住む家がなかったり、すき腹をかかえているといったような状態は、大人になってからも彼の生活につきものだった。商売は仕立屋だったが、妻と五人の子供を養うだけの金をかせぐことはできなかった。アメリカ人の親類の援助にすがって、一家はロンドンの貧民窟で不安定な生計をかろうじてたてているのだった。

ここではやはり、権力の濫用が、それが行なわれた領域で、ふさわしいこらしめを受けているように見える。この人の経済的な無力は、まさに彼がかつて人に与えた窮乏そのままだったのである。

もう一つ権力の濫用で注目に値するのは、フランス革命のとき、平民の一人として同胞を煽動して貴族に反抗させた一婦人である。この行為と、誠実な理想主義と、大義に対する献身とによって、彼女は霊的に偉大な進歩をとげた。しかし形勢が一変し、革命が終わって彼女が権力の座につくと、今度は彼女自身が独裁者になり、彼女がこれまで追放すべく闘った人々と同じくらい権力を濫用したのだ。「だからこの人は、一生自分の言いたいことを抑えて、人から指図を受けることが現生において必要となったのである」

この婦人は、現生で非常な困窮状態に陥っていた。リーディングをとったときは四十歳だったが、すでに十年間寡婦で過ごし、一人の女の子の母親だった。彼女は、自分と子供の生計をたてるために大きな困難とたたかってきた。彼女は、政府の公共事業促進協会の仕事にしばらく従事していた。しかしその地位は不安定で、レクリエーションの機会がなく、孤独感は彼女に絶望的な敗者の意識を与えた。彼女のおかれた牢獄のような状態は、たんなる偶然の結果ではない。彼女が前生で、権力の濫用をとおして人々に与えた絶望感のしっぺ返しである。表面は冷酷な経済機構や不平等な運命の犠牲者と見られるだろうが、カルマの現実からするなら、彼女はただ自分自身の犠牲になっているにすぎないのだ。

このような実例は、他の人々の逆境に対してどういう分析が妥当か、また目に見える結果から過去の原因を逆にさぐってゆくには、どのようにアプローチしたらよいかということについて有力な手がかりを提供してくれる。(訳注四)アエスキュロスがギリシアで二千年前に「性格は運命なり」と言ったとき、彼は逆もまた真なりという命題を公式化したのである。なぜなら、前述の例からながめるなら、今日の運命は昨日までの性格をあらわしているからである。

さて、ここで慧眼《けいがん》な輪廻論者には必ず起こる重要な問題が登場する。それは、もし貧乏や低い身分がある種の権力の濫用のカルマから生ずるこらしめの結果であるとするならば、どうして社会の秩序を改善しようという努力が必要なのかということである。たとえば、もし前述の仕立屋が、われわれよりももっと安易な経済機構のなかで生活の面倒をみられているとするなら、カルマの意図は挫かれてしまわないだろうか。

この問題は後の章でもっと詳しく論じようと思うが、ここでは、輪廻論を受け入れることは社会に対して日和見の態度をとることではないと力説しなくてはならない。おそろしい窮乏の教訓を学ばなければならない人々は、彼らの経験しなければならない貧困状態を許すような歴史的時期や場所に誕生する。同時に、他人の運命の改善のために積極的に働かない人々は、怠慢の罪を犯しているわけである。他人を意識的に食いものにする者は、積極的な犯罪を犯しているのである。同胞に対するこの二つの罪はいつか償わなくてはならぬものである。

私の理解に誤りがないなら、輪廻は同胞を欺こうとする者や横暴な人間には救いにならない。輪廻の教えが第一に強調している点は心理的な面である。なぜなら、それは個人の魂や、魂が完成を実現するための法則や条件に関係しているからである。しかし広義には、これは社会的な面ももっている。愛が究極の目的であり、愛こそが人々の進化を調整するカルマの唯一の溶剤だからである。

輪廻論者の立場からすれば、宇宙法則はけっして人間の意図するようにははたらかないことは確かである。復讐の原理は水のように、つねに自分の正しい水準を見出すものである。その時代の社会機構がどうであろうと、それを自己の環境として選んだ魂にとって、自己の内的欠陥を矯正する正しい方法が存在するのは、この枠のなかにおいてであることは確かなのである。

訳注一　マタイ伝十二章三十六―三十八

訳注二　マタイ伝十五章十二

訳注三　マタイ伝七章一

訳注四　ギリシア悲劇の父と言われる人

原注一　てんかんはまた、心霊能力の濫用にもカルマ的原因を有している。権力の濫用と同様、この場合にもカルマの精密な作用原理は不明である。この病気がこれらの能力の濫用からくるというのは、おそらく超自然的な人体組織によるのだろう。これは、インドの霊学でいう七つのチャクラ（車輪）を理解すれば、さらに明らかになるだろう。リーディングはチャクラを生命の中枢と呼び、これに大きな意義を与えている。これは肉体と霊魂との接合点であって、エネルギーの渦であると思われる。

12章　精神異常の前生的原因

◎フロイトにおける「無意識」の意味
◎同じ夢を何度も見る人はそれを前生で経験している
◎転生否定論者への答え

フロイトの名と「無意識」という用語は広く知られている。しかし、フロイトが催眠術の研究に基づいてこの無意識的な心を発見したことはあまり知られていない。催眠術の被術者は、目覚めているときには完全に忘れている子供時代の出来事を思い出すことができる。この事実から、フロイトは、記憶の保存に対する説明として、無意識的な心というものを仮定せざるを得なくなったのである。フロイトは後に、さまざまな点で不充分だった臨床技術としての催眠術を放棄し、無意識の深層を探究する別の方法を発展させた。だが、それにもかかわらず、催眠術は精神分析の生みの親であることに変わりはない。

輪廻論者の心理学においても、催眠術は同様の役割を演じている。ケイシーの透視能力は、催眠被術者が他人の過去を透視できる可能性を暗示しているように見える。しかし、これよりもっと重要なのは、催眠術やこれに類する他の心理療法を利用することで、人々は自分自身の過去を再体験できるかもしれないということである。催眠術による年齢退行実験は、誕生以来、その人が遭遇したあらゆる事件の詳細な記憶が心のある層に貯蔵されていることを証明している。被術者が十歳の年齢にさかのぼって自分の名前を書くように言われると、彼は十歳のときに書いたように書く。六歳までさかのぼらせれば子供のなぐり書きのように書き、さらに三歳までさかのぼれば鉛筆でただ意味のない線を描くことしかできない。これらの年齢退行実験は大学の教室で行なわれるもので、この方面の学生にはよく知られているものである。

知られていないのは、十九世紀後半のフランスの科学者ド・ロシアが、年齢退行実験によって過去生の記憶をよび起こすことができると主張したことである。彼の著書『連続的人生』(Les Vies Successives)は、科学的承認をうけていないが、おそらく彼は、輪廻論者の心理学における先覚者として迎えられるであろう。なお、もっと最近にはペンシルヴァニアのA・R・マーチンがこれに似た研究を行ない、『輪廻と来世の研究』(Research in Reincarnation and Beyond)というすばらしい著書を公にした。

このような方法で前生の記憶を実験的に引き出すことは、自然の意図に反するものなのかもしれない。もし反しないならば、われわれはみな自分の過去を任意に思い出すことができるだろう。しかし、科学のためになされるこのような努力は、おもしろくもあり価値のあるものである。それらはやがて、輪廻の事実に対する最後的な証拠を提供するかもしれない。

ケイシーの催眠透視によって精査された精神異常の実例をながめると、それらのケースが、記憶の性質や無意識的な心に関するわれわれの理解を深め、無意識的な心が今日の精神分析家が考えているよりもはるかに深いものであるというわれわれの信念をさらに強めるものとなる。これらのケースは必ずしも証拠があるわけではないが、なかには少なくともある程度、証拠によって裏づけられるものもある。そして証拠のないものも、複雑なジグソーパズルの一断片として眺めることはできるし、いったん全体としての合理性が理解されれば、それぞれの一片の意味もよりはっきりと理解できるようになる。

精神生活の異常のなかでももっとも奇妙なものの一つは、恐怖症として知られる現象である。恐怖症は一般に、精神分析の専門家によって、敵意を起こさせるような一連の複雑な事態や関係、ないし抑圧された攻撃や強烈な罪悪感などにその原因をもつ誇張された恐怖である、と解釈されている。これらの潜在的感情は、閉所や高所、猫、雷雨、その他多種多様な対象への、強烈な、一見不合理な恐怖としてあらわれる。恐怖の対象には、その感情を誘発させるもとになった経験に、直接または間接的に関係のあるものが選ばれる。

ケイシーのリーディングは、少なくともある場合には、これらの強烈で一見不合理な恐怖にも、前生の経験に正当な起源をもっている場合があることを証明している。

ある婦人の例だが、彼女は小さな子供の頃から閉ざされた場所を怖がる傾向があった。劇場などに入っても、この女性はきまって出口のそばに席をとる。もし乗っているバスがあまり混んでくると、降りて次のバスを待つといった具合である。田舎にハイキングに出かけても、洞窟とかほら穴、その他なんでも小さなふさがった場所を怖がった。彼女の家族は、この奇妙な傾向を理解することができなかった。このような恐怖症の原因になるような異常な経験が彼女の子供時代にあったかどうか思い出せなかったからである。リーディングによれば、彼女は前生でほら穴の天井が頭の上に落ちて窒息したのだった。この恐ろしい死の思い出の残滓《ざんさい》が、いまだに彼女の無意識から消え去っていなかったのである。

もう一つの例は、二つの恐怖症にかかっている婦人の場合である。一つの恐怖は刃物、もう一つは毛皮をつけたあらゆる動物、特に家畜であった。彼女は、刃物がそばにあったり、誰かが刃物を使っているのを見ると、必ず神経質な恐怖にとらわれた。ライフリーディングは、彼女がペンシルヴァニアに生まれたとき刀で殺されたために刃物に対する恐怖が生じたと説明している。

動物に対する嫌悪は、彼女の現生を基礎に考えるかぎり、理解しがたい。彼女は大家族の一員で、家族の誰もがめいめい何らかの動物を飼って可愛がっていたからである。兄などは特に、とても動物が好きだった。それなのにこの婦人は、家のなかに犬や猫を見かけることが、人が蛇を見るのと同じぐらい嫌いだった。そのうえ彼女は、毛皮のコートはいうに及ばず、衿にだけ毛皮のついたコートですら着ることができなかった。精神科医は彼女の恐怖症の原因を彼女と家族との関係に求め、もしかすると動物が特に好きだという兄に対する嫉妬で、敵意の一表現かもしれないと見た。しかし、リーディングはこの奇妙な嫌悪感を、アトランティス時代における彼女の過去生に帰している。彼女はそこで動物にまつわる嫌な経験をしたのだった。

その他多くの恐怖症が、リーディングによって過去生を基礎に説明されている。暗闇に対する病的恐怖心は、フランスのルイ十六世時代に政治犯として地下牢に幽閉された経験に由来した。鋭利なナイフに対する恐怖感は、フランスの拷問室で、拷問台やその他の拷問具にかけられた経験に由来していると言われた。全世界が今にも大破滅に陥るのではないかという恐怖感は、その人がアトランティス大陸の沈没のときに受けた経験に由来していた。当時、彼は学問の研究のために引きこもっていた高い丘にたった一人で取り残され、水がひたひたと身を包んでいくのを見ていたペルー人だったのである、と。野性動物に対する過度の恐怖は、その人の夫がローマ時代に円形競技場で野獣と格闘させられた経験に原因があるとされた。水に対する病的恐怖をもつ二人の人は、それぞれ過去生で溺死したのだと言われ、同種の恐怖症にかられていた他の一人は、ローマ帝国時代に遠征の途上で嵐によって難波したのだと言われた。

これらのケースを通常の心理学の観点から批判的に検討してみると、そのどれにも、こういう恐怖症を説明することのできる事情を、前生のほかに、現生の生活のなかに見出せるのではないかと考えるだろう。なるほど、現生で何かしらの不愉快な感情のしこりが残されるというのは、考えられることである。けれども、恐怖症の真の原因になっている前生の記憶の可能性を否定することもできない。

閉ざされた場所を病的にこわがる婦人は、四歳のときに押入れに閉じこめられたことがあったのを忘れているのかもしれない。この経験は、催眠術や自由連想で発見されるかもしれず、精神科医はそれから得た資料をもとにして、この神経障害の原因になっている感情上の問題を解きほぐそうとするかもしれない。だが、これらのケースのなかには、しばしば見逃されているある重要な事実がある。感情の世界に、数学のような論理的厳密さを期待することはできないが、ある感情経験において、ある人は恐怖症を起こしても、自分は恐怖症にかからないという経験を持つ人が無数にいる。どうして特別に恐怖症にかかりやすい人がいるのだろうか。閉所恐怖症の原因になる感情上のみだれを経験する人が誰でも閉所恐怖症になるとするならば、世界に閉所恐怖症患者がやたらに生まれ、電話ボックスや寄宿舎の部屋や、一部屋きりのアパートや、薄暗いナイトクラブなどは、大衆の健康を脅かすものとして廃止しなければならなくなる。

この問題に対するケイシー・データの答えは、次のとおりである。

ある感情状態で、一人の子供が他の子供よりも神経症になりやすいというのは、前生の経験に由来している場合がある。つまり、現生の状態が、埋没していた悲劇的記憶を再び呼び覚ます媒介として作用しているのである。

それゆえ、輪廻論者の見解によれば、無意識的な心は、一般に考えられているよりはるかに深いということがわかる。ある分析家、特にカール・ユングなどは、精神生活の不可解な部分を説明するために深層領域が存在するはずであると考え、あらゆる個人が記憶を引き出す、ある種の経験記憶の貯蔵所が存在するという仮定に立って「集合的無意識」とか「人種的無意識」というものを主張している。このような集合的記憶が存在しないとは断定できないが、この説は、記憶とは個人的なもので、無意識をとおって前生の記憶へとのびているという説よりも受け入れることがむずかしい。少なくとも、記憶が米俵のように米倉につみ重ねられていて、社会の他の人々によって引き出されたり利用され得ると主張する説よりも、個人が前生の記憶をもつと考えるほうが信服力がある。もし集合経験という現象が生じるとするなら、それはもはや厳密な意味の記憶ではなく、むしろ認識とか認識作用というようなものである。

ケイシー・リーディングの観点に立つと、個人はたしかに過去から押しあげてくる無意識的な記憶をもっている。それは、仮説的な記憶の貯蔵庫や、ずっと以前に死んだ祖先から来るものではなく、自分自身の過去の経験から押しあげてくる無意識の記憶である。彼のすべての無意識的な恐怖や、嫌悪や、愛や衝動は、彼が彼自身から受け継いだ遺産なのである。ちょうど人が、今日の彼自身を明日の彼自身に伝えるように。彼自身が、かつて何度も野蛮人に生まれたから、野蛮な衝動が改められずに彼のなかに残っているのは当然である。彼自身がかつてジャングルの恐怖や、人間の残酷ないまわしい行為によって脅かされたのだから、彼がいまだに不合理な恐怖や理由のない心配をもったりするのは当然なのである。彼自身にかつて、現在彼が交際している人々を嫌ったり愛したりする充分な理由があったのだから、現生において、同じ人々に対して一見不合理に見える愛や憎しみを感じても、それは当然のことである。

意識の奥底に隠れていた要素が異常に出現するということは、恐怖症以外の形でも生じることがある。同じ夢を何度も見る人に対して、ケイシーがそれを前生の経験を基礎に説明した例がいくつかある。そのもっとも興味深い例の一つは、一人の婦人の場合で、彼女は次のような質問をした。

「どうして私は、子供の頃、世界が破壊されてゆく夢をあんなに何度も見たのでしょうか。そのたびに黒い不吉な雲が見えるのです」

これに対しリーディングは、それは彼女のアトランティスの経験からきていると答えている。彼女は当時神官の妻で医者だったが、おそろしいアトランティス大陸の沈没を、身をもって経験したのだった。その印象が非常に深く魂の記憶に刻みこまれていたので、睡眠中に反復的にあらわれたのである。

もう一つの例は四歳になる子供で、彼女はほとんど毎日のように、いかにも悲しそうに泣きじゃくりながら目をさますのだった。その子供は、からだは丈夫だったので、母親がケイシーに手紙を書いてそのわけをたずねた。リーディングによると、この子供は第二次大戦のとき、フランスでひどい死に方をした。けれどもまた生まれてきたい気持ちでいっぱいだったので、九ヵ月経つか経たないうちにアメリカ人を両親として地上にもどってきたのである。二つの生涯のあいだが近すぎて、爆撃や火事のおそろしい思い出がまだ消えておらず、睡眠という意識状態に入るとそれがあらわれてくるのだった。

上述のようなケースは、いやでも記憶という問題の全面的検討へと向かわせる。輪廻論に反対する大多数の人が持ち出す反対理由は、われわれが自分たちの前生を記憶していないということである。なるほどこれは奇妙な事実である。だが、われわれが自分たちの幼時のことをぜんぜんおぼえていないということや、また子供時代のことを少ししか覚えていないということを考えるならば、さほど奇妙なことではない。意識的な記憶は非常に稀薄で、いろいろな出来事が小川の流れのようにわれわれのそばを通りすぎてゆくので、「私は記憶していない」ということは、何かが起こらなかった証明にはならない。もし友達の誰かに「一九三九年の四月五日の午前十二時二十六分に君は何をしていたか」とたずねたとしても、彼はまちがいなくこの問いに答えられないだろう。しかし、彼がその時間に対する記憶をもっていないということが、彼がその時間を経過してこなかったことの証明にはけっしてならないのである。

それゆえ、輪廻に対するこの反論に立ち向かうことは容易である。第一は、忘却と記憶の退化はきわめて自然な普通の現象であるという理由のため、第二は、記憶というものが、詳細な点は忘れても大筋は残るという性質をもっているためである。たとえば、学校教育を受けた大人ならば誰でも、七の七倍は四九、十二の十二倍は一四四であることを知っている。三、四年生の頃、これを覚えるのに苦労した不愉快な時間のことを、そっくりそのまま思い出すことはできないだろうが、それを計算する能力やこの事実についての知識は、教室での反復的努力の名残として残っているのである。

火に対する用心、犬に対する警戒心、ダンスをする能力、その他何かの技量なども同様である。歩行の能力は、明らかに一心に歩く練習をした時期のあったことを立証している。おそらく十万人に一人も、この技術を獲得するために払った骨の折れる努力を実際に覚えているものはないであろう。

したがって、こまかな点を忘れていても本筋の記憶は残っているのである。記憶がないことを反論の根拠にしている人たちに輪廻論者が与える答えは、人間の良心、知能、能力などの度合は、その詳細な点が記憶に残っていなくても、前生の経験の総計の繰り越しをあらわしているのだということである。

もっと微妙な反論は、他のパーソナリティのした行為に対して責任をとることは不当だという説である。彼らは言う。もし罪を犯した人への罰が、その人に何らかの意味をもつとするならば、その人には悪いことをしたという意識があるはずだと。

この反論に対する輪廻論者の答えは、パーソナリティと永遠の自我との関係に根拠を置いている。

永遠の自我は舞台裏の役者のようなもので、その過去を全部おぼえているのだが、パーソナリティの衣を着ると、役のついた俳優のように、過去におぼえたことはその総計と原則を除いた他は忘れてしまう。そのように、自然によって配慮されているのである。ある意味でこれは、家にいるときは自分がかつて演じたどの芝居の場面も思い出すことができるシェークスピア劇の俳優に似ている。だが彼は、ハムレットを演じているときはシャイロックの役割は完全に心の外に追放しているのだ。

これと同様に、大霊とか永遠の自我は、パーソナリティの衣をつけた彼に起こったことを一切記憶している。しかし、これらの記憶は、何らかの方法で意識が正常な状態から逸《そ》れないかぎり、小さなパーソナリティには（たとえ死の直後であっても）よみがえらないのである。これが無意識によってなされるか、それとも超意識によってなされるかは重要な問題ではない。これらの二つの用語があらわしている心の領域は、将来の研究家が明らかにすべきであるが、要はこのような記憶の貯蔵所は、それが何と呼ばれようと、どこに位置を占めていようと、確かに存在するということ、そしてそれはいろいろな方法で計画的にも偶然にも引き出すことができるということである。これが輪廻論者の見解である。

過去にしたかもしれないが今はもう覚えていないことのために人が苦しむのは、倫理的に健全ではないという反論は、大人が幼児期につくられた無意識の葛藤に悩むのは不当であるという不満と同様、支持することができない。力学の作用はそれ自身の法則に従う。暴力をもって自然をわれわれ自身の先入観にあてはめようとするよりは、われわれの倫理観をありのままの自然に（自然はこのうえなく倫理的である）一致させなくてはならない。

過去を遮断して現在を構成し、ごく僅かな部分だけを見せてくれる忘却というカーテンは、保護の役目をする有用な目隠しである。一見、これは奇妙で不当な摂理のように思われるかもしれない。しかしこれは、パナマ運河を通って船を大西洋から太平洋に航行させる水門の機構に似ている。分別のない人には、この水門はやっかいでわずらわしい、まったく不自然な仕組みのように思われるだろうが、この機構を考えた技師たちには、一つの水位から別の水位に船を航行させるにはどうすべきかという、工学上の困難な問題に対する見事な解決策なのである。

意識の領域においても同様である。意識はパナマ運河の水と同様、たえず流れている。しかし個人という船の通行を容易にするためには、水門を閉ざして通路の一部を他の部分から切りはなし、水位を変えることが得策である。これが、記憶の問題を基礎に輪廻を反駁する人に対する輪廻論者の回答である。

恐怖症や反復的な夢のほかに、ケイシー・ファイルにはいくつもの興味深い精神錯乱の例がある。たとえば幻覚は、ある場合には、前生に関する異常な記憶のよみがえりに帰せられているし、ある例では、リーディングは、からだのチャクラ、つまり霊的中枢の一つが不用意にひらいて、このためにクンダリーニの力があふれて幻覚的印象が生じるのだと説明している。（ケイシーは、ここではインドの霊学の用語を用いている。チャクラは七つの車輪ないしエネルギーの渦であって、これを通して人間の非物質的部分が肉体を通して表現されると考えられている。クンダリーニは脊椎の基底部にあると考えられ、性的エネルギーや創造的エネルギー全般と密接な関係をもつ力のことである。）

重い精神病がリーディングによって純然たる肉体的原因に帰せられ、肉体的な治療によって驚くべき治癒が得られた例は数多い。その一例はすでに二章で引用した、歯ぐきに埋まった親知らずを抜くことで精神異常が治ったという話である。他の目ざましい例は、ある郵便局員で、彼は気むずかしくてつき合いにくくなり、次第にますます乱暴になっていくので、家族のものは彼を説得して診察を受けさせ入院させた。医者は彼を躁鬱病と診断して精神病院に送ったのである。彼の妻がケイシーにリーディングを請うた。リーディングによると、ずっと以前に氷の上に落ちたことから、尾てい骨のあたりの脊椎を損じ、その反応が全神経系に及んでいるというのだった。特殊な整骨療法《オステオパシー》による調整と、電気療法とがすすめられた。家族がこれらの療法をうまく施したので、六週間もしないうちに身体は回復し退院をゆるされた。氷の上に落ちたことにカルマの原因があったかもしれないが、カルマ的原因については何もふれられていない。とにかく純然たる肉体的治療によって治ったのである。

しかしながら、リーディングが、精神病の原因が死んだ人の霊が取り憑いたためだとした例は少なくない。大昔からある種の精神の狂いは、悪霊に憑かれたためであると信じられてきた。聖書にはキリストが狂人から悪鬼を追い出した話がのっているが、カトリックでは今日でも悪魔払いの儀式を神父によって執り行なっている。

もちろんこのような考えは、近代の精神医学者の見解から縁遠いもので、時代おくれの迷信とみられているのは当然であろう。しかし、自我が死後にも存続することが認められるなら、自我が悪意をもって生者の肉体やパーソナリティに憑依したり影響を及ぼしたりすることはないという理由もないわけだ。

ケイシー・ファイルには憑霊の例が数件あるが、これには通常、何らかの電気療法や祈りや瞑想が治療法としてすすめられている。患者がリーディングの助言に忠実に従ったため、半年もたたないうちになやましい囁き声から解放された例もあれば、食事については助言に従ったが、それ以外は勝手に行動したためいっこう回復に向かわなかったものもある。最初の例の場合には、明らかにカルマ的原因がはたらいていた。この人は前生において人を支配するために心霊力を用いていたのである。

これらすべての実例は、精神異常という悲劇的な分野に新しい視野からの理解と解釈があることを示している。一般的に言って、ケイシー・データが精神医学や精神分析の面でもつ一番大きな意義は、無意識的な心の領域の拡大にある。上述の二、三の実例においては、その内容の消極面だけが目立っているが、無意識はたんに不安や恐怖の暗黒の地下室以上のものであることを忘れてはならない。たしかにこれは記憶の貯蔵所であるが、善悪双方の記憶の貯蔵所である。ケイシー・リーディングはこれを「肉体の心」の記憶に対して「霊魂の心」と呼んでいる。この記憶のなかには、たしかに妨害的な因子があるが、同時にありがたい有用な因子もある。たとえば、無意識をとおして人は他のすべての人の無意識的な心と交信し、感覚的印象をとおしてでは得られぬ知識を獲得することができるのである。

もし輪廻の原理が科学的承認を得るなら、心理学者がまず関心をもたなければならないのは無意識の全領域の明確化と拡大であり、無意識的な心がたんにその消極面を償うばかりでなく、その積極面を利用することができるような適切なテクニックを組み立てることでなくてはならない。

13章　結婚と女性の運命

◎遠い昔にはじまった連続物語
◎いま私に求婚している青年と結婚すべきでしょうか
◎結婚相手の選び方

複雑多様な人間関係のうち、一番複雑でかつ困難なのは結婚だ。うまくいけばかぎりなく報いられるが、悪くいけばこのうえない重荷となる。ここには人間の幸福と束縛の両極がある。そしてこの両極のあいだに、さまざまな比率で配分された幸福と束縛があるのである。

法律的には結婚は契約であり、公民の制度である。精神医学の立場からすれば、性衝動ならびに感情衝動の舞台である。教会はこれを秘蹟とみなし、心理学はこれを行動と適応の問題とし、諷刺家は愚か者の陥るわなと見る。

輪廻論が提供する遠大な視野から眺めるなら、これらの定義はそれぞれに正確ではあるが、同時に部分的なものである。心理学者のリンクは、結婚を「幸福への闘いのために二人の不完全な個人がその力を結合させる手段」と定義している。もし幸福への闘いということが同時に自己完成への闘いとして理解されるならば、この定義は英知にもとづく古代の考え方にかなり近いと言えるだろう。この遠大な視野からみた結婚は、二人の不完全な個人が互いに助け合いながら各々のカルマの負債を支払い、霊魂が新しい性質を培いながら霊的理解力を向上させてゆく機会であると言えるかもしれない。

ケイシー・リーディングは、主要な人間関係で、偶然の結果生じるものは一つもないことを証言している。結婚はこの事実のもっとも高度の証例である。どんな結婚も白紙の上で出発するのではない。それは遠い昔にはじまった連続する物語の一つのエピソードなのであり、リーディングはさまざまな方法で、夫婦が互いに他生で関係をもっていた人々であることを指摘している。過去からの連続としての現在の結婚関係について述べたリーディングには、特に劇的な面白さがある。

結婚は、ケイシーのリーディングによれば人間の自然の状態である。

そうだ、この人が結婚するのはよいことだ。それは地上の人間にとって自然な生活である。

問　いま結婚するのはよいでしょうか。

答　よい人が見つかればいつでもよい。それは目的のきずなによる。

家庭は誰もが得ようと努力している究極の調和状態である。

家庭をぜひあなたの本業にせよ。これこそすべての人が地上でなすことのできる最大の仕事である。家庭と職業の両方が与えられている人もいる。しかしあらゆる職業のなかで最大のものは家庭である。それゆえ、これを回避するものはそれに代わるだけのことをしなければならない。なぜなら、これこそ各々の魂が究極において獲得しようと望むところのもの――つまり、天国の家庭のもっとも身近な象徴であるからだ。あなたの家庭を天国の家庭の似すがたのようにつくりなさい。

交わりのなかに一致した目的をもっている家庭は、人間と造り主との関係の地上におけるもっとも身近な原型である。これはつねに創造的で、複数の人格が一つの大目的、一つの理想に向かってともに結ばれている共同体であるからだ。

もちろんこの思想は新しいものではない。しかし、リーディングの見解は、実際的なこまかな点でも、また女性の地位や運命に関しても偏見なく近代的である。

おもしろいのは、男女の平等や女性の自己決定に対する絶対的な権利が当然のこととみなされている点である。これは別にはっきりしたことばでリーディングのなかに述べられているわけではないが、全体を通じて暗黙のうちにあらわれている。この基本的見解は、結婚か職業かの選択の問題がからんでいるリーディングに、もっとも明確にあらわれている。婦人の天職は家庭と子供にのみあるというファシストや全体主義的な概念は、ケイシーの透視においては認められない。

フィジカルリーディングですすめられる治療法が一種類とはかぎらなかったように、たった一つの行動様式が結婚に関して普遍的に適用されることもなかった。基礎になる心理的、ならびに霊的原理はつねに同じであるが、それらを行動に移すやりかたはそのケースごとに違ってくる。ある人は結婚をすすめられ、ある人は絶対に職業をみつけなさいとすすめられる。かとおもうと、ある人は職業第一、結婚は第二だと言われる。またある人は二つを同時に選ぶように言われる。二人の主人に仕えることはできないから、二つのうちどちらか一つを選ぶようにと言われる者もある。

はにかみやで内気で不幸せな十八歳になる女性は、自分の将来を思い迷っていた。彼女のライフリーディングは、結婚する前に、彼女が何か子供の世話をするような仕事に積極的に従事したほうがよいと主張した。「もしこの人が結婚生活で自己の向上をはかろうとするなら、その前にまず子供の社会的、ならびに物質的幸福に対して何か貢献しなければならない。そうしないと失望ですっかりまいってしまうにちがいない」。リーディングは、キャンプでティーンエイジャーの相談相手になる仕事が一つの方法であることを指摘した。

老練な心理学者なら、この助言は心理学の立場からみてもまったく健全であると認めるにちがいない。自分より年下の子供たちを教えたり彼らと一緒に作業をしたりすることは、パーソナリティを外向的にするよい方法である。他人を指導する立場に立つということは、そうでなかったら永久に欠けたままでいる自信を取りもどす方法である。もし淋しさのあまりやけになってふさわしくない伴侶を選ぶなら、結婚はおそらく悲惨なものとなるであろう。たとえ選ばれた伴侶が適当であっても、夫婦のなかの一方が結婚の緊張や適応の問題に対処するだけの能力をもっていなければ、失敗に終わることもある。したがって、そういう場合のために、結婚前に社会事業の勉強や職業につくことが適切なコースだと考えられたのである。

別のケースだが、才能のある女性が、職業と結婚を両立させるように言われた。だが、これこそと思う相手でなければ結婚してはならないと注意された。前生でいろいろなことを修得したので彼女は非常に多才だった。立派な女流彫刻家であり、織り手であり、陶工であった。さらに彼女は、教師、歌手、舞踏家としての才能にも恵まれていた。このような天性をもって生まれてきたので、彼女は霊的な意味での指導者や教師になるにふさわしかった。リーディングはこのことを指摘したあとで、続けて「この人の場合は家庭と職業を両立させなくてはならない。だが、それはこの人の選ぶ夫のタイプによる。完全に調和できる人でこの人の助力者として貢献する人でなければ、このように高度に進んだ人の場合、不和や失望が生じ、それが内的自己に有害な傷跡を残すことになるだろう」と言っている。

これとおもしろい対照をなすのは、才能ある、若く美しい女優の場合で、この人は恋愛をしたとき、結婚と職業が両立できるかどうか思い迷った。彼女のリーディングは、断乎として「ノー」であった。「この人は結婚か舞台かのどちらかで成功する資格をもっているが、両方で成功することは不可能である。この問題は彼女自身で決定しなければならない」

これらのリーディングを綿密に調べてみると、その助言がつねに「何が当人の霊的成長に役立つか」ということを基礎になされていることが明らかになる。もし名声とか金とか、服装、優越、地位、自己讃美のような利己的な理由のために職業を求めている場合は、リーディングの情報源はその動機を見抜いて、家庭づくりのほうへと導いている。

この助言は、家庭の神聖とか家庭における婦人の地位などに関するセンチメンタルな、あるいは伝統的な観念からなされているのではない。そうではなく、動機と目的が、どういう活動の方向を選ぶかを判断する基準になる、という見地に立っている。利己的な活動の方向は、つねに無私なものより劣り、家庭や結婚の仕事はその性質上、利己的な報酬を目的とする職業よりはるかに無私に導くからである。

したがって、たとえ他の方面で才能があっても、家庭をつくることや子供を生み育てることがたいていの女性の場合すすめられる。こういう仕事は彼らに必要な特殊な霊性の獲得のための最上の訓練になり、職業を選んだ場合に陥る意識的・無意識的な利己主義を抑制するもっともよい方法だからである。これに対し、才能のある他の婦人は、その才能を人類に奉仕するために用いることが望ましい場合もある。このような婦人にとっては、家庭や夫や家族などは、その才能を充分に発揮するうえで邪魔になる場合がある。それゆえ、このような人はおそくなってから結婚するなり、その性質上、可能ならば家庭と職業を両立させるのがよい。結婚生活や独身生活の究極の目的は、ともに霊的発達にある。そして男も女も平等に霊魂であるから、その霊的進化にもっとも役立つ状態であるならば、いかなるものであっても平等に機会を与えられるのである。

自分で決定する権利は、ケイシーの見解では社会的権利のみならず普遍的権利である。形而上学の用語を用いるならば、これは自由意志として知られるものである。これについては何世紀にもわたってはげしい論議がたたかわされてきた。

輪廻論のもっとも重要な特徴の一つは、その自由意志の確認である。カルマや再生を受け入れている人々が陥っている誤謬は、人生の一切はあらかじめ定められているという考えである。こうした信仰は人間の心理を麻痺させ、志気を挫く結果となる。カルマを宿命的に考えるヒンズー教徒の無気力と受身の態度は、このような危険を示す好例と言えよう。

くしゃみをしたり、蚊に刺されたり、夕方の食事をしたりすることは、いちいち何年も前からカルマによって決定されているのではないと知る必要がある。日常生活のこまごましたことは、たいてい現在の意志や考えに完全に従っている。事実、われわれの生活の出来事のすべては、それが結婚のような大きな出来事であれ、アイスクリームソーダを買うようなささいなことであれ、自分で決めるものである。もし自由な選択が制限されるとしたなら、それは過去に自己決定を誤用したためである。われわれは自分の過去の行為を忘れているし、また視野があまりに狭く、過去と現在の因果関係を理解することができないために、自分の自由意志は外的要因によって不当に制限されていると考えてしまう。それゆえ、輪廻の原理という正しい理解にもとづくとき、自由意志対決定論の大昔からのジレンマは解決される。人間は、革ひもでつながれた犬と等しい意志の自由をもっている。つまり、犬は革ひもの半径内では完全な意志の自由をもっている。人間の革ひもの長さを決めるのがカルマであり、人間はその半径内で自由なのである。

自由意志の問題は、結婚に関するリーディング、特に誰と結婚すべきかの問いを調査するにつれて、いやでも研究者の注意を引くようになる。リーディングは、結婚のきずなはカルマ的性質のものであることをくり返し指摘している。結婚の相手は互いに忘れている昔の知人で、お互いのカルマの負債を支払うために再び出会ったというのである。だから、人が「あなたとは以前にどこかでお会いしたことがないでしょうか」と言うとき、これはたんに恋愛をはじめる際のうまい口説き文句で言っているのではなく、ありうるカルマ的事実を述べているのだということを悟らなくてはならない。

こうは言うものの、結婚の場合でも他のすべての関係と同様、人は自由意志と選択能力をもっていることは明らかである。また、カルマのきずながあり強力な親和力がある場合でも、今生で結婚することが必ずしもよいとはかぎらない場合があることも明らかである。次の二つの短い問答は、この点を説明するうえで役立つであろう。

問　いま私に求婚している青年と結婚すべきでしょうか。

答　この関係にはカルマの影響がある。しかし彼と結婚することはあなたの最上の道ではない。

問　F・Sとの結婚は私たち二人の向上のために最上の方法でしょうか。

答　そうしようと思えばできるかもしれないが、われわれの見るところお互いの向上のためには別の人がいる。それは特にエジプト時代に関係のあった人たちである。しかし選択は自分でしなければならない。あなたはなるほど、F・Sとともに支払うべきカルマをもっている。しかし、夫婦という関係はそれを支払うのに困難な方法である。

カルマのきずながある場合でも結婚がすすめられないということは、次の二、三の理由から説明される。第一は、そうした関係よりももっと重要な他の問題を、その人が今生で学ばなければならない場合。次は、二人のうち一方ないし双方が、霊的に支払い不能であるかもしれない場合、つまりまだその問題に対処するだけの用意ができていない場合。そして、意中の結婚が過去に犯した非行に対してあまりにも極端な刑罰になるか、あるいはその刑罰が犯した罪にふさわしくない場合。そして最後に、学ぶべき霊的教訓が、結婚するよりも独身であることによってよりよく学びとれる場合である。

リーディングは、結婚がなぜすすめられないかの理由をいちいちあげない場合も多い。結婚が適当であるとみなされる場合でも、したほうがいいか悪いかを決めるのはまったく個人の自由である。リーディングは最上の指導法の例にならって、相談を求める者にいきなり断定的な決定を与えることは滅多にない。

この基本的態度は、次の例に明らかに見られる。若い二人が互いに結婚すべきか否かをたずねた。リーディングは、彼らが今までの生で二度連れ添った経験があることを告げた。一度はペルシアで、もう一度はエジプトで。二人が互いに強く惹かれ合うのはこのためであると。だが、彼らの結婚についてのリーディングの答えはあいまいだった。「もし理想や目的に一致点があるなら、二人の結婚は美しい結婚になる可能性がある」と述べたにとどまった。

質問のなかで、彼女は現在の相手以外の人と結婚した場合に、同じくらいに幸福になれるか、あるいはもっと幸福になることができるかどうかをたずねた。答えは「あなたがそういう気持ちをもっているなら、いくらでもそういう名前をあげることができる。もし今あなたがそうしたいなら、そこで積むべき経験があるからだ。遅かれ早かれあなたはそれを果たさなくてはならないのだから、あなたがしたいのなら今それをしたほうがよい」

また、ある場合には、きっぱり次のように返答された。

問　私が今婚約している人と結婚することはよいことでしょうか。

答　ノー。

しかし、たいていの場合、選択の特権と責任は完全に個人にあるものだと主張されている。同時に、多くの場合、選択の基準が指示される。ある人は「R・Wは、私にふさわしい相手でしょうか」と聞いて、次のような解答を与えられた。「それはあなた自身が決めることで、ほかの人が決めることではない。あなた方二人のあいだには精神的、肉体的な親和力ばかりでなく、霊的に惹き合う力もあるだろうか。霊魂が霊魂に呼応し、目的が目的に呼応しているだろうか。あなた方の理想は同じだろうか。そうでないなら気をつけるがよい」

四人の結婚候補をもつある女性が、そのうち誰を選んだらよいかを問うたとき、リーディングはこの点を前にもましてはっきり力説した。答えは次のようである。

それはあなたが何を理想と決めているかによる。これら四人の人は、あなたを何かのことで助けたとか、邪魔だてしたとか、みな過去にあなたと関係のあった人たちである。あなたに向かって、ある人を遠ざけ、ある人と一緒になるようにすすめることは、あなたの立場を悪くすることになり、またその人たちの立場も悪くすることになる。

選択はあなたがすべきものである。奉仕の人生を送ることを選択の基準にせよ。すべての人は自由意志をもっていることを忘れてはならない。

以上の引用から、結婚相手を選ぶ際の方針がわかる。結婚というものは、たいてい抵抗しがたい肉体的魅力から入ってゆくと言っても差し支えない。しかしケイシー・リーディングの見解によれば、二人は肉体的のみならず、精神的にも霊的にも相性がよくなければならない。結婚がうまくいくためには、これら三つを底辺にした基盤のうえに立たなくてはならない。もしこの三つのうちどれか一つでもないがしろにされると、結婚は不完全なものになってしまうだろうと述べられている。各々の理想が、この三つの領域で少なくともおおまかに同じでなくてはならない。でないと、危険と悲惨な結果が生じるのだ。選択に際して、よく考えもしないで無分別な結婚に入ることはトラブルを招くもとである。

それゆえ、異性にたまらぬ魅力を感じはじめたならば警戒しなければならない。人がもし性的愛着を感じたとき、それを立派な結婚へと発展させたいと願うほどの慎重さがあるなら、また爆発的なカルマの導火線に火をつけるようなことをしたくないと考えるなら、十分用心しなくてはならない。

14章　孤独な人々

◎孤独な四十七歳のOLの場合
◎子供を置いて自殺した人の今生
◎男から女へ、女から男への転生

輪廻という遠大な視野に立って結婚を考えるとき、必ず起こる疑問は、どうしてある男女にかぎって結婚のチャンスがまったく与えられないかという疑問である。十人並みの魅力的な器量をもち、性質も普通であるのに結婚の機会がない人々がある。これに対するカルマ的説明がケイシー・リーディングにあるだろうか。

フランスには、結婚している状態またはしていない状態について、気の利いた警句がある。いわく「結婚は包囲されたとりでのようなもので、とりでの外にいるものは内に入りたがり、内にいるものは外に出たがる」。皮肉なことに、この洞察には多分に真理が含まれている。結婚はある人には非常に大きな心理的不幸をもたらす。それゆえ、結婚をただ望ましいものとばかり考えて、これが心の平安を脅かす多くの要素をもっていることを考慮に入れず、その幸福の約束のみを見ようとする人々があるのは、遺憾なことである。しかも結婚は、それだけでなみなみならぬ困難をもっているという常識にもかかわらず、結婚していないものは、何か非常に大事なものを手に入れそこなったという感じや、欲求不満や敗北感をもっているのである。

もちろん結婚生活においては性的要素が重要である。それゆえ、結婚していないという欲求不満は、原始社会ではともあれ少なくとも文明国では、そして男はともかく女にとっては、程度の差はあっても性的飢餓に等しい。現在の西欧の社会形態において、独身状態は一種の欲求不満の象徴であり、ある種の軽蔑感さえもってみられている。これは特に、結婚しない婦人の場合にそうである。以下述べるケースは、みな婦人に関するものである。ケイシー・ファイルには、この問題で相談にきたものは男より女のほうが多く、また女のケースがはるかに目立っているのである。

孤独！　このことばには、何かわびしい、言うに言われぬ悲しいものがある。恋人同士にとって「これでお別れです」と言うことばが、あらゆることばのなかでもっとも悲しいことばであるように、「私は淋しい」ということばは、おそらく人間の状態を表現することばのうちでもっとも悲しいものであろう。霊的視点をもたず、ただこの世だけの価値判断で考える限り、恋をしたあとの孤独、恋を知らない孤独は、あらゆる人間の状態のなかでもっとも不毛な、これほど悲惨な状態はないであろう。

　これから述べるケースは、この孤独の問題を取りあつかったものである。ここで挙げる第一の女性はニューヨーク市の私設秘書で、肉体的魅力のあるまじめなノルウェー生まれの婦人である。ケイシーからはじめてリーディングを受けたとき、彼女は四十七歳だった。当時彼女は二度結婚していた。最初の夫は結婚後まもなく死んで、再婚した相手はずっと年上の男だった。結婚は非常に不幸で、まもなく離婚した。子供はなかった。彼女の家族は全員死んでいた。彼女は文字どおり天涯孤独だった。職業柄、彼女は多くの人と交際したが、それは表面的な交際に過ぎなかった。彼女はもう一度結婚したかったが、そのチャンスはいっこうに到来しそうもなかった。

　リーディングを受けたとき、たずねた問いは、この女性がいかに孤独感のなかで途方にくれているかを物語っている。彼女は、「私はどうしていつまでも独りなのでしょうか」「私が結婚相手を見出せない特別な理由が何かあるのでしょうか」と聞いている。リーディングは「そこには理由がある」と告げた。一つおいて前の人生だが、彼女はノルウェーで、ある悲劇的な方法によって現在の心理状態の原因をつくったのである。

　当時彼女は二人の小さな子供の母親であり、また妻であった。だが、彼女の夫は公表をはばかるある理由で社会的に不名誉な立場に陥っていた。二番目の子供が生まれると、彼女は絶望のあまり近くの断崖から海に身を投げて死んでしまった。それゆえ、この影響が現在に憂鬱病として、また耐えがたいほどの淋しさとして起こってくるのである。

この場合のカルマの型は非常にはっきりしている。この人は不名誉に陥ったとき自分のいのちをちぢめ、その結果、夫と子供に必要な愛を奪ってしまった。家族のきずなに対する感謝の欠如、名誉や責任感の欠如などが、彼女を現在の状態に置くようになったのである。

このケースは考えさせられる問題を含んでいる。これはたんに自殺を重大な罪として禁止するカトリックの健全さを証明しているばかりでなく、あらゆる行為、あらゆる無関心、あらゆる怠慢、生命に対する軽視と濫用などに対して、究極の責任を負わなくてはならないのはわれわれ自身であるという事実を証明している。

次のケースも、細かな点はちがっていても基本的には同じである。英国系の一婦人に関するものだが、彼女は幼稚園の保母でつねに結婚にあこがれていた。この人は、両親が中年の頃生まれた一粒種で、両親とも彼女が小さな子供の頃に死んでしまったため、年輩の二人の伯母から古風で保守的に育てられた。同じ年頃の友だちに適応することが非常に困難で、人からはなれて孤独感のなかに暮らしていた。このためにいちじるしく内向的な傾向が生じてしまったのである。

彼女には一つ恋愛事件があったが、それはたんに肉体的に惹かれ合っただけであった。心理的不一致があらわれるにつれて恋愛は終わりを告げた。そのとき以来、彼女にとって、自分の人生は失敗で空虚なものに思えたのだった。彼女は仕事を楽しむことができ、職業的には成功している。敏腕で有能で利口だった。だが、過去を回想するとき彼女は悲しみに投げこまれ、それは何週間もつづいて次第におさまってゆく。こういう悲しみの発作に陥るとき、自殺しようと思うことも多かった。物ごとのやり方が積極的で魅力的だったので、誰も彼女のような人がこれほど大きな失望に陥ることがあるなどと想像もできなかったであろう。

リーディングによると、彼女の経歴でめぼしい事件は、四代前の前生、ペルシアの時代に――詳しく言えばベドウィン族がこの国を侵略したとき、自殺しようとしたことにある。当時彼女は統治者の娘で、侵略が行なわれたときベドウィンの族長に人質にとられた一人だった。後に族長の次の位の男に辱められ、その男の子供をもった。子供が生まれてまもなく――子供は女の子だった――自殺したのだった。このため生まれた娘はひとり残されて、好戦的な兵隊たちのあいだでひどい目にあわされた。この娘は非常に不遇だったが、ある巡礼導師に拾われて自由の身になり、健康を回復した。

リーディングは、母親の自殺はただ他人の意志に屈することをひどく嫌ったためのものにすぎないことを指摘した。「これは自己防衛や主義や祖国をまもるための死ではない」。リーディングはこれ以上詳しくは言わなかった。だが、ことばの合間から察せられるのは、彼女は自尊心が強く、傲慢で横柄でわがままだったので、恥をかくより自ら命を断つほうがましだと考えたことである。

彼女の現在の気質にかんがみると、ほとんど無愛想にちかいほど態度が高飛車で、男のようにうぬぼれが強い。ペルシアで犯した心理的罪が現在の彼女と男性とのあいだに障害をつくっているもとのように思われた。男性がおそれをなして彼女から逃げてしまうのは、彼女にやわらかさが欠けていたり、人にゆずらぬ気性のためであった。

奇妙なことに、今生では彼女はつねに子供を欲しがっていた。後見人である年輩の伯母たちが反対しなかったら、ずっと以前に女の子を養女にしていたかもしれない。また、前生から持ち越したもう一つの奇妙な衝動は、今でもときどき自殺したいと考えることである。リーディングを受けてからは、それによって自分の現状に対する納得のゆく説明がなされたので、今償いをしなければ、結局いつかは償わなければならないと知って、自殺に逃げこもうとは考えなくなった。

もう一つ、別のリーディングでは、彼女は今生でなお結婚を期待することができるが、それはおそくなってからであるから、それまでのあいだはあらゆる方法で、自分の交わるすべての人に対して有用な人間になるように心がけるべきだと言われた。彼女がいつそのような幸福なときを迎えることができるかたずねると、「あなたがそうできるようになったとき、やってくる」との答えだった。彼女にとって今生は試練の時期であると何度もはっきり言われた。彼女が「どうして私はこの五年間を、こんなにも男性との交際を絶たれているのでしょうか」とたずねたのに対し、リーディングは「それは現生にあなたが生まれてきた根本的目的を試す時期だからだ」という答えを与えた。

したがって、以上二つのケースにおいて、子供を残して自殺をした場合、そのカルマの結果「孤独感」と「夫のないこと」に終わった例が示されたわけである。

他の例はテキサスのある音楽の先生で、彼女も同じ理由で――フランスの宮廷の一員であったときに自殺したために――同じような状態におかれていた。

もちろんわれわれには、以上のたった三つの例証をもとにして、自殺の一般的なカルマの結果を総括する資格はない。輪廻の研究家であるマンリー・ホールの見解によれば、通常自殺のカルマの結果は、まだどうしても生きていたいと思うときに死ぬということである。（ケイシー・ファイルにはこの見解を立証するケースはないが、これは納得のゆく見解である。ケイシー・ファイルには、過去に自殺した人々で、そのカルマの結果が現生にまったくあらわれていない例が二、三ある。だがそれらの場合でも、晩年になってカルマの結果があらわれることはありうる。）

だが、結婚できないということや、孤独であるということは、他のいろいろな原因からもきている。たとえば次のケースは、まったくちがったカルマからきていることを示している。

このケースを調べてみると、オスカー・ワイルドの次の警句を思い出す。いわく「人生には二つの悲劇がある。一つは自分の欲するものが手に入らない悲劇、もう一つは自分の欲するものが手に入る悲劇」――この奇妙なパラドックスの根本原因は、人間の貧弱な判断力というか、ヒンズー教でアヴィディア、すなわち無知と言われているものにある。おとぎ話で、親切な魔法使いから三つの願い事をかなえてあげると言われたある人が、馬鹿なことを願うというのがあるが、後にその結果を甘んじて受けなくてはならなくなるのは他ならぬその人なのである。この物語は二つのことを象徴している。大多数の人は人生で何を自分が欲するのか知らないということ、そして人間の苦悩の大部分は自分自身がした愚かな選択から生じているということである。貧弱な判断力や、狭い唯物的な見解、あやまった利己主義、目先の私利私欲などから選択した結果がそれなのである。

そのケースとは、遠いアトランティス時代にした決心の結果が現在でもなお余波を残している例である。これは四十になる婦人に関するものである。彼女のからだつきはずんぐりがっちりしていた。これは主に運動不足や悪い姿勢のせいであった。顔にまったく化粧をせず、髪にもまったくパーマがかかっていなかった。着るものには容姿をひきたてて見せようという女らしい配慮がなく、その選び方は実用的経済的という点からだけだった。彼女は目鼻立ちがととのって美しかったし、何にもまして宗教的信念が外向的な魅力ある物腰を与えていたので、美容師やスタイリストの手にかかれば美しい成熟した女性として人目をひくことができたであろう。

彼女は、学校は小学校を出ただけで主に工場で働いたり手や機械を使う仕事で生計をたてていた。オルポート及びヴァーノンによる価値測定の心理テストをしてみると、予期したとおり宗教的及び社会的価値の得点が一番高かった。これは、人生における彼女の主な興味が宗教書を読むことや何らかの社会事業に活躍することにあったからだろう。しかし孤独な淋しい生活を送っていた家族のうち、誰も彼女のような宗教心をもっているものはなかった。彼女の半生にはロマンスがぜんぜんなかった。

心理学者の立場からすれば、これは、女性の役割を拒否する、いわゆる男性的抗議《マスキュリンプロテスト》のかなりはっきりした例である。この抗議は、彼女のほとんど女権論者的な非女性的態度に明らかにあらわれている。またこれは、自分を飾ったり男の注意を惹くためのどんな努力も清教徒的に拒絶することのなかにあらわれている。この態度の心理的メカニズムはおもしろいし、また正統心理学で説明できるものだ。だが、正統心理学の説明では不完全である。われわれが疑問とするのは、何よりもまず、どうして彼女は男性的抗議を彼女にもたせるような肉体的・心理的遺伝をもち、しかもそれを助長するような環境に生まれてきたのだろうかということだが、前生の経歴がこれに対する答えを提供している。

彼女はすぐ前の前生において、バプテスマのヨハネの近親であったため、濃厚な宗教的雰囲気のなかで育った。これが今生において宗教に凝るようになった原因である。それより前のパレスチナ時代の過去生では、彼女は男性で、木や金属の職工をしていた。彼女の機械的で現実的な物の見方はこのことからきているようだ。その前はアトランティスで高位にいる婦人だった。不幸な恋愛が彼女の心を大いに苦しめ、混乱させた。その結果、「この人は二度と失望と心痛をもたらすような、人を愛するという経験をするまいと決心した」のである。ここに、恋愛の冒険やわなに陥るまいとする彼女の決意の出発点をみるのである。

それゆえ、彼女の現在の淋しい独身状態は、復讐的な意味におけるカルマではない。ここには、前述の自殺のケースにあったような作用と反作用の関係はない。むしろ連続の原理が欲望という形ではたらいている。彼女は、いったん決心したからには同胞や親類の者たちに対して意地でもこの態度をくずすまいとした。アトランティス時代特有の猛烈さをもって、彼女は二度と再び他人との愛情関係、特に男性とのそれにまきこまれないと決心したのである。この決意は霊的な信念にもとづく諦観的心境からではなく、愛を与えた後で辱めを受けたくないという、エゴイズムに根ざした欲望からなされたのである。彼女はこの態度を変える理由をそれまで思いつかなかった。それゆえ、今になって彼女はこの決意の論理的及び心理的結果のすべてを甘んじて受けなければならなくなったのである。

彼女が今生で結婚するかしないかについては、リーディングは何も言及しなかった。だが、少なくとも彼女は他人に愛情と関心をもつ方向へ向かってきている。愛を失うことによって彼女はその価値を知った。淋しさをとおして、愛情を与えることを拒否した彼女の罪がはっきりとわが身に具現したのを見たのである。

次のケースは、同性愛の疑いをかけられている一婦人に関するものである。ケイシー・リーディングではっきり述べられてはいないが、ある場合には、同性愛は、その人の性が最近変化したために異性の特性を打ち勝ちがたく持ち越していることが原因である。

この婦人はイギリス生まれだが、子供の頃アメリカに移り、リーディングをとったときはアメリカの大きな都市で職業についていた。彼女は容姿も物腰も男性的だった。声は男のように太く、テイラー仕立ての男のような服を着て、ジェスチャーも歩きぶりも男性的で、髪は極端に短くしていた。同性愛のうわさを友人たちのあいだに立てられているのは、以上のような彼女の特徴や、また彼女が長年、容姿や物腰が極度に女性的な一人の婦人と一緒に住んでいるという事実からきていた。二人は離れがたい仲間であって、こうした組み合わせにつきものの、あらゆる同性愛的愛着の特徴をもっていた。

彼女の現在のパーソナリティにもっとも強く影響しているのは、二代前の過去生である。二代前にさかのぼった前生において、彼女は十字軍時代のイギリスにいた。そこで、夫に置き去りにされ、自分の生計のために闘わなければならなかった何千という女性の一人であった。この典型的な十字軍時代の経験は、多くの人にその心理的傷痕を残した。夫に捨てられた孤独に対する妻たちの反応は、人によって種々様々である。

この婦人は、女性としては異常な勇気と統卒力をもってこれに反応した。彼女はもろもろの苦しみに耐え、同じ立場にある他の女性たちの悲惨な状態を見て勇気をふるい起こし、お互いを護るための自治団体を組織した。「それ以来、この人は男をほとんど信用しなくなったのである。人を怨み、猜疑心をもち、他人の仕事を詮索する傾向はこのときから生じた」

男性的な、攻撃的で積極的な性格が彼女の霊魂にあらわれたのは、このときの前生においてである。パレスチナ時代彼女は女であったし、リーディングは男性的傾向を何も指摘しなかった。十字軍時代の終わりにこれらの男性的特性が非常に顕著になったので、次の生涯で彼女は男性に生まれ変わった。そのときも英国に生まれたので、冒険好きの仲間に加わり、ジョン・スミスのあとを追ってアメリカにやってきた。そのときの彼女の名前はジェイムス・ブアナであった。自由思想家で、海賊かせぎをしながら広く東海岸の諸州を旅して、次第に冒険家たちとともに内陸に入ってきたのだった。

いまわれわれが見る彼女は、女のからだに男の気性を包んでいる——いや、からだそのものがすでに男のように見える。もし彼女が実際に同性愛者なら（この点についての確かな情報はない）、このケースは二重に興味ぶかい。だが、そうでなくてもこの事態は非常に貴重な心理的意義をもっている。なぜなら、それはわれわれをきわめて重要な極性の原理に直面させるからである。

心理学者のユングは、各個人は男性であると同時に女性であるが、この二つの性のうち一つがその霊魂において優勢であるという事実をかなり念入りに取り扱っている。肉体が自分自身の性器のほかに発育不完全な異性の性器をもっているのと同様、人間の霊魂も、未成熟の能力――目下活動を停止している、いわば異性によりふさわしい能力――を保持している。ユングが長年にわたる臨床観察によって到達したこの心理的事実は、ケイシー・リーディングが人間の起源と進化に関してとっている立場とよく一致している。

簡単に言えば、この立場は次のようなものである。あらゆる人間の霊魂は性をもたず神聖な存在としてつくられた。しかし、宇宙構成の原理の一つに極性の原理、すなわち性があった。それゆえ、霊魂が物質に宿るとき、極性の法則によっていろいろな方法で宿るのである。最初は両性具有で、自分自身のなかに二つの性をもっていた。それから次第にそれぞれの性に分かれたのである。初期のアトランティスの歴史には、性的エネルギーの濫用からグロテスクな形が生じた奇妙な例が数多くある。現在の両性への分離は、われわれの進化途上の一状態にすぎない。これからはおそらく、かっての霊魂がそうであったように、両性具有の方向へと向かうのであろう。

二つの極性の各々、つまり男性と女性には、それぞれ典型的性格がある。少なくとも現在の文化期においては、典型的な男性・女性の属性は次のように区別される。すなわち、力、攻撃性、積極性、支配性、非情などは男性で、服従性、受動性、柔和、親切などは女性の属性である。

かりにある霊魂が、男性の肉体なり女性の肉体なりに連続的に何回も宿って、以上のような一連の特性を非常に高度に発達させ、一方に偏りすぎる危険に瀕したと仮定してみよう。これはこの人にとっても他の人にとっても危険なことである。われわれはこのよい例をナチスの哲学や行動にみることができる。ナチスの超人思想は、じつは超人というより超男性と言ったほうがよい。それは腕力や権力、攻撃性、支配性、無情、身勝手などの男性の極性の特徴を謳歌した。これらの性質にはそれを用いるべき場所があり、また必要性もある。しかし、愛とか自己犠牲のような女性の特質によって和らげられないなら、それらは残酷、肉欲、エゴイズムになる。世界はすでにその悪名高き恐ろしい証拠を見た。

男性はそれだけでは不完全である。男性的性格が過度に強化されるとき、邪悪を生じる。それゆえ、女性の極性がもつ長所によって補う必要が出てくる。この補足は、ある程度異性との結合、つまり結婚によって行なわれる。各々の配偶者は相手によってある程度変えられ、調整される。しかし変化はなお不完全である。一生という長さで、男性的霊魂が相手によって女性の美徳へと調整されるにしても、不充分にしかできない。その逆も然りである。しかしときには女の肉体へ、またときには男の肉体へと連続的に生まれ変わることによってお互いに必要な矯正が行なわれる。それゆえ、この点でも輪廻の原理は心理学における必要な新しい領域とみられるのである。このような方法でのみ、支配性と服従性は強力な創造的霊魂へと統合されて完全な均衡を達成し、同時に神の意志に従順になるのである。

先にあげたケースにおいて、霊魂が、その宿る肉体の性を変えることによって矯正を試みる興味ある実例を見た。この人は二生の転生をとおして——最初は女として、次は男として

――積極的な男性の性格を発展させてきた。彼女は柔和、美、寛容、忍耐などを犠牲にしてこれをなし遂げた。彼女がもう一度男に生まれたなら、すでにあまりにも男性化した傾向をさらに悪化させるにすぎなかっただろう。彼女が非常に不つり合いに発達させたあらゆる男性的性格を今生に持ち越して女に生まれてきたことは、それを心理的に矯正しようと試みたためである。彼女の発達のアンバランスは、内面と女性としての外見、つまり性質と肉体の不一致と、社会が彼女に期待する女性の役割を考えるならばますます明らかである。彼女にしてみれば、女性的な性格が欠けていることが顕著になり不愉快になったはずである。彼女の内なる自我は、バランスを回復させることに関心を向けるべきだった。それゆえ、男性的な女性や女性的な男性が同性愛になることを自分にゆるすということは、おそらく前生の状態にもどることによって一番抵抗の少ない方法をとっているということになる。おそらく彼らは、彼らの肉体が彼らに教えようとしているつり合いの教訓を学ぶことを拒否しているのだ。

ケイシー・ファイルには、男性のような特性をもった女性が、すぐ前の人生で男性であったことが示されたケースはこの他にも無数にある。前生で男性であったために男性的特質をもっているということは、必ずしも結婚の妨げにはならないが、結婚をより困難にし、ときには子供を産む能力を妨げることがある。子供を産むことの困難な女性、また子供を産まない女性で、最近の転生で性が変わったケースは数多くある。

しかし、孤独に対するカルマの原因が何であろうと――それが自殺であろうと、愛を与えないという決意であろうと、男として生まれた前生からの男性的性格であろうと——結婚しない状態は、他の状態と同様、精神修養と自己変革の機会であることを承知しなくてはならない。男も女も、もし不毛な孤独の独房にとらえられている自分を発見したなら、この知恵を自分自身に適用すべきである。

仲間をもつためには、自分自身がそれに値する者とならなければならない。友達をもつためにはやさしくなくてはならない。愛を得るためには愛を与えなくてはならない。自分自身を、自己の欲するものに値するように成長させることで、淋しき人々は幸福な愛の目標をよりはやく実現するであろう。

15章　結婚に関する諸問題

◎妻に貞操帯を用いた十字軍兵士の今生
◎西部開拓時代、子供六人を火事で失った女性の今生
◎愛はかぎりなく

いったん配偶者が選択されると、夫婦は一定のカルマの結合、つまり一定の霊的相互作用に託されたことになる。結婚に関するケイシーのリーディングを徹底的に研究すると、結婚の選択が過去及び未来に対してもつ意義についてある概念が得られる。これを劇にたとえるなら、次のように表現される。

結婚しようという意志により、一対の男女は、無意識のうちにかつて一度ならず共演したことのある特殊な相手役ともう一度主役を演ずることに同意したことになる。彼らは、結婚を承諾することによって、この世における自分たちの人生劇のために特別の舞台装置をととのえた

わけである。この舞台装置は二つ、ないし三つの連続的装置から構成されている。遠いはるかな背景にはアトランティスの研究室があって、そこには立派な精密機器がきらきら光っている。それからもっと手前にはギリシアの険しい岩山の下に羊飼いの小屋が群がり、一番前景にはルイ十六世時代の豪華な応接間があるかもしれない。

今この二人は、きらびやかな社交ずれしたフランスの宮廷で彼らのあいだに上演された劇のもろもろの糸を繰《く》っている。競争、不義、密通、反逆などがすぐ前の幕で展開された事件であったかもしれない。そして、それが抵抗しがたい増悪と殺人によってフランスで頂天に達したかもしれない。ことによると、物語は歳月を経て次第にその激しさを減じ、もっと微妙な心理的残忍性——たとえば、尊大、利己主義、皮肉、無関心など——が最近の葛藤の要素をなしていたかもしれない。

しかし彼らが以前に芝居でどんな役を演じようと、この二人の主役は今度の新しい演目でいつでもその筋の進行を任意に変えることができる。舞台の道具立てはできたが筋はまだ書かれていないからである。舞台装置と大体のアウトラインは、前もって一座のものによって決定されているが、役者がその筋を即興的に進展させ、そのきわどい場面や解決は、劇を進行させながら自由につくってゆくイタリアの有名な喜劇のように、この新しい劇の役者も、いつでもその筋の進行を自由に変え、それによって前の幕の欠点を補ってゆくことができるのである。

劇との類似をはなれるなら、各人は結婚相手を選ぶ場合、他の場合と同様、意志の自由をもっているが、選択はバスに乗るという行為と同じであると言えるかもしれない。いったんバスに乗れば、人はそのバスの走る通りのコースと方向に身をまかせなくてはならない。それは別のバスに乗った場合のコースや方向とは異なったものである。バスの内部の状態はその人のまったく気に入らないものであるかもしれない。運転手は乱暴で、いやな奴かもしれない。空気はムッとしているのに窓を閉めきり、おまけにとなりの席の客はいやになるほどおしゃべりかもしれない。そこには、バスに乗ろうと決心したときに契約しなかったもろもろの思わぬ要素があるかもしれない。しかし、バスに乗っているあいだその人がとる態度や行動は、その人が自ら決めることができる。環境がどうあろうと、自分の態度や行動に対しては、結局自分が責任をとらなければならないのである。

ケイシーのリーディングには、カルマによって説明できる結婚の実例が数多くある。いかなる復讐の女神といえども、またいかなるギリシア悲劇といえども、次に述べる不思議なケースにおける運命の進展以上に、その恐ろしいこらしめの無慈悲なものはないであろう。このケースの女性は、夫と結婚したときは二十三歳の非常に美しい女性であった。美しい茶色の目、顔のまわりにゆったり波打っている美しい濃褐色の髪、すらっとした美しい容姿など——これらは彼女に女優のような外観を与えていた。ケイシーからリーディングを受けたとき、彼女は四十一歳だったが、そのときでさえ、レストランで人に振り返らせるほどの魅惑的な美をもっていた。社交界に活躍する彼女の富裕な友人たちは、彼女の人生の秘められた物語をどんなに知りたがっただろう。

ある有名なそうそうたる実業家と結婚してから、十八年のあいだ彼女はある非常に困難な感情上の障害を耐えしのんできた。夫が完全な性的不能者だったのである。性に対する欲求も快楽も感じない女性にとっては、このような事態は別に悲劇にはならないだろう。しかし、この女性のように官能的で愛情がゆたかな場合には、これはまったくの悲劇である。結婚解消や離婚の処置をとれば、問題は簡単に片がついただろう。しかしこの婦人はそのどちらの手段もとる気にならなかった。彼女は夫を愛していたので、彼を傷つけたくなかったのである。

結婚の最初の二、三年間は、絶望のあまり他の男性たちと関係を結んだこともたびたびあった。それは、夫に対して不誠実であろうと願ったからではなく、ただ肉体的、感情的な要求からであった。しかし彼女は、この衝動さえも神秘学の研究や瞑想の行によって克服した。結婚生活はこのような不思議な形で十八年経過したが、ついに危機がおとずれた。彼女のかつての求婚者が再び彼女の前にあらわれたのである。ケイシー宛ての彼女の手紙を引用してみよう。

「私たちが再会した瞬間、彼の心に猛烈な勢いで情炎がもどってきました。そして私も反応しました。私たちは互いにそのまま別れようとしました。けれど、私は自分の健康が神秘学の研究をはじめる前のようにおとろえてゆくのを発見しました。彼が結婚していなかったら、私は彼と関係をむすぶことを躊躇しなかったでしょう。私は、あなたもご想像になると思いますが、いろいろな理由で夫と別れるつもりはありませんでした。それに彼は非常に立派な人格者になっていましたので……。

彼に対する私の感情は、多分愛情ではなく、私の結婚生活の特殊な事情によるものです。でも、彼も立派な人物なのです。彼は子供の頃から私が好きだったと、私のほうは知りませんでしたが、彼の母から聞きました。彼は自分が妻を養うことができるようになるまで、その気持ちを私に知らせませんでした。しかし、そのときはすでに遅かったのです。それを知ったのは、現在の夫との婚約を知らせに私がちょうど家に帰ったところでしたから。この特殊な事情が私にカルマを招き、三回にわたる私たちの前生につきまとっています。

私は彼と密会しようとしました。それは、一つには彼が身も心も引き裂かれていたからです。それに、そうすれば彼の欲望が癒やされるだろうと思ったからです。彼は心理的に浄化されたいという欲望をもっていましたから……。しかし、私はそれも途中でやめてしまいました。彼の妻を裏切りたくなかったからです。私は彼の妻を知っていましたし、彼女が好きでした。私は彼女の邪魔をしたくありませんでした。社会は私の行動を非難するでしょうし、彼女がそれを知ったらとがめることはわかっているのです。私は誰も傷つけたくありませんでした。彼女の夫は彼女をきらっていないと私は信じています。もちろん、ときには夫をからかって自分の欲しいものを手に入れたり、何週間もガミガミ小言を言ったりすることはあったでしょうが。彼女は遠慮なく夫をけなしますが、美点もたくさんあるのです。彼女は子供を産むことができません。私の夫は、私があなたに健康上の助けを求めていることを知っています。しかし、彼はこの事情を知りません」

以上は、この婦人が自分で描いた彼女の人生問題のあらすじである。このケースはこれだけで充分劇的である。しかし、ライフリーディングによって彼女の人生問題の過去の経緯が明らかにされるとき、過ちを犯した二つの霊魂が出会った場合に課せられる、まったく不思議なほど適切な天罰を見て、畏怖の念をおぼえるのである。（原注一）

二回前の前生にさかのぼって、フランス十字軍時代の彼らを見てみよう。ここでわれわれが発見するのは、彼女がスザンヌ・マルシェリューという名前で、現在の夫と結婚していたことである。夫のマルシェリュー氏は十字軍運動に熱中している冒険家の一人で、宗教的情熱をもつ他の男たちと同様、私生活はその信仰告白とはおよそかけ離れていた。彼にとってこのうえなく重要なことは、救世主の墓を異教徒の手から取りかえすことであった。彼と妻との関係に救世主の教えた偉大な愛の原理を適用することなど、てんで彼の心に思い浮ばなかった。

それゆえ、異教徒からキリスト教国をまもるべく、妻を置いて出発するにあたって、自分の留守中ぜひ確保しておきたいと思ったものは妻の貞操であった。マルシェリュー氏は不安であった。彼の中に英雄的な自己犠牲の精神を生み出した宗教的情熱も、妻にはそのような犠牲的精神を生み出さないのではないだろうか。それどころか、慰めを得るために、国に残る男性のキリスト教徒を抱擁するのではないだろうかと。そのため、彼の留守中に妻が他の男から慰めを得ることがないよう、周到な準備をしていったのである。

貞操帯という巧妙な器具はこのときに考案された。これはヨーロッパでは十二世紀の後半まで使われ、フランスではつい最近、一九三四年まで用いられていたことが明らかである。また、ニューヨーク市では一九三一年にこれを強制的に使用させたことで裁判沙汰になった事件が二つも起こったが、つまり、その頃まで知られていたわけである。これは金属と皮、ないしは金属とビロードの組み合わせからできていて、錠と鍵がついており、婦人のからだにぴったり当てられ、その鍵の持ち主が留守のあいだは性的関係が結べないようになっていた。マルシェリー氏はこれなら妻は自分に貞節を守りとおすであろうと安心したのである。

リーディングのことばをそのまま引用すれば、「この人は伴侶から疑われ、他の男との関係を妨げるためにベルトを無理矢理につけさせられた妻たちの一人である」――つまり、無理矢理とあるからには、マルシェリュー夫人はこのことははじめからいやだった。そして後には、「いつかどこかでそれを取りはずして姦通を……」と決心するに至ったのである。「貞操を強制されるような状態に置かれたために、この人はためにならぬ決意をするに至った。したがって、この人の現在の経験はひとえに身から出た錆というべきである」

さて、ここに含まれている報復的なこらしめを分析してみよう。妻を拘束するために機械的装置を用いた男は、性的関係の不能者にされることによって仇をとられた。この場合、これよりふさわしい刑罰はないであろう。ちょっと見たところ、男の非人間的取り扱いの犠牲者になった婦人が二度までも性的欲求不満の人生を送るようになるのは、不当なことのように思われる。しかし、これは皮相的な観察である。罪は外的行為のみから成り立っているのではないからである。それは意図、動機、心的状態、霊魂の態度から成り立っている。この婦人は不当に束縛された。自分を信用しない夫に対するこの女性の反応や復讐心は、執念深さと憎悪から生まれたものである。この憎悪と復讐心は、われわれの知るかぎり何ら具体的行動へとは表現されなかった。しかし、だからといって復讐への決意が弱まったわけではない。

われわれはさきに、霊魂によってなされた決意が何世紀にもわたって持続するケースを見てきた。この女性の霊魂の「姦通を……」の決意は、そうするに足る充分な機会を与えられたのである。彼女はこのうえもなく美しく、かぎりなく好ましい女性に生まれついた。そして、彼女は前生で彼女を虐待した男と結婚している自分を発見した。嫉妬で彼を狂わせ、友人たちの面前で彼を辱め、離婚によって彼をたたきのめしてやることのできる充分な機会をもった。これ以上、彼女は何を求めることができるだろう。誇らしく意気揚々たる復讐を得るのに、これ以上おあつらえ向きの環境があるだろうか。この環境は、激怒と怨恨の絶頂にあった彼女がかつて心に描いた、念入りな悪意ある復讐の成就のように見えるではないか。

だが、彼女はそれまでのあいだに霊的に成長していた。彼女はもはや人に不親切をする気になれなくなっていた。彼女の手紙には彼女の思いやりが一貫してあらわれている。彼女は、そうしようと思えば、もどってきたかつての愛人と関係をもつことができた。それは夫に秘密にしておくことのたやすい関係であった。しかし彼女はその男の妻を傷つけたくなかった。男の妻はたやすくそれに気づいてしまうであろう。彼女はそうすることをひかえた。彼女の健康な肉体と感情は何らかの形で性的に満足することを求めていたが、彼女は夫を愛していた。彼女は彼と離婚しなかった。彼女は自分の性欲と美貌と若さを忠誠と献身の情にささげたのである。

リーディングの言うように、それは正しく身から出た錆であった。彼女はそのような環境に置かれることによって、自己のカルマの償いをしているのである。六世紀前に自分自身に課したテストをパスしたのである。「復讐(訳注一)はわたしのすることである。わたし自身が報復する」と主は言われた。「この世(訳注二)は、罪の誘惑があるから、わざわいである。罪の誘惑は必ず来る。しかし、それを来たらせる人は、わざわいである」。これらの聖書のことばは、罪を犯すものは誰でもカルマの法則によって罰せられるのであるから、自ら手を下して復讐することなく主にまかせるのがよいということを諭している。

人は自らすすんで報復的なこらしめを与えてはならないし、また復讐を誓ってもいけない。このことは、犯罪者から自分自身をまもる権利がないということにはならない。法律に違反した犯罪人に有罪を宣告することは、よく考慮された上での社会的行為であり、最大多数の最大幸福のためにとられる処置である。それは合法的行為であり、感情的な復讐の衝動からなされるのではない。少なくとも理想から言えば、社会が法律を行使するのは正義の非個人的適用であり、法律という人間領域のカルマを反映させているのである。

ケイシー・ファイルには、これとは別の例で、十字軍時代に貞操帯を強制的に使用したことから生じた結婚の悲劇がある。だがこの場合は、カルマの反応が少し異なっている。妻の言うところによると、夫はたいへん忍耐づよく理解があり、やさしかった。にもかかわらず、結婚後八年経っても、三十二歳になる妻は依然として性的関係に非常な恐怖をもちつづけていた。このことはもちろん、非常に困難な事態をひき起こした。しかもこの問題は、妻がイタリアのオペラ歌手である男友達に偶像崇拝的な魅力を感じだしてからいっそう複雑になった。

リーディングの説明によれば、性的な困難はこの夫が十字軍時代に彼女を貞操帯で拘束したことに由来していた。彼は明らかに性的に彼を怖れる妻をもつことによって、彼の行為の結果を刈りとっているのである。妻がその異常な恐怖にともなうあらゆる適応不能に悩んでいるという事実もまた、カルマの結果であった。彼女は、夫が彼女を拘束したことに対して憎しみの情を抱いていた。そして憎しみがきずなのもととなったのである。リーディングのことばをもってするなら「潜在する憎悪からいろいろな疑いや恐怖が生まれている。当時つくられたカルマは互いの理解によって今生において償われなくてはならない。なぜなら、もし赦されたいと思うならばまず赦さなくてはならないから」である。

オペラ歌手に感じる魅力は別の前生の経験によって説明された。彼はインドシナで彼女の恋人だったのである。「いったいこの事態に私はどう対処したらよいのでしょう」という彼女の質問に答えて、リーディングは「あなたが理想と思う方法によって対処しなさい」と答えている。

カルマの原因はこれとはまったくちがうが、同じ恐怖という要素がもう一つ別のケースにもあらわれている。個人的な悩みの点からするならば、この物語は圧倒的に悲劇である。しかし精神医学の立場からするなら、この例はカルマと遺伝と環境とのあいだの相互関係の研究に対して、よい材料を提供している。このケースで、女性は一九二六年に次のように書いている。

私はほとんど気が狂って自殺するところでした。この世でもっともみじめな女であり、麻薬常用者でした。六人の子供を産むたびに難産で苦しんだ母は、生きているあいだじゅう、妊娠についてたえず私に語って聞かせましたので、十八年前に結婚したとき私は妊娠するのが恐ろしくて、今でもやさしい夫からはなれて生活しているのです。私の見えるところや私のそばに夫がいることに耐えられないのです。

私は、お祈りをしたり、心理学や精神医学、クリスチャンサイエンス、ユニティーその他、なんでもやってみましたが、みな何の甲斐もありません。私は治る見込みがあるでしょうか。私は子供が欲しいですし、夫を愛していますが、性交が恐ろしく、前よりなお恐ろしく、申し上げましたように自殺しようかと思ったとき、あなたのことについて知ったのです。

リーディングは、二代前の前生にさかのぼってこの婦人の悲惨な状態を説明している。まず明らかにされたことは、この女性はフランスの宮廷で虚栄心のつよい物質的な快楽を追う女性であったことだ。彼女の生涯は華やかなものだった。しかしその時代に、次のアメリカ初期の開拓者として生まれてきたときの悲劇の種を蒔いたのだった。そのアメリカ時代に彼女は六人の子供の母親になったのだが、その全員を焼死させるという憂き目をみたからである。「この人は余生を恐怖のうちにすごした。彼女は怒りをおぼえ、神が彼女と子供をまもってくれなかったことに対し、信頼の念を失った。このことが今生でこの人に子供を産むことに対する恐怖心を植えつけ、この恐怖からあらゆる結果が生まれているのである」

また、彼女が現在の母親に波動的に惹かれたのは、二人のあいだに恐怖という共通の感情上の要素があったためであろう。母親が妊娠の恐怖について何度もくり返し娘に語ってきかせたことは、ひとえに、子供の無意識のなかに潜在していた恐怖を強化する役目をしたのである。

植民地時代の悲劇は理解に難くない。人間は形あるものを失ってはじめて霊的なものに心を向けるからである。しかし、このように一連のカルマを償っている途中で、彼女は知らず知らずのうちに別のカルマを産み出してしまったのである。六人の子供を失ったということは、いくら利己的な女にとっても苦悩であったに違いない。だが、彼女はこのテストにうまくパスできなかったのである。このような経験に対しては、深い情愛をもって従順にしたがうか、憎しみのこもった怒りを抱くか、どちらかの反応をもって対するわけだが、彼女はあとのほうを選んだのだ。「この悲劇は不可解な神、しかし義なる神の意志である」という解釈をとるか、それとも「こんな悲しい出来事は神の無慈悲と不公平の証拠である。神なき宇宙の無分別な遊戯である」という態度をとるか——。彼女は後のほうの解釈を選んだのである。

それゆえ、ここに、この女性が学ばなければならない一つの根本的な教訓が残されているわけである。つまり、完全な愛は恐れをのぞくという教訓である。彼女は利己的で唯物的な人生観に別れを告げる必要があったのである。彼女は、物質的な恐怖などもたなくなるほど伴侶である夫を愛し、彼女を母として選ぶまだ生まれぬ魂を愛し、彼女のなかにある神聖な創造の原理に対する愛と崇敬の念を学ぶ必要があったのである。

不幸にして、現代の心理学は大部分、愛の力を認めていない。愛は大多数の分析家にとってせいぜい性欲の一表現にすぎない。（訳注三）ワトソンが赤ん坊を対象に行った実験（毛布を落としたり、からだをなでる等）以来、心理学は恐怖と怒りとともに愛を人間の三つの基本的感情の一つとして承認した。しかし、愛を宇宙の積極的な力として、また神の本質として、万物の根本的性質として、あらゆる人間悪を溶かす霊薬として認めることはまだしていないのである。これはおそらく、心理学がこのことばを使うことに照れているためである。われわれは彼らの控え目な態度（もしそれが控え目であるならばだが）を理解することができる。もし愛ということばがサービスということばと同じように安直に使われるようになったら、サービスと同様、商売上の意味を連想させる真実味の欠けた品のないことばになりさがるであろうから。

性的適応と精神分析治療の立場から興味あるもう一つの実例は、ある共稼ぎの夫婦のケースである。ケイシーからリーディングを受けたとき、二人はすでに二年間、精神分析の治療を受けていた。夫はきわめて内向的で、妻は三度神経衰弱にかかり、その最後は回復する見込みがなかった。リーディングを受けたとき妻は五十一歳で、夫は五十四歳、子供が一人あったが幼児のときに死んでしまっていた。

二人の結婚生活は極めて不調和だった。彼らを治療していた精神分析医がケイシーの仕事の内容を伝え聞いて、手紙で二人のリーディングをたのんできたのだった。ライフリーディングではなく、精神的・霊的な分析が依頼された。それゆえ両人の前生についてのデータはないが、妻のリーディングからかなり有意義な詳しい情報が得られた。

妻のリーディングの際に質問が発せられた。「どうしてこの人は一般の人よりも人生を深刻に考えるのでしょうか」——答えは、「他生で深刻な経験をしたからである」。質問がなおつづいた。「この人の劣等感はどうして生じたのでしょうか」——その答えは、「男性を嫌ったり怖れたりしているからである。あなたは独身を誓ってもそれをまもることはできないのだから、気軽に心を変えて、満足させることのむずかしい相手をいっしょうけんめい満足させるよう努力することだ」

ここに、この妻の適応不能に対する非常に重要な手がかりがある。彼女は前生でおそらく修道尼だったのであろう。教義の建前上、性的本能を長いあいだ故意に抑制してきた人が、以前とはちがった結婚という状態に入った場合、それを自然に自由に表現することが困難なのは容易に理解される。これは短い一生においてさえ心理的にありうることなのだから、前生と今生の二生にわたっても充分起こり得るだろう。

もちろん、このことから、冷淡な女性はみな前生で独身であったと結論することは行きすぎである。女性の無愛想は先天的、後天的、カルマ的、非カルマ的など、いろいろな理由がある。そして、ある場合には、愛情表現にうといことが、この例にみられるような事態に由来する場合もあり得るのである。

この場合、精神分析家が夫のノイローゼに対する説明づけとして、エディプス・コンプレックス（訳注四）をもってくることは意味のないことである。この夫は、リーディングによって、明らかな用語でそうでないことを言い渡されている。

問　精神分析から言えばこの人の感情年齢は何歳ですか。

答　二ヵ月だ。

問　この人の心理にはエディプス・コンプレックスがあるでしょうか。

答　今までとったリーディングを読み直すことだ。あなたは唯物的な説明ばかり求めている。

問　この人が結婚生活に幸福を見出せないのはどういう理由によるのでしょうか。

答　この人は自分の満足ばかりを求めている。

このように、利己主義が根本的な原因である。事実、ケイシーのリーディングに見られる結婚生活の不調和からくる悲劇的なケースでは、明らかに利己主義がトラブルの遠因や近因になっている。これはなかなか示唆に富む事実である。なるほど、利己主義という用語は、近代人にとってはあまりにも素朴なように思われるかもしれない。おそらく利己主義が科学的に証明された悪徳として認められるようになるまでのあいだ、ゼウス・コンプレックスとか、セルフ・サティスファクション・クアンタムとでもいうような新しい用語を作って用いる必要があるかもしれない。

しかし、リーディングが利己主義というようなありふれた用語を用いているのは、何かさわやかな感じがする。「利己主義は基本的罪である」ということばは、ケイシーのリーディングにたえず出てくる。この簡単な命題から出発すれば、人は山のようにつくり出される心理学の術語やその捏造語をふみわけて、もっとすっきりした人間の価値体系や治療哲学を編み出すことができるだろう。

「愛は所有するものではない。愛は在るものである」と、ケイシー・リーディングはこのような警句をもって明言している。結婚は通常、愛は所有することであるとの錯覚からはじまる。

その試練と悲しみは、ひとえに愛は在るものであるということを学ぶために意図されているのである。

原注一　この手紙は読者に誤った印象を与えるかもしれない。ケイシーからリーディングを受ける人が前もって自分の人生問題についてケイシーに手紙を出しておくのでは、催眠状態に入ったときケイシーはこの材料をもとにしてリーディングを与えるのではないだろうかとある読者は思うだろう。しかしこれは例外である。リーディングを依頼する人は、通常、その名前、生年月日、出生地だけ言えばよい。その特殊な情報について話す場合でも、一般的なことばで行なわれる。

訳注一　ローマ書十二章十九節
ヘブル書十章三十節

訳注二　マタイ伝十八章七節

訳注三　ジョン・ワトソン（一八七八―一九五八）。米国の心理学者で、行動主義心理学の創始者。

訳注四　男性が無意識のうちに自分と同性である父を憎み母の愛を得ようとし、また女性が母を憎み父の愛を得ようとすること。精神分析上の用語。

16章　不倫と離婚

◎不倫はめぐる
◎性病もちの水兵と日本人のあいだに生まれた女性
◎離婚すべきか否かを判断する二つの基準

一夫一婦を原則とする国においては、不倫はどこにでも頻繁にあるケースだ。これに対する根本的な説明は生物学の立場からなされるが、それによると、男は生物的に一夫多妻、女は一夫一婦的傾向をもっているという。

生物学的要因の外に、ここにはもちろん心理的及び社会的要因もある。しかし、もし輪廻論者の見解が認められるならば、不倫の問題をカルマから研究することも興味深い。ケイシー・ファイルには、カルマがその根本原因であると思われる著しい例が三つある。

第一のケースは、二人の子供の母親の例で、彼女の夫にはおよそ八年にわたって他に女があった。だが妻がこのことを知ったのは最後の二年であった。彼女はリーディングの際に、自分はどうしてこんな悲しい目にあわなければならないのかをたずねた。答えは「それは前生で、あなたが夫にそむいたことがあるからだ」というのだった。

第二のケースは、フランスの宮廷時代に破廉恥な不貞を犯した一婦人である。彼女は前生で、第一の愛人であった現在の夫によって、過去にしたのと同じ立場に置かれていた。

第三のケースは、夫が結婚早々大酒をのんで、次から次へと女をつくることに悩んでいた女性である。あるときなど、夫は女を家に連れこむほど横暴だった。妻はそのあいだつねに貞操をまもり、他の女たちとの仲が中断されると彼とともに暮らした。しかし悲しいことに、その報いは性病をうつされたにすぎなかった。リーディングは、この婦人の悲劇的な事情のカルマ的原因をすぐ前の前生に帰した。彼女は、当時ペリーの一行が来日したとき、そのなかの一水兵と日本女性とのあいだに私生児として生まれたのだった。おそらく、この誕生が正統でないということのために彼女は自分をよるべなき身と感じたのであろう、大人になると快楽の生活へと身をもちくずすようになり、ついには交わる多くの男たちにいかがわしい病気を感染させる源泉となったのである。リーディングは「この影響は非常に大きく、彼女は今その報いを受けているのである」と言っている。

これらの実例が示唆していることは、伴侶の不倫行為はカルマの必要上起こることがあるということである。もちろん、これだけの例で、不倫行為のすべての原因がカルマにあるということはできない。メリーに対するジョンの不貞は、メリーが古代ローマにおいてクローディアスに不貞であったために、当然の報いとしていま夫からこのような目にあわされているのかもしれない。しかし、これと反対に、彼が女を追いまわすのはメリーが夫を満足させることができないためであるかもしれない。つまり、この不倫は、現生の原因に対する現生の反応にすぎないのかもしれないのだ。そうならば、これは速いカルマということになる。このような事態がカルマによるものであるかどうかを判断する基準は、過去の様子を透視によって知ることができない場合、現生にそれを起こす原因があるかどうかによって決定されることになる。

カルマの法則によれば、もし人が過去において不貞であったならば、その人は現生においても同等の不貞の報いを受けることになる。このような立場に自分が置かれてはじめて、貞節と思いやりが人格の一部になるのである。リーディングがしばしば離婚しないようにすすめるのは、このような教育上の必要のためである。もし困難な結婚をとおして霊的な教訓が得られるならば、結婚から逃亡することは意味のないことだ。なぜなら、遅かれ早かれ、その人はそれに対処するだけの霊的な力を獲得しなければならないからである。

しかし、リーディングはけっして離婚に反対の態度をとっているのではない。はっきり離婚をすすめている場合も数多くある。リーディングが、離婚すべきか否かを判断する基準は二つある。子供に対する義務と、お互いに対する義務である。離婚がはっきりすすめられている場合は、きまって子供のない場合である。あるいはあっても離婚したほうが子供のためになる場合である。また、カルマからの結婚の教訓をすでに学んでしまった場合、そして、伴侶のうちの一方が相手の人格を引き下げてしまう場合である。

代表的な一例は、四十九歳になるニュージャージー州に住む夫人で、この人は子供がなく、夫との仲がしっくりいっていなかった。彼女は、教師としての稀な才能を生かすために離婚すべきだと言われた。リーディングは次のように述べている。

あなたはこの世で職業につかなければならないことをよく悟ることだ。今からはじめるのは少しおそいが、若い生徒たちを教えることによってまだ自分を磨くことができるだろう。

これと対照的な例は、夫より二十歳年上の婦人の場合である。二人はまったくそりが合わなかった。夫は大酒をのみ、妻子を口ぎたなく罵り虐待した。だが、これに対するカルマの説明はなされなかったし、離婚はすすめられなかった。

あなた方は互いに意見がくいちがい失望しあっている。しかしあなたは身をひいてはならない。むしろ思いやりのある無関心の態度をとることだ。無礼なことをされたり、恥をかかされても気にしないように。人は蒔いた種をかりとるものだということをよく悟ること。これはあなたの夫に対する関係にあてはまるばかりでなく、彼のあなたに対する関係にもあてはまる。どんな場合でも、あなたがしてもらいたいと思うことを相手にするようにせよ。

この例は、何かまだカルマの教訓で学ばなければならないものがあること、カルマの負債でまだ返さなければならないものがあることを暗示している。

前生のいろいろな事実や、それらの功罪を透視によって知ることができない場合、結婚の解消を正当と認める根拠を見出すことはむずかしい。カトリックが離婚に反対する一つの強力な理由は、もし教会が禁止しなければ、過ちを犯しやすい人間はさまざまな口実をもうけて自分に課せられた義務から逃げだそうという誘惑にかられるからである。

ケイシー・リーディングが離婚をすすめるケースがあまりに多いので、離婚禁止に賛成していないかのように思われるが、リーディングがもうけている自己評価の基準は非常に高く、また哲学的な根拠を充分もっているので、最終的には離婚を増すよりもむしろ減らすようになるのは確かである。

制度としての結婚は、輪廻論者の見解から見ると、多くの人が考えているほど神聖なものではない。もし社会が結婚は解消してはならないとするなら、それはそれで良いことだろう。またそうでなくても、それも可である。宇宙法則はどちらの制度によっても邪魔されることはない。なぜなら、もし人がある生涯で負債を払うことができない場合は、必ず他生で払わされるからである。人間が任意にもうけた表面的な形式は、トランプのルールと同程度の重要性しかない。結局、どんなゲームにどんな規則をもうけようとたいした問題ではないのだ。なぜならその真価は、ゲームをする際の腕と正直さにあるからである。

だが一方で、結婚は多くの人が考える以上に深刻である。毎年離婚によって何千という人々がきわめてあっさり無視してしまう義務は、たんなる無意味な社会的慣習ではない。義務は人類という共同体において――われわれ各人はその生ける細胞なのだが――真にわれわれをむすぶ力をもっているのである。宇宙にはバランスの法則がたえずはたらいているので、どんな利己主義に陥ろうともこれを溶かすには結婚にまさる試練はない。それゆえ、われわれの大我が生まれるために小我が試練を受けていることを自覚して、犠牲的精神をもって結婚の困難と挫折を受け入れることを学ばなければならない。

結婚の相手は大昔から惹かれあう引力によってわれわれに与えられたものであることを悟り、どんなに希望のない事態に陥ろうと、それは偶然ではなく大我の意志によるものであることを悟り、不和のなかにあって無私を貫くところに成長の機会があることを知るなら、離婚がまったくのマイナスであることが理解されるだろう。だが反対に、人間はいかなる制度によっても不健全で有害な歪んだ関係のなかに奴隷化されてはならないことを、また改心せぬ利己主義という豚の前に無私の愛という真珠を投げてはならないことを認めるなら、離婚は他の法律上の契約の解消と同様、健全で穏健で分別ある手段である。

われわれが再び取りもどさなければならないのは、中庸とバランスである。これらは、個人がその霊的完成の探求において求めるべき美徳であるばかりでなく、社会にとっても人々に自己表現の場をつくり出すときに求めなければならない美徳である。

17章　両親と子供

◎家族間の前生的因縁
◎生まれてくる家庭と魂の関係
◎妊娠の瞬間と霊魂が入る瞬間

むかしから家庭は、父か母の主宰する国であった。このような統治権は今日でもなお存在しており、実際にはばをきかせている。事実、唯物的な立場に立つならば、子供は両親の財産とみなされる。母親の犠牲と労働によって創造され、父親の労苦と犠牲によって扶養される。親は子供より肉体的に強く、より成熟しており、はるかに能力があるので、子供を支配するのは親の権利である、というのだ。

だが、じつは、霊的に子供に対する親の支配権というものはない。あらゆる生物は広大な霊的社会における平等なメンバーである。霊的に言うなら、親はその子供を所有しているのではない。創造したわけでもない。たんに子供を地上の生に呼びさましたにすぎない。神秘的なプロセスが両親のからだの内部に生じ、つかの間のあいだ相手と結合することを可能にし、そうして同じくらい神秘的な活動がはじまり、それが一つの肉体を準備し誕生せしめるのである。

この肉体は、われわれと同じような霊的存在の棲家となる。しばらくのあいだ、彼らは話すことができず無力な存在である。われわれが彼らに対して責任を感じ世話をすることは、やり甲斐のある仕事だ。この仕事は犠牲と愛にみちびく。また、もっとも深いやさしさと愛着へとみちびく。これは何らかの形で所有や支配へと発展しないかぎり、それでよいのである。

カーリル・ギブラン(訳注一)は「預言者」という詩のなかで、次のように表現している。

あなたの子供はあなたの子供ではない、
生命の渇望の息子であり娘である。
あなたを通してくるが、あなたからくるのではない。
あなたと共にいるが、あなたのものではない。
あなたは弓である、
そしてあなたの子供は生きた矢としてあなたの手から放たれる。

射手の手のなかであなたは喜びのために曲げられねばならない。
なぜなら射手は、飛んでゆく矢を愛すると同じように
しっかりした弓をも愛しているから……。

両親は、自分の子供に対して優越的な支配意識をもつべきではないし、子供をうらやむような劣等感をもってもならない。子供を愛しながら、しかも執着しないというバランスは（これこそ子供に対する親のもっともふさわしい態度だが）すべての人間、すべての霊魂は平等につくられているという根本的な霊的真理を認めることによってのみ可能である。ケイシー・リーディングが好んで用いる表現によれば、両親とは「生命が流れ、霊魂が受肉するための水路」である。それゆえ、われわれは自分たちのしていることに対して、ある神聖な意識をもって結婚関係に入るように要求されているのである。ここにおける関係は、明らかに性的なものである。つまり、ケイシーの見解は、性的行為はそれ自身、神に捧げられた神聖なものであるというヒンズー教の見解と一致している。

不幸なことに、キリスト教古典派の神学は、性は本来罪であるとして、性に心理的陰影を与えた。創世記の象徴的な物語を誤って解釈したために、すべての人類はアダムとイヴの原罪を負っていると考えられてきた。結婚式が性的関係を合法化するものの、子供は罪のうちにはらまれるものと考えられてきたのである。人体にそなわる神から与えられた自然の機能に対する

このような歪んだ観念は、その心理的影響が非常に大きく、抑圧とか罪悪感とか、その他きわめて深刻な根深いあつれきを生み出すに至ったのである。しかし、自由恋愛や放縦な性行動がこれにかかわるのではなく、性の創造力は、神から与えられた特権であることを充分に理解する必要がある。汚れなき肉体愛は人間の地上生活におけるもっとも神聖な経験である。

この見解は、多くのリーディングにおいて強調されており、特に女性が子供をもてる可能性があるかどうかを質問したようなリーディングに際立って見出される。このようなケースではたいていフィジカルリーディングが求められ、リーディングの依頼主は妊娠と出産に対してどのような準備をすべきかを質問した。特殊なアドバイスは何もなかったが、肉体的なアドバイスがたっぷり詳しく与えられ、妊娠の全期間を通じてオステオパシーの治療を受けることで出産が容易になると助言された。食事や運動や一般的なケアに関してリーディングが与えたアドバイスは、腕のよい医者であれば誰でも同じように処方するようなタイプのものであったが、その上に、透視によって個々人の状態に応じた洞察が加えられたのである。

しかし、リーディングは肉体的準備と同じくらい大切なものとして精神的および霊的な準備を強調した。というのも、親の態度が、同じような心持ちの魂を引き寄せるからである。

この人は、精神と霊を準備することも創造的な営みであり、肉体的準備と同程度に必要なことであるということをしっかり理解しなければならない。

また、まだ子供を産む見込みがあるかどうかをたずねた三十七歳の婦人には次のように答えている。

あなた自身を肉体的、精神的、霊的にもっとよい水路にせよ。人は妊娠をただ肉体的な状態とのみ考えがちだが、ハンナ（訳注二）やマリア（訳注三）がどのように心の準備をしたか思い出すことだ。記録に残っているものはたくさんあるが、何も知られていないものもたくさんある。とにかく、そこには長い準備があったのだ。

なお、他のリーディングにはこうある。

人は、性交によって水路をつくり出す機会が与えられている。造り主はその水路を通して、その御手による作品を人にお示しになるのである。それゆえに、このような機会をつくり出すときには、あなたとあなたの伴侶は自分たちの態度に充分注意しなければならない。なぜなら、入ってくる魂の性格は、一部はその両親の態度によって決まるからである。

これらによって明らかにされることは、両親と子供との関係は、どんなものでも偶然の関係とみなすことはできないということである。たいていどんな場合でも、両親のどちらかに前生からのきずながある。このような前生の関係が両親のどちらに対してもない場合というのは比較的少ないが、そういうケースでは家庭的な環境がその子供の必要とする心理的な状況を提供しているものである。ケイシー・ファィルには、子供が両親の一方にはカルマのきずなをもっているが、他方にはもっていないという例がいくつかある。このようなケースでは、今生ではじめて親子関係をむすんだほうとは淡々とした関係になる傾向がある。これから示す典型的な例は、両親と子供のあいだにありうる各種の過去の関係を説明している。

親密な愛情のきずなで結ばれていたある母親と息子は、前生においても親子同士であった。同じように、非常に親しい父親と息子は前生で兄弟の関係であった。あまりしっくりいっていない母と娘は前生で何の関係ももっていなかった。娘が母親に対して非常に冷淡なある親子は、前生で非常に仲のわるい姉妹同士であったと説明された。「あなた方はその当時喧嘩をして、まだ仲直りができていないのだ」と。父と娘が前生で夫婦であった例もある。非常な敵意を抱き合っている母と娘は、前生で一人の男を取りあっていた。息子が母親を支配しようとする傾向のあった母と息子は、前生でその関係が逆で、父と娘であった。

これらのケースは、子供が親に惹かれる場合、そこにいろいろな原理がはたらいていることを暗示している。しかし、上手な人形芝居ではそれをあやつる糸が見えないように、その原理は大部分かくれている。ケイシーの資料は非常に示唆に富んでいるが、これを純粋に体系的な法則へと発展させるだけの詳細な事実は提供していない。

好きなもの同士が惹き合うことは事実だが、いろいろのカルマによって、昔の敵や、気質的に反対のものが惹かれる場合もしばしばある。気質的な相違のいちじるしい例は、五歳のときリーディングを受けた少年の例に見られる。彼は利己的な性格で、まちがったことをしでかしても自分の誤りを認めようとしない強情な子供だった。純然たる知的価値が彼の興味の中心で、物の考え方は客観的で学究的な科学者のそれであった。この子は前生で動力としての蒸気の研究に献身していた。その前の前生では化学的な爆薬の研究をし、さらにその前は機械に熱中し、またその前はアトランティスで電気技師をしていた。

四回の前生における純粋科学への熱烈な献身は、シュプランガー(訳注四)の言う、価値の持続を証明する実例である。これは明らかに「理論志向型」である。だが彼は、真理価値と等しく重要な愛とか、美とか調和という生命的価値を犠牲にして、真理価値に過度に傾いてしまった。他人に対する彼の態度が超然として冷淡なのはそのためであった。リーディングはなお、彼が電気や蒸気工学やその他機械に関係のあることにたずさわるならもっとも成功するであろうと言った。彼は今日では電気技師として成功している。その性格は、家庭の環境のためにいくらか変化は見られるにせよ、だいたいその過去の経歴から予測されるような特性をあらわしている。

もし好きなもの同士が惹き合うなら、彼は科学的な環境に——たとえば父親が技師で母親が前に数学の先生をしていたというような家庭に——生まれてきたであろうと思うかもしれない。だが彼はそうせずに、非現実的な理想主義者の家庭に生まれてきた。父の価値観は明らかに社会的、宗教的であり、母は内向的だったが、敬愛する夫の社会奉仕事業にひきつけられていた。少年の兄も理想家で、人生における主な関心は他人を助けることにあった。

この少年がこの家庭に生まれたことは、厳密な意味でカルマ的であるとは言えないだろうが、同時にここにはあるこらしめの原理がはたらいている。不健全な偏向の矯正である。この人は自分の価値観の狭さを意識して、もっと人間的な価値をも包含すべく、その見解を拡大するような環境を選んだのである。

少年は、人生の目的は人を助けることにあると信じている人々とたえず接触するような環境に置かれた。彼の徹底的な現実主義は他の家族の行きすぎを抑制するのに効果があった。そして反対に、彼らの物の考え方が、彼自身の価値観とは異なる別の価値観のあることを日々思い出させたのだ。この経験は、彼の基本的な人生価値——つまり純粋科学の探究——に完全な変化はもたらさなかったが、それでも彼の人格を以前よりも利己的でなく、社会的にした点で効果があった。それゆえ、彼が両親を選択したときに意図した矯正という目的は少なくとも部分的に達せられたわけだ。

生まれてくる子供に両親を選ぶ自由があるという考えは、ケイシーのデータによく立証されている。まだ充分に進化していない霊魂は、せまい範囲の選択しかもたないということも、いろいろの例によって示されている。だが、たいていの場合、両親の選択は霊魂の特権のようである。まだ生まれぬものが、どうしてわざと貧民窟や堕落した両親や不自由なからだや不利な環境を選ぶのか、容易には理解できない。皮相的に考えるなら、このような選択はありそうもないように思われる。だがよく分析してみると、そこに心理的な矛盾はないのである。

この事情は、自分が過度に肥り出したことに気づいた人の場合と似ている。保険会社から何か制限をつけられるとか、女性から結婚の申込みを断られるとか、衣服がからだにあわなくなるとかいうようなことで、彼は急に自分の肥ったからだを意識するようになる。そこで彼は体重を減らそうと決心して、どこか適当な痩身法の相談所をたずね、面会を申し込み、登録してその治療をしてもらう。六ヵ月後にはウエストラインが細くなり、心臓のはたらきが調整されて彼の目的は達成される。霊魂もこれと同じような状態にある。わざと不愉快な環境を受け入れようと決心することは、人間行為として考えられないことではないのだ。人は、それが目的を達成するための手段になると思えば、不愉快なこともあえて選ぶのである。

奇妙なことに、この選択の自由は幼児死の問題と関係があるように思われる。リーディングによれば、通常、霊魂は誕生のとき、自分が選ぶ両親によって自分がこれから置かれる環境の種類を予見することができる。しかし、将来の出来事が全部予見されるわけではない。したがって、ある霊魂は誕生後に、自分が生まれる前に抱いていた期待に両親が添ってくれそうもないことを発見することがある。そのようなときには、霊魂は自分が生まれてきた内的目的が、予想とはちがった環境のために達成されそうもないことを悟って退去してしまうのである。

このことを裏書きする適切な一例は、前生で非常に若くして死んだと言われた一人の少女の場合である。彼女が特にその両親を選んで生まれてきたのは、主に母親にひかれたためであった。しかし生まれるとまもなく父親は酒を飲みはじめ、なげやりになり、虐待するようになった。幼い霊魂は失望してもう生きるまいと決心し、しばらく病むと、もときたところにもどっていったのである。

リーディングは、このような退去は普通の現象であると、はっきりと指摘している。もしこのことが信じられるならば、幼児死は、映画を観にきた人が、それが予想に反しておもしろくないので途中で出てきてしまうのに似ている。ある場合には、これが両親の行動に反映されるかもしれない。しかしある場合には、生まれてくる側の判断が誤っていたにすぎないかもしれない。

ときに幼児の死は、悲しみの経験を両親がもつ必要があるためだと解釈される。その子供は、両親が魂の成長のために必要な苦悩を経験するのを助けるために、ほんのしばらくのあいだ犠牲的精神をもって地上にあらわれたのだ。十九世紀のある無名作家の小説で、この種の犠牲的行為をテーマにしたものがある。この物語では、若い女性の父は唯物的で横柄で自分の所有物や子供たちの美が自慢である。娘は父を愛しているが、彼の考え方を浄化することができなかった。彼女は不慮の災難にあって死ぬが、まもなく、また同じ両親のところに足の不自由な子供として生まれ変わってくる。わざとこのような肉体をもって生まれてきたのは、父親に対する愛と、彼を浄化するための苦悩を彼に与えたいという願いからである。もちろんこれはフィクションである。しかしこれは、成長するために悲しみを経験する必要がある二人の人間に、教育的な愛の奉仕を行ないたいと霊魂が願うときに、実際に起こるかもしれないことを暗示している。ケイシー・リーディングを調べてみると、ときとしてこのようなことが実際に起こるとわかるのである。

一つおもしろい点は――これはケイシー・リーディングにたんに暗示されているだけでなく、何回もはっきり断言されているのだが――受胎の瞬間は、霊魂が入る瞬間とは一致していないという点である。リーディングはしばしば、妊娠中の心の持ち方が、よびよせられる霊魂のタイプをある程度決定するので、妊娠中の思いに注意するように助言している。次の抜粋はこの見解を説明している。

問　これからの数ヵ月、私はどういう心の持ち方をしたらよいでしょうか。

答　それは、あなたが欲しいと思う子供のタイプによる。もし音楽の才能のある芸術的な子供が欲しいのであれば、音楽や美や芸術について考えることだ。また徹頭徹尾機械的な人間が欲しいと思うなら、機械のことを考え機械いじりをすることだ。そんなことをしても効果がないと考えてはならない。ここにすべての母親が知らなくてはならないことがある。妊娠中の態度は、その両親を水路として生まれてくる霊魂の性格と非常に関連があるのだ。

また、ケイシー・データから察すると、霊魂が肉体に宿るのは誕生の少し前か、誕生後少したってからか、誕生と同時である。生まれて二十四時間もたってから霊魂が宿ることもある。ある場合には、入ってくる霊魂が、最後の瞬間に入れ替わることもある。肉体を動かす霊魂なしに肉体が存在しうると考えることは、一見、輪廻論者の見解と矛盾するように思われるかもしれない。しかしここに矛盾はない。肉体は、神智学徒によって霊魂の「車」とよばれている。このことばから連想される類推を用いるならば、運転手がまだ車に乗らないうちから、自動車の車体が完成し、エンジンがかけられている状態のようなものである。肉体に宿ってそれを動かすものがまだいなくても、肉体が組織として完成し、その有機的生命過程がすでに開始されているということは充分考えられる。

もちろん、類推による推論は必ずしも妥当であるとは限らないし、結論を導くプロセスにはならない。われわれがこのような推論にみちびかれるのは、ひとえにケイシー・リーディングで何回となくこの種の不思議な主張に遭遇するからであり、また、生命のかくれた作用についてのわれわれの知識があまりにも不充分なために、科学的精密さをもってこれを説明づけることができないためである。ある人がケイシーに、当然の質問として「霊魂が宿るまでのあいだ、肉体は何によって生きているのですか」とたずねた。答えはあいまいとまでは言えないが、謎めいていた。「霊である！　なぜなら、物質の霊、つまり物質の源泉は、神であるからだ」。

このことについては、他の多くのことと同様、今後とも透視による研究が必要である。子供時代、親子関係、誕生などについてケイシー・データに包含されている多種多様な意味を、どこまでも追求しながらこのような研究をおしすすめるとき、われわれはたしかに優生学、児童心理学、人種改良などの新興科学の全領域を手に入れたことになるであろう。誕生はそう見えるほど偶然的なものではない。また子供時代というものも、軽々しく付随的に取り扱われるべきではない。この点についても他の点と同様に、ケイシー・リーディングは新しい探究領域を示唆しており、前途に希望がもてるのである。

訳注一　カーリル・ギブラン（Khahlil Gibran 一八八三—一九三一）はシリアの詩人画家。一九一〇年より米国に移住。The Prophet, The Wauderer などの著書あり。

訳注二　ハンナは預言者サムエルの母、旧約サムエル前書一、二章

訳注三　イエス・キリストの母

訳注四　エドゥアルト・シュプランガー（一八八二—一九六三）。ドイツの教育学者、哲学者、心理学者。人間の精神作用を、経済志向型、理論志向型、審美志向型、宗教志向型、権力志向型、社会志向型の六つに分類して説明した。

18章　カルマに由来する家庭内のいざこざ

◎前生で娘の美貌を利用してスパイをさせた両親
◎仲の悪い姉妹は前生で三角関係にあった
◎人の苦しみに対する無関心はカルマを生む

人間にふりかかるさまざまな悲しみのなかでもっとも痛々しいのは、障害をもつ子を生んだ苦悩であろう。障害をもつ子供は、物質的には特別な配慮と出費を要する問題であり、社会的には一種の無言の恥辱であり、霊的には愛なる神への疑いの種《たね》である。

輪廻の理論は、このような両親に対して安堵と勇気の源泉になることができる。第一に、その理論によると、異常なものはどんなものでも、たいていカルマに原因があることが明らかだからだ。ケイシー・ファイルには、生まれながらの障害でカルマに原因のないものも少しはあるが（この点については後にカルマの章で述べることにする）、概して生まれながらの障害は、何らかの前生の罪を強く暗示している。第二は、親とその不幸な子供との関係も、ほとんど全部と言ってよいほどカルマに原因があるということだ。ダウン症、聴覚障害、水頭症、その他多くの痛ましい不幸に悩む子供たちのためにとられたリーディングは、くり返し「これは子供と両親の両方にとってのカルマである」と言っている。

この種のカルマのきずなを示すもっとも著しい例の一つは、幼い頃からてんかんを患っていた十二才になるユダヤ人の少女に見られる。てんかんは発作におそわれたときに厄介なばかりでなく、ある根深い暗い影を病人に与えるものだ。リーディングは「この父母子はかつて革命の頃、アメリカで今と同じ親子関係をむすんでいた。両親は植民地開拓者よりも英国と運命をともにするほうが経済的に有利であることを知り、国王側に役立ちそうな情報を集めることを仕事にしていた。娘は美人で大胆で利口だった。このような長所を兼ねそなえていることは、両親の計画にうってつけだった。両親は彼女を抑えるどころか、もって生まれた誘惑の本能を政治的に有利に利用するように娘をおだてた」と述べている。

リーディングはこの非常に興味あるドラマの結末については語らなかったが、それが現生にあらわれている結果を指摘している。それを調べると、カルマの石臼《いしうす》はきわめてゆっくりと回転しながら、驚くほど小さな粉にひいていくものであることを思い知らされるのである。この少女に関するリーディングは次のように始まっている。

この両親は、娘に対する自分たちの機会と義務を発見しようと思うなら、彼ら自身のライフリーディングによって彼らの過去の経験を比較しなければならない。

この人の現生の苦境を見るものは誰でも、人は自分自身の償いをしていることを悟るであろう。神をあざむくことはできない。人は蒔いたものを刈りとらなければならない。過去の横暴やわがままは、いま己の蒔いた種を刈っている人の肉体状態のなかにあらわれている。

この人をこの世に生み出した人々は、彼女が当然の自制を行なうことができなかったことに対し大いに責任がある。なぜなら、彼らは物質的に、より多くの利益を得るために彼女のするままにまかせていたのだから。それゆえ、彼らも現在この経験をすることによって克服される多くのことを償っているのである。

要するに、この娘は、現在の肉体的不幸のなかで過去の自分の不謹慎な性的過剰を償っているのである。両親がこのわがまま娘の世話をさせられているのは、その責任の大部分が彼らにある以上、まことにふさわしいことなのである。

第二の例は、生まれながらに盲目であるニューヨークの少女の場合である。この少女は――写真でみると可愛い子だが――光に対するある程度の感覚はもっていたが、物の形を識別することができなかった。

母親から依頼されたのはフィジカルリーディングで、ライフリーディングはとらなかった。そのため、彼女の不幸がどのようなカルマ的原因をもっていたかは何もわからない。しかし母親が自分のライフリーディングをとってもらったので、そこで子供に対する彼女の義務も明らかにされた。

この母親は前生で教師をしていたらしい。リーディングを引用すると「この人は地位を利用して一人の母親に大騒動をひき起こし、その結果多くの人から高く買われるようになった——人間は外観を見るものだから。しかし神は心をごらんになる。あなたとあなたの夫は、今生でこの不幸を背負うことによって自分自身の罪を償っているのだ。なぜならあなた方は、かつて神の法則を前にして利己的な目的をとげようとしたからである」

この劇的な陰謀の内容についてはただ憶測をめぐらすことしかできないが、これには父親も関係していたらしい。われわれにわかっているのは、一人の教師が自分の利益のためにある母親を利用し、しかもその母親の心の平安をかき乱したということである。ここには二つの明白な運命の流れがあるように思われる。まず利用された女性は、彼女自身、たぶん前生から盲目という形で償うべき肉体的カルマがあったのだろう。現在の人生はその罪の償いのために選ばれたのである。そして現在の母親は、彼女自身の個人的カルマの負債を償う機会を与えられるために、この世にその子を生み出す水路として選ばれたのである。

第三の興味深い例はダウン症のケースである。これも詳しいことはごくわずかしかわかっていないが、この人の母親が、前生にパレスチナで不幸な人々をあざ笑ったことが、今生において障害をもつ子供を引き寄せる原因となったのである。

もう一つの例は、水頭症というまれな難病を生まれながらもった未熟児に関するものである。母親は産後まもなく死んでしまった。若くして男やもめになった父親はカトリックの育児園に娘をあずけた。子供が四歳になったとき、父親は娘のフィジカルリーディングを依頼した。彼の手紙によると、その子は非常に利口で、なんでもよくわかり、まわりの人の名前もおぼえて、会話もかなりよくあやつることができた。歩くことはできなかったが、これは頭の重さのためであって、なんとかして頭をまっすぐに支えていられるよう、つねに注意しなければならなかった。

少女のライフリーディングはとられなかった。それゆえ、その不幸のカルマの性格については何のヒントも与えられていない。しかし父親は、自分と子供との前生の関係を知るために自分のライフリーディングを依頼した。答えは短く鋭かった。「今生よりもっと前の生で、あなたは自分を救うことができた。それなのにあなたはそうしなかった。今生ではしたほうがよい」。残念なことに、この怠慢の罪が何であったかを明らかにする充分な資料はリーディングからは得られなかった。彼の前生でわかっていることは、彼がディアボーン要塞で商人をしていたことと、そこで彼は精神的、物質的には利益を得たが、霊的には失ったということだけである。

このケースに関して、ある強力な推定がなされる。それは、もし人が他人の苦しみに対して無関心であれば、いつか自分が苦しみを負わされる運命を引き寄せるということである。人間のなかには、他人に対して積極的に残忍な行為をするほどには悪くない者がいる。こういう人は、ダンテによって煉獄に投げこまれた連中と同様、すすんで悪いこともしなければすすんで良いこともしない人種なのである。人の苦しみを目の前にしながら、このような態度をとるということは、おそらく将来自分自身が肉体的障害を負うほどの罪ではないだろうが、しかし、彼はいずれにせよもっと敏感になる必要があるのだ。彼は地上の不幸な人々に対して関心をもつことを学ばなければならない。彼は同情心を養うようにしなければならないのである。そしてそれは彼自身が苦しみを受けるほどの罪ではないので、不幸な子供の親になることが一番よい方法なのだ。自分の子供のたよりない不器用な行為を見つめる苦悩をとおして、不幸な親たちの苦悩や人間苦の意味を理解する機会を与えられているのである。

もしこの人が、愛の行為を学ぶため今よりもっと適当な機会を今後二回の人生で連続的に与えられても、なお依然として冷淡であるならば、その怠慢の罪は、今度は彼自身の肉体に災いをもたらすほど大きなものとなるだろう。そして、今度生まれてくるときには何らかの形の不幸を彼自身が背負ってくるだろう。このような因果的な連鎖については、リーディングのどこにもはっきりとは述べられていない。しかしこのケースのみならず、他のケースにもこのことは強く暗示されているのである。

こういった例は、親子のあいだにどのようなカルマの負債が存在するかを示している。同じ家族の子供同士のあいだにも、カルマのきずなが存在していることもある。ケイシー・ファイルには、姉妹同士が反目しあっている奇妙なケースでこの点を説明しているものがある。

この少女らの関係は、幼い子供時代から嫉妬と猜疑心と憎悪が目立っていた。ほんのつまらないことで二人はたえず喧嘩した。こうした敵意は、五人もいた子供のうちの他の兄弟のあいだには見られなかった。フロイトの立場からすると、この二人の姉妹のあいだの敵意は、父親を独占しようという幼児の嫉妬から生じたものだと説明されるかもしれない。この姉妹の一方に性に根ざした頑固な嫉妬があったのは事実だが、しかしケイシーの透視によれば、それは現在の父親によって生じたものではなく、むしろ姉の前生の夫によって生じたものだったとしている。

この複雑な人間関係を明らかにするために、現在の関係における三人に名前をつけてみよう。かりに妹をロウ、姉をアリス、ロウの夫をトムとする。ロウがライフリーディングで、自分と夫および自分と姉との前生の関係をたずねると(ロウはこの二人とうまくいっていなかった)、次のようなドラマが語られた。

この三人はバージニアの植民地時代の後期、互いをよく知っていた。トムは、当時はアリスの夫であった。村で修道女として母親がわりの仕事にたずさわっていたロウは、トムが病気のとき、彼につきそって健康をとりもどさせる。トムの妻であるアリスが当時ある理由のために

（リーディングはそれについて特に述べなかった）彼と別居していたからである。ロウの動機は純然たる博愛から出発したものであったが、彼女の親切はトムとのあいだに理解のきずなをつくった。アリスはこれを発見し、ひどく恨んだ。この根拠のない恨みと嫉妬は、まもなく憎悪に発展した。このむしばまれた感情はアリスの魂に深く食いこみ、数世紀を経た後にもなお残ったのである。

理屈から言えば、アリスには現在の妹ロウを嫌ったりいじめたりする理由は何もなかった。しかし、彼女の心の無意識の底に憎悪の原型があったのである。そしてロウのなかにも、防衛本能と復讐のあらゆるメカニズムがやはり無意識のうちに待機していたのだ。

カルマ的性格をもつ兄弟のきずなを示す次の例は、英国生まれの二人の子供に関するものである。彼らは、第二次大戦のあいだ、あるアメリカ婦人の養子になり世話をされた。その婦人は、当時ニューイングランドのある州で進歩的な学校を経営していた。養子に出されたとき、男の子は十才、女の子は五才だった。彼らの保護者は、理論的にも、児童教育の実践経験においても児童心理に通じていたので、この兄妹のあいだにあるいちじるしい敵意に関心をもった。どうも兄のほうが喧嘩を吹っかけるのである。「彼はきわめて利口な子です。しかし、とても感傷的で、窮地に追いつめられた犬のように暴力をふるうのです」――彼女はこう書いて、子供のライフリーディングを求めてきた。

リーディングによって明らかにされたことは、前の世でこの二人の子供は、激しい戦いを交えたスコットランドの領地の旧敵同士であった。ここにも怨恨が無意識の底流として持続していた。それが非常に強烈だったので、数世紀を経た現在においても、十才の少年と五才の少女のあいだに反目を生じていたのである。

これら二つの例は、そこに含まれる原理を明らかにするという点でも、自分と兄弟姉妹とのあいだにある不可解な遺恨に悩まされている人々や、また同じような問題に直面しているクライアントの治療にあたっている精神分析家たちに、問題の原因になっているものを暗示するに充分であろう。

なるほど、どんな家庭の場合でも、家族間の敵意の原因を現在の環境の内に見出すことは充分可能だろう。気質とは化学反応のようなもので、そりの合わないもの同士がときおり接触するくらいであればたんに冷淡な気持ちか軽い嫌悪を起こす程度であっても、これが緊密な家庭環境という坩堝《るつぼ》に入れられるとたんに我慢がならず、時には爆発的な反応すら起こすようになる。

輪廻論者の見解を批判する者は、一方でこの点を指摘すると同時に、他方では、現状から充分事実が説明されるのに、家族間の憎悪を説明するのにわざわざ輪廻をもち出す必要はないと言って、倹約の法則（もっとも単純な説明が最上であるという法則）を指摘するかもしれない。なるほど、倹約の法則は、宇宙に関する人間の思索が突飛な空想に向かうのを防ぐうえで役に立っているし、現に役に立ってきた。しかし、科学の新しい発見によって拡大された宇宙観は――輪廻論者の理屈はさておき――もっとも単純な説明が正しいという仮定そのものを再検討させ、宇宙のもろもろの作用が単純であるというよりは、人間の心のほうが単純であることを証明しているのである。いま単純だと考えられているものは、新しい事実の光に照らしてみるなら、たんに断片にすぎないことが明らかになるかもしれない。

もし輪廻論の合理性が承認されるなら、論証できる詳細な事実は当然これと一致するはずである。たしかに、いかなる人間間の敵意に対しても現生にその理由が見出せるであろう。しかし同時に、その敵意の基礎は何世紀も前に築かれていたということも考えられるのである。もちろん、敵意に対する前生の原因が明らかにされたところで、それだけでは問題は解決されたことにはならない。もしも憎悪のくびきにつながれたもの同士が、そのままのきずなで何回も生まれ変わってきたくないなら、彼らは憎しみのかわりに愛を、怨みのかわりに親切をもつように意識的に忍耐づよく努めなくてはならない。

この努力は、同一家族内に生じる反目にあてはまるばかりでなく、われわれと人々とを結ぶあらゆる環境のきずな、あらゆる敵意にもあてはまることである。つまるところ、われわれが家族の一員としてもつ役割の変化は、究極的には、たんに一家族の一員ではなく、むしろ人類という大家族の一員であることを証明しているのである。われわれはたえずこの真理をわきまえて生きることを学ばなければならない。

19章　職業能力の前生的基礎

◎エジプトの神殿で仕事をしていたニューヨークの一流美容師
◎インド女王の服装係だったハリウッドの映画監督
◎ローマの円形競技場の監督だった銀行の頭取

霊魂の不滅は、キリスト教神学においては、通常、未来という一方向にのみ延びていると考えられている。だが、四次元物理学の提示する無時間という新しい概念に照らして考えてみると、こうした見解はどうも不完全である。科学的考察はさておき、この問題を純粋に宗教上の信仰の立場から考えても、霊魂が永遠不滅であるならば、それは同時に生まれないはずであり、それが未来永劫存在するなら、それはまた過去にも永遠に存在していたはずである。したがって、誕生とか生とか死というようなことばによって区切りをつける生物的境界は、たんに永遠の非物質的な霊魂の外観ないしは投影にすぎない。

この見解は、近代キリスト教神学には受け入れられていないが、初期のグノーシス派のキリスト教では認められていた。現代詩人でこの思想に独自の表現を与えている人は少なくないが、一番多く引用されるのはおそらくワーズワースの「霊魂不滅の告示」（Intimation of Immortality）であろう。誕生はたんに睡眠であり忘却であるというワーズワースの感覚は、古代の英知に照らしてみるとき、充分に根拠のあることである。人間がもって生まれた霊魂は、どこか別のところにその背景があって遠くから来るものであるという彼の確信は、何百人という前生の信奉者によって随所に引用されてきた。しかし、彼が「われわれはたなびく栄光の雲として来る」というとき、輪廻論者は彼がもう少しロマンティックでなく、心理学的事実をもって語ってほしかったと思うのだ。もちろん、つまるところ、霊魂はもともと神から発し、したがって神の本来の純粋と光輝を分有しており、その超感覚的な大霊の領域には、神聖な輝きと美があるかもしれない。しかし、もっと散文的にもっと謙遜して、もっと啓発的に言うならば、心理的事実はたなびく雲として来るというよりは、むしろ能力や無能さ、欠点や才能、短所や長所の山と積まれた内容ゆたかな貨物として来るように思われる。

個人が過去に努力して獲得した人格のバランスは、職業指導を目的とするリーディングにもっとも正確に、顕著にあらわれている。すでにリーディングのなかで連続の原理が態度や興味、性格といった特性に影響を及ぼす様子を見てきたが、同じ原理は人間の能力にも作用していて、人間の職業生活における重要な因子になっていることが明白になってきた。

代表的な例は、ニューヨーク市の一流の美容師の前生の経験に見ることができる。彼女の住居は豪奢なサロンだった。彼女はそこで美身法、美髪法、性格改善などの仕事に従事していたが、彼女自身も非常に魅力のあるエレガントな女性だった。ライフリーディングで三回にわたる前生が明らかにされたが、そのうち二つだけが現在の職業的熱意に直接関係をもっていた。それはすぐ前の前生、ルイ十五世時代のフランス宮廷で、彼女は王や宮廷に権力をふるっていた。彼女はここで外交術や媚態、機敏な行動、身のこなし、着飾り方などをまなんだ。その前のローマではキリスト教を奉ずる貴族の先頭に立っていた。関係があるのは、さらにそれ以前の紀元前一万三千年頃、エジプトで神殿内の仕事に活躍していたときのことだ。ここでダンスや音楽や芸術を通じて美しい肢体をつくることを学び、また装身用のローションや軟膏やパウダーの製法をまなんだ。

リーディングは、フランス宮廷での前世をもつ人々が一般に、この女性がそうであるように、この世の洗煉されたものを好み、社会生活を優雅に送る才能を獲得していることを指摘した。エジプトの神殿におけるこの婦人の経験については少し補足説明を要する。

この時代、エジプトに主な神殿は二つあった。一つは「美の神殿」と呼ばれ、もう一つは「犠牲の神殿」と呼ばれた。その内容については、多くのリーディングに散見する断片的な描写からだいたいのことがうかがえる。

美の神殿は一種の学校ないしは大学のようなところである。しかし大学とちがうのは、それは知性の育成を主な目的とするのではなく、全体的な人間のパーソナリティの充実を目的としていたことである。芸術や科学はすべて、生徒の魂の美と肉体の美をつくる手段として用いられた。生徒たちはこうして、自国および他国に積極的影響力をもたらす源泉となるように訓練された。これが神殿と呼ばれたのは、宗教的および霊的な方向づけをもっていたことを暗示している。またこれが人間の七つのチャクラ（七つの霊的中枢）に対応する、訓育上の七つの中心点をもっていたことは、そのカリキュラムや構想が、徹底して超自然的な知識の上にたてられていたことを暗示している。

霊的基礎の上にたてられた職業指導は、美の神殿が果たしていた多くの機能の一つであった。そして、現在芸術や宗教をとおして、職業相談とか人格の陶冶、完成というようなことに興味をもっている人々の多くは、ここで教師や生徒として活躍していたことが明らかにされている。この古代エジプトの知恵と、教育上の立派な著書である『理想の学校』でボリス・ボゴスロフスキーが述べた遠大な教育思想とのあいだには、多くの点でいちじるしい類似がある。

一方、犠牲の神殿というのは、いわば病院のような性格をもつもので、そこでは電気療法（おそらくアトランティスから学んだのであろう）が外科手術に用いられ、電気が肉体のさまざまな症状や心身の障害の治療に用いられた。ここでは肉体の完成、人種の改良という理想が指導原理で、神殿ということばがここでも霊的志向を暗示している。

次に、ある評判のよい整骨医《オステオパス》の前生の職業を調べてみると、以下のような経歴が見出せる。四回にわたる前生が明らかにされたが、そのうち三回が職業的な流れの支流をなしていた。すぐ前の前生で彼は初期のアメリカで医者をしており、インディアンとよくつき合った。インディアンとの交際によって、彼は自然療法や薬草療法に興味をもつようになった。（リーディングでしばしば注目されるのは、アメリカ・インディアンとかつて親しく交際したことのある人や、また自分がかつてアメリカ・インディアンであった人たちは、自然を愛したり、手工芸に興味をもったり、自然的な生活法や治療法を好む傾向があることだ。）その前の前生では、彼は初期のキリスト教徒時代にマッサージや浴場の監督をしていた。さらにその前はペルシャにいたが、その職業はリーディングでは特に述べられなかった。そして、もっとも古い前生、紀元前一万三千年頃にはエジプトでミイラ師をしていた。この経験が、人体の内部構造、もろもろの薬草、香料その他人体につけるもろもろの化粧品の効果に対する知識を彼に与えたのであろう。

もう一つのケースは、ハリウッド映画の色彩監督で画家でもある人だが、リーディングは、この人が三回にわたる前生で芸術的な仕事にたずさわっていたと述べている。全部で四回の前生が明らかにされたが、直前の前生は後期植民地時代におけるアメリカで室内装飾家として、二番目はロシアのコサック騎兵の将校として、三番目はインドシナの女王の服装係として、四番目はエジプトの美の神殿の室内装飾家として生きたと述べられている。彼のコサック時代のリーディングを読むと、その快活さや敏捷さ、細部に対する洞察力などは、この時代の経験――当時彼は人を圧倒するような堂々とした服装をしていた――からきているという印象を受ける。このように、彼の仕事に気力と生気を与えている気質的特性の多くは、彼が職業的には何の芸術にもたずさわっていなかった時代の経験にその起源を有しているように思われる。ただし、彼の技術的な面の有能さは、三回にわたる特定の芸術家としての生涯からきている。

ニューヨークで成功している作曲兼編曲者も、同様に多彩な、しかし現在の職業と関係のある前生をもっていた。直前の前生ではニューヨークで教師をしており、学校のカリキュラムの一つとして音楽のクラスと歌のクラスを設立した。二番目はドイツの木彫工で、このときはもろもろの楽器をつくった。三番目はカルディアのネブカドネザル王の道化師、四番目はアトランティス人で、エジプトへ行き、神殿の礼拝の楽士として活躍した。彼がいま楽器の形や、仕上げ、完璧な音質に関心をもっているのは、明らかに木彫工の経験に由来している。滑稽なことや機智に対する理解力やセンスは宮廷道化師としての経験からきており、彼の本来の音楽家としての才能は音楽家をしていた二回の前生からきていた。

ときには、趣味が前生にその起源を有していることが発見される場合もあった。たとえばある銀行の頭取だが、彼は子供時代からあらゆる種類のスポーツに情熱を抱いていて、なかでも野球は一番だった。彼が属していたバプテスト教会の牧師が日曜日に野球をすることに猛烈に反対したので、ただちに教会をやめてしまったほどである。これは、ヘンリー八世時代の前後に多くの先例が見られる、宗教的潔癖さのあからさまな一例である。

銀行業はこの人の職業になり、彼の富のもととなった。彼は余暇を野球クラブの経営に費やした。クラブはそのとき以来、大リーグのための練習場となった。おもしろいのは、彼の過去の職業経歴である。第一は輸出入業にたずさわっていた初期の開拓者、第二は円形競技場の国際ゲームを監督するローマ人、第三は諸所に交易所を設立したペルシァの遊牧民の首領、第四はエジプトの会計官である。これらの前生のうち、三回は、現在の彼の銀行家としての職業に直接有益な影響を与えている。二回前の前生、すなわちローマの競技場の監督の経験は、現在銀行の頭取である彼に役立っている。経営の才の大部分の基礎をなしていると同時に、屋外の競技に対するやむにやまれぬ情熱のみなもとにもなっている。彼はいま、職業柄、趣味としてその衝動を満足させているにすぎないが。

もう一つの例は、海軍の食品検査官の場合だが、ライフリーディングは食糧を購入したり検査したりするこの人の職業よりも、趣味のほうを説明した。この人は石や宝石に生涯興味をもっていた。彼は宝石の交易所を建て、たえず石工や宝石収集家と親しくつきあったし、海軍を引退してからは余生をずっとその趣味ひと筋に生きた。ケイシー・リーディングによって与えられた思いがけない刺激がもとで、彼はますます興味にのめり込んだのだった。彼の前生は次のようなものだ。第一はオハイオで、インディアン相手に安い細かな装身具や強い酒などを販売していた。第二はペルシァで商人をしており、隊商として旅をしながら、エジプトの麻やペルシァの真珠、インドシナのオパールや炉石(訳注一)やラピスラズリ、黄金の都のダイヤモンドやルビーなどを扱っていた。第三はカナン(訳注二)のベテ人として聖職者の服に用いる宝石を供給していた。

このケースには特におもしろい点が二つある。第一は、リーディングが用いる選択の基本原則がいちじるしくはっきりしていること。つまり、当人に役に立つ前生を選んでライフリーディングが与えられていることである。この人がリーディングをとったときは停年に近かったためか、海軍での仕事に役立つことについては何も説明が与えられなかった。むしろ彼に与えられたのは彼の趣味に関係のある前生の経験についてだった。宝石の面で彼がなお、余生を建設的に用いることができただろうからである。

彼は昔から長いあいだ宝石に親しんできたのに、リーディングは、彼が宝石の真価を充分理解していないと言った。彼はそれをたんに美の対象として、また収集や売買に価値のある品物として、また神父の服の宗教的シンボルとして見ていたにすぎなかった。彼はそれらの真価をけっして理解していなかった。というのは、リーディングは特に次の興味ある点にわれわれの注意を向けさせたからである。つまり、宝石はそれを構成している波動のゆえに、ある治病的ないし刺激的性質をもっているというのである。

ケイシー・ファイルには、この人のリーディングがとられた一九四四年より以前に、ある種の石や宝石・金属は波動的影響力をもつという理由で、それらを利用するようにすすめられた人々が数多くいる。すすめられた石が誕生石と一致していたことはない。宝石が効く理由は明らかにされていないが、石や元素はそれ自体が原子エネルギーをもっているという説明がしばしばなされた。肉体の元素もその性質は原子エネルギーである。ある石がある人に適しているかどうか調べるには、透視力によるか、さもなければこの目的のために将来考案されるであろう測定器によるしかない。

これは、依頼者がこのテーマを研究するようにすすめられた唯一のケースである。おそらくこの助言は、十年前だったらとんでもなく無茶なものに思われたかもしれないが、少なくとも原子力の知識が普及している今日では信じ得ることである。ついでだが、石のもつ原子エネルギーにケイシーのリーディングが言及したのは、原子力が科学的に発見されるおよそ十年前のことである。ともあれ、この人はこのテーマに非常な興味を抱き、それ以来リーディングがおおざっぱに述べた研究の線に沿ってすべての努力を傾注している。

職業上の助言をおこなう場合に、リーディングが前生の経験を基礎に、互いに関係のない二つの職業を同時にとりあげるようにすすめたケースはこの他にも二、三ある。その一つはライフシールと称するデザインに関するものであり、他は電気療法に関するものである。これらはともに、アトランティスとエジプトの古代芸術と科学の復活として述べられている。

エジプトの美の神殿で教えていた神官や巫女たちは、透視的知覚や、今日の心理学に相当する分析法を用いて、それぞれの生徒たちに、彼らのもつカルマや前生からの才能に照らして、もっともふさわしい職業を決めてやることができた。この基礎の上に立つ職業の選択が生徒の受けるべき訓練のコースを決定した。(これらのコースのなかには栄養学、ボディービル、治療法、若返り法、体育、服装芸術、服装科学、教授法、治病術、霊術、音楽、芸術、雄弁術、手工芸、音楽や、さまざまな香《こう》を利用した瞑想法などがふくまれている。)

適切な専攻コースが最終的に決定されると、ライフシールがこの面の訓練を受けた人によって生徒のためにつくられる。これは象徴的な画で、その人の過去の進歩の原型を示すと同時に、自分の生きる目的を思い出させる役をするものである。このライフシールないしブローチは、普通は円形で、三つか四つの等しい部分に分かれ、その各々の部分に、生徒が何らかの衝動や、才能や、霊魂の力を獲得した前生の、ある特定の場面なりイメージなりシンボルなどが表現されるか、またはこれから獲得しなければならない才能なり霊魂の力が象徴される。これらの紋章を瞑想することは、各々の生徒のもっとも内なる自我のなかから、そこに潜在する能力を目覚めさせたり引き出したりすることに役立った。また、生徒は自分と宇宙の創造力との関係についての理解を深めるうえでも役に立った。リーディングは、エジプトの記録保管所が発見されて開かれるときがくれば――それは二十世紀の後半のいつかであるが――これらのブローチのいくつかが明るみに出されるであろうと主張した。

ある若い女性は、美の神殿で三つの才能の面で活躍した。一つは瞑想と治病のために肉体の波動を上昇させる音楽をつくることであり、二つ目は美容食を考案することであり、三つ目はいま述べたライフシールの模様を考えることであった。彼女は今生では栄養士か音楽家として職業的に成功するであろうと言われた。また、瞑想の行をするならば、エジプト時代に霊魂の経歴を透視したり、ライフシールの象徴的な模様を考案したのと同程度の超意識能力を開発することができるであろうと言われた。この女性はこれらの二つの助言を実行に移し、音楽を職業にすることに成功した。また、瞑想によってライフシールをつくるための適当な要素を感知する能力を養ったが、この能力をビジネスとしてではなく奉仕に用いている。

職業上の特異な組み合わせの第三は、化学、水治療、音楽などと併行して、電気療法の研究を取り上げるようにすすめられる人が多かったことのなかに見出せる。電気療法はわれわれの文明ではすでにかなり一般化しているが、リーディングが、ある人々にこれをアトランティスやエジプトで彼らが従事していた職業であるからと言ってすすめたとき、その意義は常ならぬ観点から見直されたわけである。

紀元前一万年頃、三回にわたるアトランティス大陸の沈没の最後のときに、非常に多数のアトランティス人がエジプトに避難したらしい。この人たちはもちろん、そのとき高度に発達した彼らの芸術や科学を一緒にもって行ったわけである。彼らはいろいろな理由で、その高度に発達した文明を再建させることはできなかったが、その科学の断片はエジプトの文化と融合したのであった。したがって、何らかの形の電気療法が職業としてすすめられる場合はみな、この特徴を共通にもっていたのである。これらは、現在の文明にとっては比較的新しいが、古代においてはよく知られていた仕事の領域であったことが推測される。この科学の知識は歴史からは消えてしまったが、その当時この方面に活躍した人々の無意識的な記憶のなかに冬眠状態で今日まで残っているのだ。

たいていの場合、航空や電子工学、テレビ、催眠術、テレパシー、原子エネルギーなどに対する熱烈な興味は、アトランティス時代にその人がその職業についていたことに由来している。リーディングを総括すると、職業領域におけるはなばなしい成功や異常なまでの興味は、すぐ前の前生か、あるいはもっと前の前生に、同じ職業や、それと密接に関係のある職業にたずさわっていた経験に由来していると言っても差し支えない。

「それと密接に関係ある」という条件がこの場合必要である。というのは、同じ領域における前生の経験がまったくないことが明らかな場合でも、職業上目ざましい成功をおさめているケースがあるからだ。たとえば、アメリカの一流の大衆婦人雑誌に小説を書いて非常な成功をおさめている女流作家は、四回の前生をもったが、そのうち著作に関係をもったと思われるのはたった一度で、しかもただ素人として趣味的に書いていたにすぎなかった。彼女の前生は次のとおりである。最初は初期アメリカにおける女優——というより旅役者として、二番目は、他のキリスト教徒にアンテオケの活動を報告したキリスト教徒として、三番目はパレスチナの母親及び主婦として、四番目は美の神殿の教師として、またゴビへの密使としてである。

この婦人の文章のスタイルは、簡潔で率直で、描写が生き生きとしていた。リーディングは、その小説家及び記録作家としての才能は、旅役者の経験からきていると言った。また母子関係に対する鋭い洞察力はパレスチナの経験に、その直感的能力はエジプト時代の経験に由来していた。アンテオケにおける報告の仕事の性格が何であったかは明らかにされなかったが、おそらく手紙を書くことではなかったかと想像される。彼女の書くストーリーが簡潔であるのは、おそらくこの経験からきているのであろう――リーディングはこの点については何も注釈を加えなかったが。

もちろん、前生のすべてがリーディングで与えられたわけではないので、この婦人がかつて職業作家として生計を立てていたことがあったかどうかは正確にはわからない。とはいえ、与えられた四回の前生から判断すると、その多様な作家としての才能は四回にわたる違った領域の職業に由来しているのであって、それら四つを作家という職業に結合したのは今回がはじめてであると考えられる。

その他の多くのケースから結論されることは、新しい職業に就くことは、もしそれに対する興味が過去にしっかり基礎をもったものであり、それに関係のある能力がすでに養われているなら、けっして成功に不利にならないということである。

たとえば、三十一歳になる既婚の男性だが、この人は医学の研究をしようと決心した。手紙にははっきり書いてはいなかったが、ある理由で若いとき、医学を勉強しなかったのだ。父が医者だったので、おそらくその機会も意志もあっただろうに。

彼はケイシーからリーディングを受けた。こんなにおそくなってから医学の勉強を決心するのは賢明なことか、またそれは成功するかどうか知りたかったからである。リーディングは、大丈夫だと強力に保証した。そして彼の医者になりたいという決意は、アメリカ独立戦争のときにすでに始まっていたと述べた。彼の階級は当時看護兵兼伝令だった。しかし相談役としての彼の同情的な性質と才能が、彼の上司の信頼を勝ち得て、彼は兵隊たちのあいだに士気を鼓舞する仕事をまかされるようになったのである。医者になりたいというあこがれが生じたのはこの時期であった。おそらく彼は、自分の目撃した肉体的苦しみに対して同情でみたされ、それをやわらげるための知識をもちたいと願ったのであろう。

この人が医者になるのに都合のよいように、医者を親に選んだのはおもしろいことである。医学の勉強をおそくなって志した理由は明らかにされていない——早く結婚したことがその原因になっていたのかもしれない。彼とその女性とのあいだに前生からの何らかの強力なカルマの引力があったために、他の目標を忘れて、その衝動のままに結婚してしまったのかもしれない。もちろん、この事情の説明になるような他の可能性もあるだろう。だが、ここで重要なことは、リーディングが、この人が新しく入って行こうとする分野で成功することを保証した点である。

以上、要約すると、職業能力の前生的基礎を分析研究した場合、このような能力がすぐ前の前生か、あるいはもっと前の前生で、同じ職業かまたはそれに密接に関係のある職業にたずさわっていたことに基礎があると言うことができる。特定の趣味にことさら熱心な場合は、かつて前生でそれがその人の職業であったことをしばしば暗示している。また、一見新しいと思われる職業の多くが、じつは古代アトランティスやエジプトでの、芸術や科学の再出現であるということだ。ある人々は、その人の魂の歴史のなかではじめて新しい職業の分野に就こうとしているように見える。この場合、もし過去にそれに対する興味が徹底的に養われているなら、そして、それに関係のある能力がすでに開発されているなら、その領域における成功は約束されている。

訳注一　ヨハネ黙示録二十一章十八節

訳注二　ヘテ人は聖地（カナン）の先住民のひとつ。旧約エジプト記三章八節

20章　職業選択の哲学

◎かたよった知識では太陽系を卒業できない
◎職業選択の三つのポイント
◎好戦的な国家の細胞でなく、人類そのものの細胞に

ケイシー・ファイルに見られる職業の経歴は、注意深い研究者の心に多くの疑問を提起する。第一に発端の問題がある。これは、霊魂が神によって初めに等しく創造されたとする輪廻論者にとって、彼らを当惑させる問題である。そもそも何が、ある霊魂をある職業の方向へと向けさせ、他の霊魂を別の方向へと向けさせるのであろうか。もし人間の霊魂がもともと神から平等に無差別に放射されたものであるとするならば、どうして一人は農業へと向かい、他は商業に、織物に、音楽に、数学へと向かうのであろうか。各人のなかには何らかの個性的な微妙な差違があって、それが個人にちがった職業を選ばせるのであろうか。

ケイシー・ファイルは、この問題に対して何らはっきりした答えを出していないが、もう一つの問題、つまりある霊魂が後世で他の職業に変わる要因は何であるかという問いにはかなりくわしく、納得のいく説明をしている。ケイシー・ファイルにはこのような転職の例が数多くあり、その適当な例を分析してみると、この変化は願望とカルマの法則という二つの根本的な因子によって説明されることが明らかになる。

すでに引用した二、三の例でもわかるように、願望はその強さにおいてカルマと等しい力をもっている。霊魂というものは、ある能力や性質をもっている人と接触していると、その能力なり性質なりを欲するようになるようだ。キリストが教えを説いたり、病人や悩む人々を助けているのを目撃した人のなかには、その感化でキリストと同じようなことをしたいという刺激を受けた者が多くあったとケイシーは言う。この願望の力は、その後連続的に何回もの人生を通じて、教えを説いたり病気を治したりする能力を獲得しようとその人の心をかりたてる。ときにこの願望は、そういう能力をもっている人からの影響ではなく、立場上その能力が必要なのにもっていないという、不愉快な劣等感のために起きることもある。だが、どのようにしてその願望が起ころうとも、願望というものは、霊魂の運命を決める重要な要因である。それはもろもろのはずみを少しずつ利用して、次第次第に特定の形や方向をとり、ついにそれを実現するのにふさわしい両親と環境を選んでその新たな性質と局面を完成しようと活動しはじめるのである。

内向性、外向性の場合と同様、願望の衝動によってある熟練した職業から別の職業へと完全に移るには、おそらく数回の人生を要するだろう。この推論が正しいとするならば、いま自分のたずさわっている職業で平凡な能力しか発揮できない人も希望がもてることになる。他のすぐれた人々と比較して彼らが平凡なのは、おそらくその職業にたずさわったのがはじめてか、二度目ぐらいだからだ。

願望のほかにカルマも職業の変化を決定する重要な因子であろう。障害という肉体的カルマをもって生まれたものは、たとえば前生で何回ダンサーとして成功していようと、今生での進歩が望めないことは明らかだ。何らかの理由である職業能力を存分に発揮できない場合、必然的に他の職業へと向かわなければならなくなり、その結果、長いあいだ埋もれていた何か別の才能が目覚めさせられることになる。

五章で述べた腰椎カリエスの少女が、ちょうどこの例に相当する。少女は病気にかかってから長いあいだ、社会的に役に立つためにはどういう職業に就いたらよいか迷っていた。彼女はハープを習うよう言われた。初期のエジプトに転生したとき弦楽器を専門にしたので、生まれながらその才能があると指摘されたのだ。少女はこの勧めに従った。すると、この楽器をひく顕著な才能が彼女にあらわれたのである。それまでは楽器を習ってみようという考えなど起こしたこともなかったが、それ以来、彼女は妹と一緒に音楽会を何回も開くようになった。別に名声を博すということはなかったが、少なくともその職業をもつことによって幸福になり多忙になったことは事実だ。すぐ前の前生では、彼女は別の職業をもっていた。肉体的カルマが一つの職業の続行を妨げ、その結果別の職業を選ぶことを余儀なくされたのである。

もう一つ起こる疑問は、霊魂が完全な進化をとげるまでに、いくつの（この地球上での）職業を経験しなければならないかという問題である。充分に円満な人格の成長をとげるためには、すべての霊魂はいろいろちがった職業に就いてみなければならないことは明らかである。芸術においてたとえ完成の域に達しても、工業や医学や社会学の面で完全に無知のまま太陽系を卒業するなど、とうていありえないことであろう。宇宙評議員会が、あらゆる分野における一定数の合格証明を要求することはおおいに考えられる。どういう科目の配列をすれば、これほどに多くの学生があらゆるコースをとることができるのか、これは別問題である。

基礎プランをどう決めるかはさておき、少なくともこれだけは明らかだ。それは、職業的問題と霊的な問題とのあいだに、多くの場合密接な関係があるということである。つまり、職業上の困難は多くの場合、矯正しなければならない何らかの性格上の欠陥からきているのである。この適切な例は四十八歳になる独身の男性に見られるが、この人はある性格上の短所のために、土地ブローカーとしての自分の職業に次第に嫌気がさしてきたのだった。そこでどういう職業に変えたらよいか判断するため、ケイシーからリーディングを受けたのである。それによると、彼は前生で、独裁的で傲慢な教師だった。このため性格上の厳格さが現在に持ち越されていて、そのために社会的に適応することが困難になっているのだと言われた。リーディングは、「たとえ今の職業が適さなくても、必要な教訓を学びとることができるのだから」当分続けるようにすすめた。

ファイルにはこれに似たケースがたくさんあるが、それらを読むと、トルストイの言葉が思い出される。彼は言っている。「生活環境というものは建築のときに立てる足場のようなものだ。これはただ内部で建築の仕事を遂行するための外郭《がいかく》的骨格として役立つにすぎない。外側の枠は、それ自体では、何ら絶対的重要性も永久性ももつものではない。建物が完成されればすぐ取りはずされてしまう。おそらく職業もこれと同様で、ある面の人間の霊的成長が行なわれる鋳型とみるならば理解されるであろう」。

その一方で、職業は何らかの徳性の育成に常に役立つものになるとはかぎらない。おそらく職業とは本質的に、その霊魂が習得しなければならない物的事柄のことなのだろう。おそらく、各々の仕事の分野で、人はその分野独特のことがらを理解し習得することを覚え、宇宙の多くの同心円のなかの一つにあらわれている生活原理を理解し、またそれに即して活動することを学ぶのである。おそらく、医学とか、音楽、農業、芸術などを習得することは、究極的に自分自身が神の共同創造者になるためには不可欠なのである。バランスのとれた純粋で能力ある霊、他を害することのない輝かしい創造的表現の中心である霊、自らもろもろの形や生命や世界を創り出すことのできる共同創造者たる霊となるために。

このような宇宙的視野をもつことは愉快なことである。しかしながら、日々の切迫した具体的な問題にたちかえるとき、なお次のような実際的な問題に直面することになる。すなわち、前生でどのような職業に就いていたかわからず、また人生の中心的な霊的教訓を透視する能力をもたない人間が、どうすれば賢明に職業を選択することができるだろうか、という問題である。この問題に専門的な興味をもっているある人が、かつてこれに関してケイシーにリサーチ・リーディングを依頼したことがある。提出された質問は、前生で自分がどのような職業に従事していたかがわからない人のために、その人の前世の職業を体系的に探り出し、その人の職業選択に役立つような心理テストが考案できないものか、という質問である。

これに対する答えは、占星学の天宮図が多くの場合役に立つが、しかし現在一般に行なわれている占星学は、転生と転生の間に滞在する諸惑星の影響を考慮に入れていないので、その資料は大部分役に立たないだろうということだった。「なぜならたいていの人の場合、適当な職業というのは、地上に転生しているあいだ、占星学的衝動に即して何をしたかということによって決まるからである。ある人の場合には、その職業は天宮図に即しているが、他の人の場合はほんの一部即しているだけであり、他の人の場合はまったく正反対のことがある」とリーディングは言っている。

この知見はかなり興味あるものだ。まじめに考えると、占星学はある未開発の分野の研究に効果をあげるかもしれない。しかし、これらの領域が図表でもって明快に明らかにされるまでは、われわれに透視的洞察力がない以上、前生で何をしていたか知ることはできないし、したがってその潜在能力にふさわしい職業の選択を行なうことはできないことになる。

職業の選択に迷うことはよくあることだ。しかし肉体的なハンディキャップと同様、この迷いも教育的な目的をもっているかもしれない。人生の意義や仕事の意味をじっくりと考えてみることが必要かもしれないし、また自分の個性を他人の個性と比較して、その意味をもっと霊的に把握することが必要かもしれない。きわめてはっきりした職業的目的をもって生まれてくる者は、ごく幼いときからそれがあらわれるが、そうでない人の場合は、何らかの過渡期にあるためにあれこれ考えをめぐらすことが必要であろう。こういう人は、疑いと混乱の時期を経過することが必要なのである。それはつねに自己発見と活力に必要な前奏曲であるからだ。職業についての迷いをこのように説明することは、いろいろな証拠から見てきわめてもっともなことである――ケイシー・リーディングは別にはっきりとこのことに言及してはいないのだが。

しかし、ケイシー・データから収集した知見には、ある点でまぎれもない価値がある。というのは、それが心理学的研究の新しい方向を示唆すると同時に、職業問題を解決する新しい態度を暗示しているからである。ある人が、かつてアイルランド人にバイオリンの弾き方を知っているかどうか訊ねた。「弾いたことがないから知らないよ」とアイルランド人は答えた。このぶっきらぼうな返事は、見かけほどばかげたものではない。それはまったく教育を受けぬもののの、機智から生まれた答えである。ここで、ケイシー・リーディングを研究してみると、その答えには無意識的な英知の真髄が同時に含まれていることがわかる。心の秘密の倉庫にどんな才能がかくれて眠っているかは誰にもわからないのだから。

不思議なことだが、全国の銀行にある、預金者がその存在を忘れてしまっている貯金は、何百万ドルという額にのぼるそうである。一定期間通帳が使われていない場合は、銀行の当局者は預金者を一番最近の住所を手がかりにたずねる。もし、こうしても見つからない場合は、やむなくその預金額を、いわゆる固定台帳のなかに繰り入れてしまう。これは意外なことだろう。特に、金銭に対してなみなみならぬ関心をもつ連中からでき上がっている国において、この有様であることはおどろくべきことだ。だが、これはしかし事実なのである。これらの眠る通帳は、人間における似たような事態をまざまざと思い起こさせる。

ケイシー・ファイルには、能力や才能が長いあいだ忘れられて、意識下の記憶の貯蔵所にうずもれている例がたくさん出てくる。リーディングは、この能力に注意を向けさせようとし、またそれだけの力がある。これを目ざめさせようと個人が努力すると、意外なほど多くの場合、ほんものの職業能力が発見されるようになる。その能力が当人にとって容易に獲得されるところをみると、その人の前生の経験がこの線に沿ったものであるとの想像が誤りでないことがはっきりする。この事実を知るとき、われわれはみな、自己の潜在意識のなかに、ある力が貯えられているという信念をもつようになる。ちょうど、子供時代を過ごした町に忘れていた貯金通帳があると言われるようなものだ。しかし、これが職業の選択のために何らかの実際的な価値をもつためには、この知見はもっと詳細に分析されなくてはならない。ケイシーのもっていたような透視能力がわれわれにもあれば幸運だが、そういう能力がなくても、前生の能力がどの方面にあったかを発見するために、暗示とか催眠術とか瞑想などを用いて、より深い記憶の層を開拓することは可能だろう。

われわれの未知の能力を発見、発展させる別の方法は、趣味からアプローチすることである。やむにやまれぬ興味というものは、なにごとであれ、前生にその面で活躍したことを暗示している。スペインのものに対する過度の興味は、かつてスペインに転生していたことを暗示している。中国のものへの興味は、中国で前生をすごしたことを暗示している。スペイン語のクラスや中国についての講義をとおしてこのような興味を培うことは、深い無意識の記憶をよびさまし、その当時獲得した能力を再び目覚めさせるのに役立つかもしれない。またそれは、共通のノスタルジーを抱いている同じ前生の友人知己に、われわれを再び会わせてくれるかもしれない。人生のコースが変わるのは主として人間をとおしてである。昔のカルマのきずなをもった人々と出会うことは、新しい活動の分野をひらくという意味において、人生を一変させるような革命をもたらすだろう。

職業の選択についての迷いは、才能の貧弱さによって生じるばかりでなく、かえって多才のために起こる場合もある。いくつもの前生においてさまざまな分野で活躍し、それぞれの領域で熱心にはげんだことで非常な能力を獲得し、そのために、かえってあれこれと迷う人も多いようだ。才能のある若い男女が、その才能の豊かさにもかかわらず、明確な人生目的をもたず優柔不断に生きている例も案外多いのである。

職業選択における倫理的な第一歩はもちろん、当人の才能の一覧表のなかで——才能が多かろうと少なかろうと——一番秀でたものを選ぶことだ。これが心理学者の賢明な答えである。彼らは、人間の才能を測定する正確なテストを考案した。これに対し、ケイシー・リーディングは、そのことについて数学的な精密さをもって述べることはしないが、その見解は職業上の相談をうける心理学者と同じで、通常その人のいちじるしく優れた能力を指摘する。

しかし、職業をはっきり決めかねる場合や、また特殊な勧告が必要と思われる場合に、リーディングがよりどころとする職業選択の基本的哲学は、きわめて明確である。この哲学の中心概念は三つある。第一は「あなたの理想とあなたの内的な人生目標を決めなさい。それを成就するように努めなさい」ということである。

理想の樹立はケイシーの処世哲学にとって絶対に必要な要素である。それは職業的な自己訓練には特に必要である。リーディングは、人は自分の理想をはっきりさせなければならないと主張する。具体的な思考を助けるために、リーディングは、一枚の紙に「霊的理想」、「精神的理想」、「肉体的理想」の三つの欄をもうけ、その下に各々の項目で自分の切望するもっとも高い目標を書くよう何度もすすめている。代表的なものを次に引用してみよう。

あなたが自分自身を分析し、自分の理想を分析する際には、それを心のなかだけで済ませずに、必ず紙に書くようにせよ。「肉体的」と書いて線を引き、「精神的」と書いて線を引き、最後に「霊的」と書く。その各々の下に、「霊的」からはじめて（なぜなら心のなかにあるすべてのものはまず霊的概念からきているのだから）あなたの理想の霊的概念を書き入れる。それがキリストであるか仏陀であるか、心か物質か神か――その他なんでも、あなたにとって霊的理想と思われるものを書き込むのである。

次に「精神的」という項目の下に、あなた自身のことや、あなたの家庭、友達、隣人、敵、品物、状態などについて、あなたの霊的概念から生じる理想の精神的態度を書き込む。

次にあなたの物質面の理想は何かを考える。……このようにして自分自身を分析する。そしてあなたが獲得した知識を実用することをはじめるのである。

まずあなたの理想を決めることだ。それを紙と鉛筆で書いてみよ。次に、心を落ち着けてその様子を描いてみる。あなたは優秀な技師なのだから、ほかのものの絵をうまく描くことができる。あなたは自画像を描いたことがあるだろうか。あなたは自分がなりたいと思う理想からどのくらい遠くへだたっているだろうか。他の人からそう見られたいと思う理想からどれくらいへだたっているだろうか。あなたの精神的な理想はどうか？　物質界においては心がすべてをつくるということを忘れてはならない。

リーディングは、理想は必然的に多種多様にならざるを得ないが、同時に、真に自己を鍛錬し、人格を完成するには、目標を明確にしなければならないことを強調している。職業の選択はこの概念からなされなくてはならない。

職業選択に関するケイシー哲学の第二の概念は、「他人のための奉仕になるよう努力せよ」ということである。どうしたら自分は人々に奉仕することができるだろうかということが、職業を選択するにあたっての、すべての人の指導原理でなくてはならない。人は誰もが、自分を肉体における一つの細胞のようなものとみなすことを学ばなくてはならない。交戦的な国家の細胞でなく、人類を構成する一つの細胞として考えなくてはならない。「他者に対する奉仕は神への最高の奉仕である」とは、リーディングがくり返し述べることばである。「汝らのうちもっとも大いならんと欲するものはすべての人の僕《しもべ》となるべし」ということばも、リーディングに頻繁にくり返されている。

そして、われわれのあらゆる一時的な理想は、修正に修正を重ねた先に、ついには、次の究極の理想に向かわなければならない。このことをリーディングは次の主張にはっきり述べている。

なぜなら、ただ一つの理想があるだけだからだ。それは宇宙の創造的エネルギー（これはいろいろな名で呼ばれているが）をあなたの理想とすることである。あなたの体と心と魂を尽くして、そのエネルギーと同胞に奉仕することである。

この原理から必然的に導かれるものは、経済の安定とか、名声とか、世俗的な成功などは、奉仕という目標に比べれば第二義的なものでなければならないこと、また、それらは車が牛についてくるように自然についてくるということである。非常に多彩な才能をもっているためにどれを選んだらよいか迷っていた十三歳の少年が、かつて「僕が大人になって経済的に一番成功するには、僕のもつどの素質に従ったらよいでしょうか」とたずねた。すると、答えは次のようであった。「経済的ということは忘れて、世界を住みよいところにするために一番役に立つ方法は何なのかを考えることだ。たんなる報酬目当ての仕事はけっしてしてはならない。金銭上の利益は、その人が、自分の才能を人のためになる方面に使えば必ず得られるのだから」。

別の人がたずねた。「どういう方面の仕事にたずさわったら、私は経済的にもっとも成功するでしょうか」。すると、「経済的という考えをやめよ。経済的な利益は正直で誠実でありさえすれば自然に伴うものである。他の人々にもそのように生きることが正しいことを悟らせるようにせよ。利益は神が与えてくださる」との答えが与えられた。ある貿易商は言われた。「同胞への奉仕をモットーとせよ。あなたが付きあう人々があなたによって利益を受けるようにし、けっして彼らを踏み石として利用してはならない。名誉や富は（これは結果として必ず得るものだが）有益にすごした人生の結果として、また、人々に与えた奉仕の結果として受けるようにせよ。他人を自分の名誉や富の踏み石に利用してはならない」

読者のなかには、偉大な建築家クリストファー・レン卿についての逸話を思い出した人もあるかもしれない。彼はある日、自分が設計したロンドン大寺院の敷地のそばを歩いていた。建物はすでに建築にとりかかっていた。職人たちが仕事をどう考えているか知りたいと思ったので、彼は職人たちに次々と同じ質問を試みた。「君は何をしているのだね」。最初の職人は頭をあげてポツンと言った。「レンガを積んでいるんです」。二番目は「わしはこれで二、三シリングかせげるというわけです」。第三の者は答えた。「寺院を建てる手伝いをしているのです」。

ケイシー・リーディングが、職業の選択をしようとしている人々に与える指導は、肉体的な労苦や金銭的な報酬を考えずに、幸福とか美ということを心に描いている、この第三の職人の態度なのである。

ケイシーの職業哲学の第三の基本概念は、「手元にあるものを利用せよ。自分の身のまわりからはじめよ」ということである。これはあまりにもわかりきったことで、よけいな助言のように思われるかもしれない。しかし他の多くの明白な真理と同様、人間というものが、遠くにある複雑なもののほうにはるかに好奇心をそそられる傾向があることを思えば、これはくり返しことばに出す必要のある助言だ。

多くの人は、人類への奉仕という理想をいったんつかむと、漠然とした理想主義のかすみに迷うか、さもなければ熱烈な情熱の疾風にまきこまれてしまうものである。世俗的な生活を送っている最中に、新しい人生目的にとらえられてしまう場合もあるだろう。また、家族に対する責任や経済的な支障などのために、必要な専門的訓練の機会が得られず、新しく自分の使命と考えたことを達成できない場合もあるだろう。「人は手元にあるものを利用すべきである」というリーディングの基本方針は、こういう人々が一番よく思い出さなければならないことばである。千里の旅も一歩からはじまる。その第一歩は、その人が今立っているところからはじまるのである。

次の実例の抜粋はこれを代表するものである。四十九歳になる一婦人が「私のライフワークは何でしょうか」とたずねた。すると答えは、「からだの弱い者や元気のない者をはげまし、つまずいているものに力と勇気を与えることだ」というものであった。「どうしたらそういう仕事につくことができるでしょう」彼女は次にたずねた。「今日あなたの手が見出す仕事をすることだ」「私のためにどんな仕事が待っているでしょうか」彼女はなおもつづけた。「あなたは今、手元に何をもっているのか」リーディングが反問した。「あなたが今いるところで、自分のもっているものを用いることだ。神にみちびきを求めよ。あなたを神の手にゆだねよ。自分はどこで働きたいとか、奉仕したいとか、奉仕されたいとか、神に言ってはならない。そうではなくて、〝主よ、私はあなたのものです。あなたの御心《みこころ》のままに私をお使い下さい〟と言うのだ」

同じ問題で悩んでいる婦人がもう一人いた。彼女は六十一歳で、北ヨーロッパのある国の元領事の妻であった。長いあいだ東洋の各地を旅行し、芸術や宗教の研究に従事してきた。「どうしたら私が一番人類に奉仕することができるか詳しく教えて下さい」と彼女はたずねた。この場合も答えはだいたい同じだった。「日々、あなたに開かれている方法によって奉仕することだ。もっとも多くのことをする人は、必ずしも偉大なことを計画する人ではない。目の前の機会や特権を利用する人が、大きな仕事をするのだ。機会を用いるならば、よりよい道が開ける。われわれが他人を助けるために用いるものは、自然にふえてゆく」。

また別の人は言われた。「あなたが今いるところからはじめよ。あなたの今いる立場で為すべきことを為せ。あなたが真価を発揮すれば、主がよりよい道を与えて下さるだろう」。

この現実的な経済哲学は、人生の途上で、突如として人類の役に立ちたいという願いを起こした人に応用できるばかりでなく、何らかの偉大な仕事をしたいと願うすべての人に当てはまる。実際、「手元にあるものを用いて、自分の今いるところから出発せよ」というリーディングの主張は、目先の利益を追求するのに忙しくて大局を見失うことと、地に足のついていない遠大な理想を掲げて現実認識を欠いてしまうという、人間の二つの傾向を打破する賢明な方法である。

芸術や科学や政治の面で、どんな業績を成し遂げたいかをはっきり意識している人は数多い。しかし、唯物主義の間違った人生観のために、気が挫け、目標には到達できそうもないように思えてくるのだ。人生や努力というものが一度きりのものではなく、来世にも連続しているものであると知らないために、時間はさして重要な要素ではないということに気づかないのである。一つの人生ではじまったことが次の人生で実をむすぶこともあるということを知らないのだ。時間の制約という錯覚にとらわれている者にとって、なるほど今生で偉大な音楽家になることは不可能であるかもしれない。しかし、もし彼がこの考えのために音楽家になるという意欲を麻痺させ、音楽を完全に断念してしまうなら、そのことによって彼の才能は停滞し、為すことのできた多くのことを先の転生に残してしまうことになる。だがもし、「手元にあるものを用いなさい。今いるところからはじめなさい」という誡めのなかに凝縮された、はるか先を見据えた英知を自分のものにすることができたなら、彼の無気力は解消され、エネルギーは正しい方向に用いられるようになるだろう。

一方、これとは反対に、輪廻論によって展開される巨大な進歩の見通しにあまりに有頂天になり、かえってその精神的情熱を日々の行動に移さない人も多い。神智学や人智学の信奉者のなかには、霊的進化という宇宙法則の研究に熱中するあまり、自分自身の霊的進化は、法則を知っただけで自動的に成し遂げられるものではないということを忘れてしまう者も多い。彼らは、旅行案内の研究には夢中になっているが、けっして旅行に出かけようとしない人に似ている。抽象的概念だけが彼らの動因になってしまって、実際に性格を変化させるとか、人類に対して何らかの有益な奉仕をしようという段になると、はっきりとその無知をさらけ出してしまう。こういう脆さをもっているのは、もちろん神智学徒や人智学徒ばかりではない。ハムレット以前から、非行動性は哲学者がみなもっている性質なのである。

ケイシーの職業哲学の核心と見られる三つの原則には、人間の運命に対する広大な宇宙的視野と、申し分のない常識とがたくみに調和している。輪廻の知識が精神のバランスを乱す理由は何もない。それどころか、自分の意志決定が倫理的ならびに宇宙的な基準と調和するように仕向けられるので、どの理由から言っても、あらゆる意志決定を賢明でより健全なものとする結果になる。なるほど輪廻の思想にはじめてふれ、その広大な視野のひろがりを眺めると、人はとかく気が大きくなりすぎて、堅実な常識を失ってしまう。ケイシーの職業哲学を研究するものは、この点についての誤解を予防しなくてはならない。そして、人間の運命に対する概念がどれほど宇宙的になっても、自己完成は依然として毎日わずかずつ積み重ねなければならない遅々とした過程であることを明示しなければならない。

環境は、たとえそれがいかなるものであっても、その人の内的な目覚めの段階にふさわしいものであることを、ケイシーのリーディングはたえず思い出させてくれる。たとえその環境が、一見して人生におけるその人の使命の達成の妨げになるように思われても、それは躓きの石ではなく、踏み石とみなさなければならない。外的な環境を変える唯一の道は、これらの環境の障害をとおして、自分自身を忍耐づよく変えてゆくことである。

リーディングは言う。

覚えておきなさい。どんな境遇にあっても、それこそがあなたの進歩成長のために必要なものであるということを。人は日々の共同生活のなかで、ここに一つ、あそこに一つと、自分のモットーを実行しなくてはならない――ことばと行ないを通じて人格の陶冶《とうや》がなされることをわきまえながら。

レンガを一枚一枚積み重ねることによって建物は建築されていく。ことばによって、また日々の小さな行為によって、人は己の主義に表現を与え、その知識や、その潜在能力や、その真の目的の完全な達成に向かって前進してゆく。その人がたえず前進する行動をとおして奉仕しようと心がけるなら、必然的に環境は変化し、次の手段、次の機会が見出せるようになる。

だから、手元にあるものをもとにして、少しずつ着実に築いてゆくことだ。急いではならない。取り越し苦労も無意味だ。全体の建物は神がつくられたものなのだから。

21章　人間の諸能力の背景

◎転生がわかれば老年という人生の終末期はありえない
◎才能はすべてその人がみずから稼ぎ取ったものである
◎かたつむりが枝に行きつく頃にサクランボは実る

人間のもろもろの才能と、その才能が人生ごとに連続的に向上してゆくことを示すケイシーの資料は、実際的に重要である。重要なことの一つは、われわれの前途に、個人の努力次第で無限の可能性がひらけているという希望を、これらの資料が与えてくれる点である。

先に、銀行には、引き出せば一財産できそうな凍結資産があることを話した。われわれが自由にできる財産は、言わば人生という銀行に預けておいた努力の額による。この制度は、過去と同様、未来に向かっても有効にはたらかなければならない。過去にさかのぼれば、現在の正確な額が算定できるのと同様に、現在から未来を正確に計算することができる。現在、才能の獲得のために投資している時間やエネルギーや配慮や注意はすべて、われわれの貯金通帳に繰り入れられて、将来の預金となる。

とうてい実現できそうもないと知りながら、なお青年時代に抱いた何らかの夢にあこがれ、追い求めている無名の人が世の中にどれだけたくさんいるか、はかりしれない。普通の見方からすれば、その夢が実らないことは淋しい。だが、これもカルマの連続の原理からながめるなら、夢破れる悲しみも減ずるものだ。

ある老人は、花を咲かせようと一生懸命である。彼がいかに努力しても、ダリア賞はおろか、園芸雑誌で広く全国に紹介されることもないだろう。しかし、この老人は将来何度か生まれ変わるあいだに、いつか植物学者になるための、園芸上、植物上の知識の基礎を築き上げているのだ。ある中年婦人の芸術に対する努力は、家族や友人にたえず愉快なウィットの材料を提供するばかりでない。来たる将来、バチカン宮殿の礼拝堂に聖画を描くほどの能力の下地をつくるのに役立っているのである。華やかな演奏生活への夢を捨てて、くる年もくる年も地味に辛抱づよくピアノのレッスンをみている音楽教師は、その行動が、将来世界的な名声と喝采を受ける道に通じるのだと悟るなら、この先も忍耐づよく歩みつづけるだろう。メトロノームの拍子は、彼女の意識下に正確なリズム感を植えつけてゆく。速度の練習や指の練習、前奏曲、ソナチネ、即興曲、フーガなどを毎年くり返し練習することは、彼女の音楽的な記憶に深い調和の印象をきざみつけてゆく。それゆえ、来世には、あるいは二、三代おいた先の人生には、彼女はその時代の大演奏家になり、天性の即興演奏や非凡な速度感覚で同時代の人々を驚嘆させるかもしれない。

輪廻の概念によるならば、いかなる努力もけっして無駄にはならないのである。もしカルマが、犯した悪業を罰するのに公平な厳格さをもって臨むならば、それは、払った建設的な努力に対しても同等の、公平な厳格さをもってはたらくはずである。この重要な事実がわかれば、絶望などは事実上あり得ないことが納得される。自分はいかなる瞬間にも自分自身の未来を創造しているのであり、未来の基礎を築いているのである。それは、この瞬間に積極的かつ建設的な努力をしているか、それとも表面的な挫折に屈伏して消極的になってしまうかによって決まるのである。

この概念は、二、三の重要な結果を伴う。第一に、老年という人生の終末期を、あきらめとか無気力とか、自分は何の役にも立たなくなったという感情に支配される必要はないということである。一般に考えられている老年は一つの迷信にすぎない。ケイシー・リーディングによれば、紀元前一万年頃のエジプトでは平均寿命が百歳を超え、正しい食事法と正しい思考習慣についての知識が発達していたために、老衰を迎える時期が今よりはるかに遅く、めだった老化現象もなかったのである。誇張と思われるかもしれないが、この事実を確認する近代科学の証拠は山ほどある。今日では実験的研究によって、食物が、健康や、体力や、寿命に与える影響について革命的な発見がなされているので、老化は大部分、誤った食事の摂《と》り方や、誤った生活法や、誤った思考習慣に原因があり、また、年をとれば人間は役に立たなくなるものだと、老年に達する前から考えたり、能力が限界に達したと感じたり、若い者に取って代わられたと思ったりすること、そういうことにも原因があることが、やがて精神身体医学の面から実証されるだろう。

この心の態度は、横の人生観、水平的人生観とも呼ばれるものに由来している。つまり、時間と空間という平面的レベルにおいて、自分を他人と比較する習慣である。だが、輪廻論によるなら、唯一の真実の人生観は、縦の人生観、垂直的人生観である。若い人々との比較は不愉快であるばかりでなく、そもそもそんな必要はないのだ。なぜなら、すべてはただ、自分自身を超えるために努力しているのだから。進歩とは他人との関係における進歩ではなくて、ひとえに自分と神との関係における進歩なのである。

このことが真実であると充分に認識できるなら、現時点においてわれわれとちがった、もっと有利な地位にいる人々に対して抱く、あらゆる不安から解放されるはずである。競争は唯物主義者の迷いにすぎない。霊的事実においては、われわれは常により低い自分自身と競争しているのである。

社会が将来どういう形態をとるようになるかは予想できないが、若さを維持するための知識がもっと高度に発達するまでは、ある一定年齢において実際的な賃金労働から隠退するという慣習は続くだろう。とにかく、社会制度がどうであれ、老人はナフタリンや去年の毛布と一緒に戸棚のなかに片づけられるべきだなどと、自分から考えてはならない。反対に、家庭の責任や職務上の義務のためにこれまでできなかったことを探求したり、新しい能力や才能を開くことのために静かに時間をささげるべきである。そうすることによって、再び生まれたときには内的な富がそれだけ豊かに築かれていると確信すべきである。

これが、「地に宝を積むな、天に積め」という、キリストの勧めに対する解釈の一つでもある。天国とは解脱した意識状態をさすのであり、その宝とは、精神的能力や霊的能力をさすのである。

これがリーディングの見解であることは暗に示されているばかりでなく、はっきりと表現されている。われわれは、六十歳に近い人が宝石のヒーリング効果について研究するように言われた例を見た。このようなケースは、ファイルに数多くある。停年に近いある警官は、なお刑事として役立つように化学の勉強をすすめられた。六十三歳になる老婆は、若い人の将来の身のふり方の世話を積極的に手伝うように言われた。同じく六十三歳になる別の老婆は、長年やっていた花屋をそのままつづけながら、書く能力を磨くようにと言われた。これは今までこの老婆が考えてもみなかったことである。

リーディングははっきりと、人はその生の最後の瞬間まで建設的でなければならないと説いている。代表的な例をあげる。

何事にも度を越さず中庸を得るようにせよ。そうすればあなたは九十八歳まで生きられるだろう。ただし、それだけ長生きをする価値があるような生き方をすればだが。あなたは人に与えることのできる何かをもっているか。与えるべき何かをもっていないなら、長生きをして人の邪魔をする権利はないはずだ。何か与えることのできるものをもつことだ。そうすれば、あなたに価値のあるあいだ生きられるだろう。

問　老後のためにどのように準備したら一番よいでしょう。

答　現在のために備えることによってである。年齢はただあなたを円熟させるものとせよ。なぜなら、人は、その心と目的が若ければいつまでも若いからだ。優しくあれ。友好的であれ。若々しくありたいなら、愛に溢れておれ。

問　どうしたら私は老後や孤独の心配にうち勝つことができるでしょうか。

答　自分で自分のことができない人のために、すすんで何かをすることだ。自分のことは忘れて、人を幸福にせよ。人を助けることによって、あなたは不安から解放される。

問　どんな趣味をもったらよいでしょうか。

答　誰か他の人を助ける趣味がよい。戸外で花いじりをすることもあなたの趣味としてよいだろう。しかし、自分で自分のことができない人のために、毎日何かよいことをするように計画せよ。病気で引きこもっている人の話し相手になるだけでもあなたのためになる。

一般的な霊魂不滅の思想で漠然と形而上的に考えられていた「生命の連続」が、輪廻の原理によって、人間の才能や努力というような具体的な面で心理学的な意義をもつようになったのである。

人の才能は、すべてその人が自ら稼ぎとったものであり、一つの人生から次の人生へと持続するものである。この真理から必然的に派生する次の重要なポイントは、羨望が不必要な感情にすぎないということである。エマーソンが「人間にはその各々の進歩の途上において、羨望は愚かなりと悟るときがくる」と言ったのは、輪廻の知識によってのみ完全に理解される真理をことばで表したものである。人を羨むのは、その人の能力が過去における努力の結果であるという事実を知らないからだ。美、能力、愛、名声、富などにおいて、他人が所有しているものは、それを手に入れるのに必要な努力を自分がしさえすれば、今すぐにでも自分のものとなるのだ。

現在の文明や霊的理解の段階では、しばしば羨望の念が動機となって、他の動機からではとうていできそうもないことを成し遂げる場合が少なくない。しかし、羨望が、悪意や憎悪や非難や中傷や怨みや、これらと似た卑しい感情へとみちびくなら、それは悪いことである。おそらく、あらゆるもののなかで、他人の多芸多才ほど羨望の念を起こさせるものはないだろう。

多くの分野でその価値を発揮しようと努力して、そのどれにもある程度すぐれている者は、たった一つの分野にしか秀でていない者よりも、多くの人から何倍も羨ましがられるものである。こういう人は、その多才ぶりによって人の賞讃を求め、いくらかの賞賛を受ける——少なくともお世辞くらいは。しかし、こういう人は、他の人から強い敵意と憎しみを受ける。なぜなら彼は、他の人が自分の価値の拠り所としているものを次々に奪ってゆくからである。

しかし、あらゆる才能がすべての人間の手の届くところにあることが知られるようになれば、羨望の念は薄らぎ、ほんものの多才人が増えていく。宇宙の霊的秩序は、経済システムとは異なり、少数の持てるものが、多数の持たざるものの犠牲を強いる必要はまったくない。あらゆる資質は、それを利己的でなく純粋に用いさえすれば、すべての人に平等に授けられるものである。

さらに、職業能力は進歩するものだと知れば、羨望という分離感が減るばかりでなく、賞讃という一体感を増すうえで役立つはずである。今生では他のことに時間をうばわれているために自分では発揮できないもろもろの才能を他の人が発揮しているという事実は、本来ともに喜ぶべきことなのである。たとえば、今生では家族への義務のために家事に縛られている女性が、心の底ではダンサーになりたいと憧れているかもしれない。映画でバレエの場面を見たり、新聞でダンサーの優美な姿態の写真などを見たりすると、ダンスのかわりに料理や掃除にとじこめられている運命をひどく嘆く瞬間もあるだろう。しかし、彼女が二、三世紀もすれば、あるいはそれほど経たなくても、自分だってダンサーになれると思い出すことができれば、羨望の念は消え、そのかわりに、彼女が自分のあこがれを実現するまでのあいだ、そのダンサーが彼女の願望を表現していてくれることに、むしろ無上の感謝を覚えるだろう。

「汝はそれなり」(訳注一)というヒンズー教の格言はさまざまな意味で引用されるが、その直接的な意味の一つは、あらゆる種類の人間の偉業をながめることは、自分自身の魂の潜在能力が具現化されたものを見るに等しい、ということである。

生まれ変わるたびに職業能力が成長するという原理から必然的に生まれる第三の重要な帰結は、羨望が不要であるのと同じように、失望もまた不要である、ということである。霊魂が形の世界に閉じこめられている限り、そこにはもちろん欲求不満はあるだろう。ヒナギクの可憐な姿のなかに一片の神聖が宿っているかぎり、それはダリアでなくヒナギクでなくてはならない。百合はバラの鮮やかな色彩を憧れとともにながめるかもしれない。バラはまたバラで、百合の優雅な線を感嘆の念をもってながめるかもしれない。各々はそれ自身として完全であっても、己の形の限界を認めざるを得ないのだ。

しかし、詩的空想をのぞけば、花は自分以外の花になりたいという憧れのためにしおれたり枯れたりすることはない。人間も普通そのために死にはしない。だが悩むのである。そしてこの欲求不満が非常に強く、神経が非常に敏感であると、それが原因で精神的、肉体的に病気になることがある。

欲求不満は羨望と同様、それ自身重要な心理的作用をもっている。もし必要が発明の母であるとするなら、われわれは同等の権利をもって欲求不満が創造の母であると言うことができる。ここから歌がつくられ、薬剤が発見され、大陸が探検される。(訳注二)ブルワー・リットンが彼の理想郷を文学のない国として描いたとき――というのは、欲求不満を感じる人がぜんぜんいないなら、他人の悩みや満足について読んだり書いたりする欲求が生まれないからである――彼は重要な可能性を突いていた。欲求不満は蒸気ポンプのように、人間のエネルギーにもろもろの形を与える水路として役立つ。人間のエネルギーというものは、まったく自由に分散するにまかせておくならば、けっして形を形成することはない。現象界の他のすべての実在と同様、欲求不満も益と害の両面をもっている。それが人間をして新しい特質を発展させ、新しい芸術形態を創造するように駆りたてるならば、欲求不満はよいものだ。これが人間をして精神のバランスを失わせ、生命力を内部で沈滞させてしまうようならば、欲求不満は悪いものだ。職業能力が、一つの人生から他の人生へと連続的に向上するという信念は、この欲求不満の悪い面を破るうえで役立つのである。

ここにカタツムリについての話がある。一月のあるひどく寒い朝、一匹のカタツムリが桜の木の凍った幹をのぼりはじめた。彼がゆっくりと登ってゆくと、一匹のカブト虫が木の割れ目から彼の頭をつついて言った。「おい、きみ、時間が無駄だよ。さくらんぼはいくら上に行ってもまだないよ」。だが、カタツムリは相変わらず登りつづけながら言った。「僕がそこに着く頃にはあるよ」。

このカタツムリの、どこか落ちついた忍耐づよい確信こそ、職業の連続の原理を徹頭徹尾信じている人の内面なのである。心の正しい態度を示すもう一つのよい例は、偉大なバイオリニスト、パガニーニのエピソードのなかに見られる。伝えられるところによれば、彼は二年間債務者として監禁されていた。そこにいるとき、どうしたわけか彼は古い三本弦のバイオリンを手に入れた。このハンデのある楽器でたえず練習することが、彼にゆるされた唯一の時間つぶしだった。彼がついに牢獄から解放されて自由の身になり、再びステージで聴衆にまみえたとき、彼はいまだかつて誰も発揮したことのない激烈さと完璧さをもって演奏した。彼の比類なき妙技が聴衆を魅了したのである。難曲の演奏の最中にバイオリンの弦を一本切断し、たった三本の弦で終わりまで演奏するという彼の前代未聞の離れ業は、この二年間強いられた監禁生活にそのいしずえを築いていたのである。

たしかに、投獄は彼にこのうえない失望を与えただろう。しかし、これに対する彼の反応は消極的でなく積極的なものだった。人間は将来の相当な期間、自ら課したこらしめのカルマのために、また有形の存在としての当然の制約のために、必然的に挫折にぶつからなければならないであろう。しかし、挫折したからといって、尻込みをしたり、進歩を妨げられたり、くじけたりする必要はない。足かせをつけられてもダンスを学ぶことができるし、牢獄の壁にかこまれても歌うことを学べるのである。挫折が不可避な場合は、忍耐づよく、積極的に、ときには喜びをもって受け入れることを学ぶべきである。そうすることによって、時間の母胎のなかにまだ眠っているわれわれ自身の未来の文明を飛躍させるための土台を築くことができるのである。

訳注一　サンスクリット"Tat Twam asi"ウパニシャッド聖典のなかのことば。各個人（汝）がそのまま絶対者（それ）である、との意。

訳注二　Bulwer-Lytton（一八〇三―一八七三）英国の政治家。小説も書いた。

22章　パーソナリティ力学

◎人生は性格の調和あるバランスを要求している
◎前生経験で今生の性格は決定される
◎超意識的人生目的

人生は、おもしろい小説の筋と同様、その矛盾と闘争ゆえに興味深いものである。原始人にとって、闘争は主として自然のもろもろの力や他の人間とのたたかいであった。しかし人間が進化してくるにつれて、その闘争は次第に内的要因から生ずるようになった。この内的闘争は、その時代時代で、善と悪、霊と物質、理性と感情、良心と衝動、意識的心と無意識的心の対立として描かれてきた。

これらの描写にはすべてある真理が含まれているが、輪廻論者の言う完全な意味での闘争の説明にはなっていない。輪廻論からみれば、闘争の根本原因は、霊魂が自分自身をたんなる物質的存在であると誤認するところにある。もっとも霊魂は、自分を進化させるためにこの物質を通して自己を表現しなければならないのだが。

この誤った認識が利己的で差別的な行動を生み、ひいてはこれが復讐のカルマの作用へとみちびくのである。カルマの作用は人間の誤った行為を客観化する。人間はそのなかに閉じ込められて自由を失ってしまう。この自由の喪失が、人間の精神的苦悩の根本原因になるのである。人が自らに課したこの牢獄の見えざる障害との闘いが、内的葛藤の基本型をなしている。

リーディングはこの他にもう一つ、闘争の原因があると明言している。忘れてはならないのは、カルマには復讐と連続の二面があることだ。後者の面からすれば、多くの不調和な要素や衝動も同時に過去から持ち越されるので、それが人間の内面世界にあらたなあつれきの原因をつくるのだ。

リーディングによれば、衝動とはいずれかの前生の経験から生ずる強い欲求や欲望のことである。たとえば、ある人はある前生から音楽への衝動を持ち越しているかもしれない。そしてまた別の前生からは教育への衝動を持ち越しているかもしれない。これらの矛盾する欲求が、職業を選択する場合に彼の意識にあつれきを引き起こすのである。音楽家になるべきか、教師になるべきか、と。彼は、自分が何をなすべきかについて長期間悩むだろう。そしてついには、双方の衝動の結合によるか、またはあらたに心に生じた人生目的にしたがうか、あるいは、ただ経済的な必要をみたす他の職業を選ぶかすることによってそれを解決することになる。

このような矛盾する欲求によって生ずる闘争よりもっとむずかしいのは、衝動が完全に鎮静化されていないときである。たとえば、ある人はある前生において、被征服民族に対し専制的権力をふるったことが原因で、傲慢な傾向をもっているとする。だが彼は、次の人生で貧民窟に足の不自由な子供として生まれたために、この傲慢さはカルマ的に停止し、反対に寛大さと同情心とが誘発された。しかし、この矯正はまだ完全ではなかったために、今生では二つの矛盾する欲求が意識のなかに潜在することになった。それゆえ、この人のパーソナリティのなかには傲慢と寛大の二つの態度が交互にあらわれ、矛盾を呈するのである。この人自身も、次第に矛盾に気づいてゆくだろう。もしそのとき、人間はすべて兄弟であるというような思想が彼のなかに生まれるなら、彼はより意識的に、昔の傲慢が大波のように押しよせてくるのを抑えようと闘争しはじめる。しかし多くの場合、人は自分の矛盾に気づかない。

衝動の矯正が不完全のまま残ることがあるという概念は、リーディングの実例を広汎かつ徹底的に研究すれば肯定される。無数の断片的な手がかりがこの概念の正しさを裏づけている。何人かの個人を、そのライフリーディングに照らして直接に長期にわたって観察すると、このことが確認されるのである。おそらくもっとも著しいのは次の例であろう。

その人のパーソナリティには矛盾する側面が二つあった。第一の矛盾は、あるときは隠遁的で内向的で、沈黙、冷淡、非社交的、学究的、超世間的であるかと思えば、またあるときは愛想がよく、外向的であけっぴろげで、陽気で、官能的であることであった。

リーディングは、この奇妙な分裂は二つの明瞭な経験の流れによると述べた。彼の非社交的な傾向は英国の修道院で修道士をしていたときにつくられ、陽気な性質は中世の十字軍の戦士としての前生でつくられたものである。性格上のこの奇妙な二重性は、えてして人から敬遠されがちなものだ。今日はあけっぴろげであっても明日は冷淡で打ち解けなくなる人間では、人は信用をおくことを躊躇するようになる。

第二のパーソナリティの矛盾は、明らかに衝動の不完全な矯正から生じていた。この人はかつてエジプト王の地位についていたことがあった。もったいぶった傲慢な態度、超然としたほとんど軽蔑的に見えるほどの優越的な物腰は、このときの経験にその源をもっていた。しかし、次の転生でパレスチナに生まれ、イエスという名の大工の感化をつよく受けた。この偉大な師の人格は彼に非常な感銘を与えたので、彼はイエスとの交わりから社会奉仕への強い衝動と、人間はみな兄弟であることを理知的に確信したのである。

彼の場合、現生において優勢なのはこの後者のほうの衝動だった。彼は、ライフワークとして宗教や社会奉仕の分野でリーダーとして仕事をすることを選んだ。福音伝道の新しい方法の樹立者として、彼は今なおたゆまぬ努力をつづけている。また、悩みの相談相手としても彼は親切で、人を助け、きわめて役に立っている。だが、それでいてときおり彼はあのエジプト時代の猛烈な傲慢のとりこになってしまうのだった。なぜなら、この性質がパレスチナやその他の前生で半分しか直っていなかったからである。この潜伏しているものに気づいて、彼はこれを克服しようと一心に努力している。これが彼のパーソナリティの理想と相入れないことを知っているからである。彼は努力をつづけてゆくうちに次第に調和のとれた人間になってゆき、まだあがなわれていない性質も次第に自己完成と奉仕という新しい人生のゴールにそって進歩してゆくのである。

このように、自分のなかの矛盾を自覚して、どのパーソナリティの傾向が一番望ましいかを決定し、その反対のものを克服しようと努力することが、根深い矛盾葛藤を解決する正しい方法であろう。このようなケースを調べてゆくにつれて、人はますますはっきりと「まず人生における自分の理想を定めよ」とリーディングがくり返し勧告するわけがわかってくる。これはきわめて建設的な助言だが、同時にいかにも月並みな、幼稚な助言のように思われるだろう。しかし、慎重に探求し分析するならば、この助言が人格の統合融和に関するいかなる問題においても根本的に重要なものだということがわかってくる。

いったん理想が決まれば、旅行に必要な羅針盤をもったも同然である。これは、無意識の心のなかにあるいかなる矛盾する思想の渦をも調和させ、超越する道具なのである。闘いはなるほど、光と闇の闘い、霊と肉、ないしは善と悪の闘いと考えられるだろう。しかし、もっと近代的な別の表現をもってすれば、それは無意識の深層にある、過去の思考や行為のもつ、まだあがなわれぬ力と、啓蒙された高次の意識とのあいだの闘いなのである。
パーソナリティが直観的に抱いている理想が、霊魂がこの世に転生したところの根本目的――すなわち超意識の人生目標とも言われてよいもの――とぴったり一致している場合もあるだろう。しかし、ときには意識的に決めた人生目的が――それは進化の目的にはかなうであろうが――生まれる前に霊魂が超意識的に決めていた目的に、ただ近いだけにすぎない場合もあるだろう。このことを示す実例を、ジョージ（訳注一）・エリオットにおいて見ることができる。この人は矛盾する衝動現象のすぐれた実例である。この偉大な英国の女性作家を同情的に観察した人々のなかにも、女史がいくつかのある根深い矛盾をかかえていたと見る者が多い。ここに、女史の二つのちがった伝記の抜粋をあげてみよう。

ジョージ・エリオットはなかば清教徒でなかば異教徒であった。そしてこの二面が彼女のなかで融合しなかったので、彼女はたえず悩みと憂うつのとりこになった。ジョージ（訳注二）・メレディスはかつてこう言っている。「ジョージ・エリオットはサッフォー（訳注三）の心情をもっていた。しかし、長い鼻と黙示（訳注四）録の馬の歯のような出っ歯をもったその顔は、動物性をあらわしていた」

ジョージ・エリオット……よく自分の椅子を暖炉のそばまでもって行っては坐っていた、

なよなよした感じの女性。その物腰や態度にうかがわれる魅力ある女性らしさは、彼女に紹介される幸運をもったすべての人の心をとらえた。彼女は気持ちのよい笑いと微笑をもち、声は低くはっきりしており、その性質はきわめて同情心に富んでいた。

エリオットの肖像画にはダルベールの描いたもののほかに、バートンやローレンスの描いたものもある。後者は『アダム・ビード』の出版後まもなく描かれたものである。人間性に対して鋭い観察眼をもつある一人は、後者のほうの画像をじろじろ眺めてから、「この画には彼女の観察の鋭い目の無限の深さを示す何のしるしもあらわれていないし、またときどき目のなかにあらわれた、あの冷淡で陰険な無意識に潜む残忍さをまったく描いていない」と言っている。

これらの観察は、輪廻論者からすれば、ある仮説に還元することができる。なかば清教徒的、なかば異教徒的な欲求は、彼女がある前生を異教徒として送り（ことによったらギリシアの売春婦か歌手か、ダンサーかまたはアテネの政治家の情婦であったかもしれない……）、また他の前生を苦行者（たぶん中世の修道院の修道士）として送ったであろうことを暗示している。そのパーソナリティにおいては、異教徒の衝動はその容姿のために押さえこまれていたわけである。さらに、ヴィクトリア朝時代に牧師の娘として生まれたという環境上の影響が、修道士としての経験から得た正義への衝動を優位にした。彼女の目鼻立ちが粗野であったことは、たぶん異教徒の転生のときに美を濫用したカルマの結果であろう。

ジョージ・エリオットの人格の高潔さと積極的な親切さを知っているものは誰でも、彼女が残忍であったと非難はしないだろう。だが、もし人間性を鋭く観察する人の目を信用するなら、その表情には、冷淡でずるい、無意識の残忍さがときどき顔をのぞかせていたようである。ここで大切なことは、無意識ということばである。輪廻論者の解釈は、このきわめて親切なすぐれた女性の無意識の深層に、ある前生の経験からきた冷淡な油断のならない残忍性への衝動が横たわっていることを暗示しているとみるからである。もっとも、この衝動は現生に生まれてくるまでのあいだに、完全にではないが、ほとんど親切へと変化してはいるが。

パーソナリティとしてのエリオットの意識的な人生目的は、おそらく本を書いたり、人類に奉仕したり、人々のなかに道徳的責任感を目覚めさせたりすることであった。しかし大霊、永遠の自我の人生目的は、これらのどれでもなかった。ヴィクトリア朝の牧師の不器量な娘として生まれた彼女がこの世に生まれてくる際に心に抱いていた目的は、残忍性から親切への進化を完成することであった。あるいはまた好色の罪を償うことや、修道士の知性と、より人道的な価値感との調和を達成するということだったかもしれない。

それゆえ、超意識的な人生目的こそが人生の中心的な統一的原理であり、これがパーソナリティの選んだ表面的な目的やあらゆる外的事象を納得のゆくものとしているのである。この見解が充分に承認されれば、伝記作家は個人の人生の正確な年代記やその表面的なパーソナリティの描写以上のことに関心を向けるにちがいない。彼らの第一の仕事は、パーソナリティの意識的な人生目標と同様、超意識的な人生目標をも発見することになるだろう。第二の仕事は、当人がそのような人生目的を選んだことによって、人生に集中してきたカルマの力を調べ出すことになる。前生から持ち越したいろいろな欲求の相互作用を研究することは、当人の性格の中の矛盾する要素を説明するのに役立つ。もちろん、もし伝記作家が透視能力にめぐまれていなければ、当該者の生涯に関するあらゆるデータを利用して、これを基礎にその人格の構成要素をさぐりあてることが必要だ。また、試みに概要を述べておいたような、カルマの原理に対する徹底的な理解をもつ必要もある。

伝記作家とその仕事に関する概念は、精神科医をはじめ、人間のパーソナリティの分析や指導にたずさわる他の人々にももちろんあてはまる。しかしながら、輪廻論者が思い描く超意識の人生目的と、精神分析学者が一般に抱いているパーソナリティの無意識的な人生目的とを区別することが肝要である。この区別を明瞭にするために、実例として仮想的なケースを考えてみよう。

かりに、いま一人の女性が神経衰弱で精神分析家のところに相談に行くことを決心したとする。分析により、医師はこの婦人がたえず他人を支配しようという欲望をもっていることを発見する。彼女は長いあいだ、愛情の仮面の下で夫と四人の子供に横暴をふるってきたのだが、夫は死に、四人の子供たちも大人になり、彼女に支配されることをいやがるようになった。そこで彼女は、子供たちの独立的な態度を思いやりのない忘恩の態度と考え、自分はないがしろにされ、もはや誰からも必要とされなくなり、生きてゆく理由がもはやなくなってしまったと淋しく感じていた。

分析家は、彼女が子供時代にある事件に遭遇し、それが彼女の感情を非常に不安定にし、それがために他人を支配し権力をふるう欲求を起こさせたのだと判断する。このことが、彼女の無意識の人生目的であったことを示したあとで、医師は子供や他人を支配しようとすることを止めて、何らかの慈善事業に献身するようにすすめるだろう。この婦人はそのときはじめて、自分の無意識的な人生目的が明るみに出されたのを見る。彼女は医者の忠告を受け入れ、そのすすめに従い、ノイローゼを克服する……。

さて、同じケースを輪廻論の心理学からながめてみよう。この解釈は、前者とは根本的に違っていて、幼時よりもはるか彼方の、もっと深いところに彼女の原因があるのだと認める。われわれは、この婦人が今生で他人に権力をふるいたいという強烈な欲望を起こさせるもとになる何らかの経験が前生にあったのだと推定する。傲慢な権力者の座にいたために、その権力の絶対性をもう一度確立しようというノスタルジーを抱いているのかもしれないし、また逆に、いまわしい低い地位にいたために、他人をしのいで自分の価値を確立しようという野心をもっているのかもしれない。どちらにせよ、彼女は横暴をふるいたいという衝動を前生から持ち越しているのである。これは無意識の衝動であり、おそらく無意識の人生目的であろう。だがこれは、輪廻論者の考えている超意識的な全体的な人生目的とは等しくない。

この婦人が生まれる前に心に描いていた全体目的は、他人を個人の所有物とみなしたり、自分の意志に従う無力な従属者とみなすことができないこと、つまり、自分と人を互いに生かし合う方法を学ぶことであっただろう。そして、この強力な支配欲を克服するすべを学ぶために、もともとの人生計画のなかに、子供の反抗であるとか、家庭における支配の崩壊や、その結果生じる神経衰弱などが含まれていたのだろう。

したがって、輪廻論による精神分析家は、一切の人生経験は、誕生前に、大霊すなわち永遠の自我によってたてられた人生のプランと一致していると考える点で、通常の精神分析家とはちがっているのである。もし、パーソナリティが、生活環境から与えられる教訓を反抗心をもたずに受け入れるなら、失望は不必要である。挫折が生じるのは、ひとえに完全に行き詰まって自分の頑固さが解体され、行動が大霊のたてた人生目的に一致するように導かれるためである。

精神分析が一般に考えている無意識は、自分（エゴ）を孤立した存在だとみなしているために、自己の安全と自己保存のために利己的で唯物的な目的をもつとされているが、それに対し、超意識の人生目的は、霊性の獲得や霊的教訓の習得をめざす非物質的なものである。もしパーソナリティが、自分がこの世に生まれた内的目的を自覚するなら、意識的な人生目的は超意識の人生目的と一致し、進歩ははるかに速くなるだろう。そうなれば、パーソナリティは人生が与える教訓的経験にそれほど抵抗を企てなくなる。

無意識には、その深層にときとして互いに矛盾する衝動がある。これは、輪廻論者の心理学において基本的で重要な概念である。この概念にはいくつかの重要な意味があり、これは現代の心理学の領域に光を投ずるであろう。というのは、一つにはこれが、二重人格あるいは多重人格という重要問題に解決を提供しているからである。

二重人格は、それを理解する上で、スティーブンソンの『ジキル博士とハイド氏』が一般に広く知られている。一般にはあまり知られていないことだが、実際には三重人格、多重人格もあって、異常心理学のケースとして頻繁にあらわれている。また、パーソナリティの変化の多くはほとんどジキルとハイドの変化と同じくらい劇的である。欧米の一流の心理学者はこの問題に興味をもっているが、これらの現象に対する決定的な解明はまだ与えられていない。

ケイシー・ファイルには、この種の異常性格の実例がないので、ケイシーがこれに対してどのような説明を与えるか確信をもって言うことはできないが、他のデータにかんがみて、次の二つの可能性がパーソナリティの変化に対する説明となるだろう。

一つの可能性は、連続的に一つないし二つ以上の死後霊に憑かれるということであり、もう一つの可能性は、その人の前生のパーソナリティの記憶が異常に押しよせてくることである。われわれが前者の可能性を推論するのは、精神異常者のなかに、ケイシーが憑依霊にその原因を帰している例が若干あるからだ。これらのケースは部分的で単一の憑依霊のケースであるが、完全な憑依、多重憑依もあり得ることを反証するデータはない。次に第二の可能性――つまり他生からの記憶の襲撃――は、一つの人生から他の人生への衝動の持ち越し現象の延長として考えられる。

前生の衝動の概念がもつ重要な意味は、心理学で「心的特性の特異性」と言われているものと関係がある。心理学者は、人間の心的特性は一般的であるというよりも、むしろ特異的であると考えている。たとえば、「正直」は絶対的な一般的性質ではなく、むしろ個々の特性の集合ということが明らかにされている。たしかに「正直」は有力な倫理的概念だが、これが人間によって実際の行動に移されるときには単一のものではなくなる。一人の人間のなかには一つの絶対的な正直があるのでなくて、金銭にかけての正直、試験にかけての正直、ゲームにかけての正直、会話にかけての正直、人間関係にかけての正直、その他いろいろな個別の正直があるのだ。

心理学者はこの正直の反応の特異性を、当人が両親や先生からある特定の状況に反応するように訓練されたために、そこから得た失望や満足の経験がそういう面の将来の反応を条件づけたのだと説明している。これは合理的な説明であり、われわれのなかにある性格上の矛盾を納得させてくれる。

しかし、輪廻論者の立場からすると、心的特性の特異性はたんに個人の人格形成期における失望や満足にのみ帰せられるべきではなく、多くの前生における教訓的経験にも帰せられるものなのだ。金銭上の正直さの教訓については、不正直な行為が発見され公にされたというようなまことに不名誉な経験をとおして徹底的に学んだのに対し、人間関係についての正直さの教訓は何も学ばなかったということはあり得ることだ。また、人間の生命への思いやりの教訓については学んだが、動物の生命のそれについては何も学ばなかったということもあり得る。

このような性格上のむらはすべての人にあることで、輪廻論者の心理学に照らしてみるといっそうよく理解される。あるきわめて誠実で善良な青年は、たとえば世界平和や普遍的社会正義に深い関心をもっている。こういう人は、誰かとの議論が白熱したときなどに、「あなたの性質は根っから残酷だ」などと言われようものならカンカンに怒るだろう。彼はこの非難を信用せず、むしろ自分を非難するものを軽蔑する。しかし何ヵ月か後に、ある尋常ならざる状況に置かれることによって、彼は自分では気づかなかった残忍性がじつは彼の性質のなかに実際にあることに、そしてそれは他人を支配しようという衝動や、彼らに慰めを与えるような信仰をすべて抑圧しようという断固たる努力としてあらわれていることに気づくことがある。この思いがけぬ自己認識は彼をゾッとさせる。彼は、一般の人々に対しては慈悲と理想主義をもって接しながら、ある特定の人々に対しては非道な敵意をもっている自分が理解できない。彼は、自分はもしかしたら、あいつが言うように根っから残酷な人間で、自分の理想主義的計画はことごとく自己欺瞞の偽善行為なのであろうか、と疑うようになる。

あるいは、自分はいつも物惜しみをしたことがないと考えていた金持ちの婦人の例をみてみよう。ところがこの婦人も、物惜しみしないのは食物とか衣類とか金とかいう物質面だけでのことであって、他人の行為を批判することにかけては非常にきびしいということに突然気づき、良心の苛責に耐えられぬほど驚くのである。

こうした発見は、心理的に成熟した人々のあいだでは普通で、また厄介なものである。このために自信が動揺し、自分の誠実さを疑い、極端な場合には努力が麻痺してしまうこともある。このような内省の苦悩は、人の成長にとって有用な段階である。性格のむらは霊魂の過去のさまざまな経験によることがわかれば、不安は消え去ってしまう。われわれがこうした考えを受け入れるならば、心の分裂も平然とながめられるようになり、そのでこぼこを平たくすることが自分の力でできると静かに悟るようになる。事実、人生の苦しい経験はこうした円滑化をもたらすことを意図されていることは確かだ。つまるところ、霊魂はあらゆる領域を経験することであらゆる素質を学び取らなければならないのだ。

だが、われわれは一度に何でもすることはできない。学校が週に五日で一年に九ヵ月しかないのは、充分そうする理由があってのことだ。同じように、われわれの内にあるまだ引き出されていない資質を引き出すには、多くの人生を要することも充分理由のあることである。

こうした傾向が、心的特性とか動因というような心理学用語で呼ばれるべきか、それともケイシー・リーディングの場合のように衝動と呼ぶべきなのかは、重要な問題ではない。衝動のむらや衝動間のあつれき、またその不完全な矯正などが徹底的に理解されるとき、自己に対する理解も他人に対する認識もはかりしれぬほど深化されるだろう。

さて、前生からの衝動の存在を知ることにはもう一つ意味がある。これは無罪の錯覚と呼ばれるべきものと関係がある。人間は何世紀にもわたって原罪の問題で悩んできた。多くの哲学者は、幼児の本性が生来善であるか悪であるかの問題に真っ向から取り組んできた。プラトンは、幼児の心は前生の存在状態の記憶で満たされていると考えた。ロックは、幼児の心は白紙で、その上に感覚が印象を書き込み、それがもろもろの考えへと概念化されるとした。神学者は、すべての幼児はアダムとイヴの原罪で汚れていて、それは正しい聖体拝領によってのみ償われると考えた。

この問題への輪廻論者の見解はこうだ。「すべての人間はたしかに罪の遺産をもって生まれてくるが、それは自分自身のつくった罪で、アダムとイヴの罪というような比喩的な性格のものではない。罪は過去のわれわれ自身の行為から生じるのであって、洗礼やその他の教会の儀式によって浄めることはできない。もちろん、そういう儀式にはそれ自身の象徴的な価値や目的があるが、儀式が象徴している意識の変化の代用になると考えることはできない」。

オルダス・ハクスリーは、アフリカから黒人が連れてこられ、非人道的な取り扱いを受けているのを助けるために生命を捧げた、十七世紀のスペインの聖僧ピーター・クレーヴァーが、しばしば黒人に自分たちの罪を思い出させようと強制したことを述べている。このような強制は一見不当のように見える。「だがそれでもピーター・クレーヴァーのしたことは間違っていなかったのである」とハクスリーは言う。「自分がいる環境がどんなものであろうと、人間は償わなければならぬ怠慢の罪と積極的に犯した罪とをだれでももっているのだとクレーヴァーが主張するのは正しい。もっとも残酷な取り扱いを受けている者にとっても、自分自身の欠点を思い出すようにするのはよいことであるとクレーヴァーが信じているのは正しいのだ」とハクスリーは言っている。

ハクスリーはここで、無罪の錯覚とも言うべき非常に重要な問題を突いている。われわれはたいてい、自分が犯した罪よりも人から受けた罪のほうが大きいと考えている。自分が悪口を言った以上に言われていると感じ、みな自分は罪がなく善良だと考えている。これは、一部には神によってつくられたものが生まれながらにもっているうぬぼれのためかもしれないが、おおかたはわれわれが忘却の川に浸ったからであり、邪悪な過去が思いやりある自然の摂理によってわれわれの目から隠されてしまっているからである。

「私はいつでも人に親切にしてきたのに……私はなんという取り扱いを人から受けているのでしょう。人間って忘れっぽいのね！」とこぼす女性がある。ごもっともです。あなたは今生では親切です。なぜならあなたは美しくないので、男の愛をうける唯一の道は親切を行うことであると知っているからです。しかし、それはただあなたが今生で新しく育成した美徳にすぎません。美しい薄情な肉欲の女としてのあなたの前生をごらんなさい。あなたはそのときに蒔いたものをいま刈りとっているのです。あなたに対する人々の取り扱いは、人間が忘恩の徒であるということの証明にはなりません。それはたんにあなた自身がかつて人を取り扱ったやり方が、あなたにはね返ってきているにすぎません。あなたは今生ではいちじくを蒔いてきましたが、前生に蒔いたアザミを刈りとっているのです。これから何回も生まれ変わってゆくうちに、今蒔いているいちじくを収穫するようになるでしょう。それまではアザミをあなたが受けるべき収穫として受け、いちじくをせっせと蒔きつづけてゆくことです。

人間の性格を敏感に読むことのできるものは、本人の気づかぬ性格上の浅瀬や危険な深みがどこにあるかを見抜くことができるだろう。ある人々には潜在的な憎悪が、他の人々には略奪的な支配欲が、またある人には氷のような冷淡さがみられるかもしれない。若さや美や富、知的能力、官能の満足、世俗的な富やいんぎんさなどに自己満足しているパーソナリティは、自己の内部にこれらの悪徳をかかえていることに気づかない。しかし、それまで自分を支えてきた外側の防護壁がゆらいで崩れると、自己の内部に深くかくれていた邪悪なものがあらわれてくるのに気づき、その償いを強制する状況に対面するようになる。

苦しい経験が生じると、パーソナリティは、私はこんな目にあうようなことを何もしていないのにと、不平を言いたがるものである。しかし、罪がないと思っているのは錯覚にすぎない。こういう人の論理は、両親を殺して裁判にかけられたときに罪を告白しながら、「私はみなしごです。助けて下さい」と命乞いをしたフランス人の論理と同様に、ナンセンスである。パーソナリティは自分の罪を告白しない。まったくそれに気づいていないからだ。でも彼は、自分はみなしごだからといってあわれみを乞うている。しかも、そうなったのは自分の犯した罪のせいなのだ。彼はたしかに罪を犯したのだ。でなければ不幸が彼におそってくるはずがない。自分の内部に潜在的な悪をもっていて、それが波状的に不幸をたぐりよせるのでなければ不幸はやってこない。

性格の変化は人生の変化流転のもつ（それが戦争とか疾病とか洪水のような外的災難であれ、あるいはまた微妙な心的緊張や闘争であれ）啓蒙が目的である。心理学が進化の螺旋階段に立ってこれらの人生の浮き沈みの目的を認めるならば、それは偉大な進歩をとげるであろう。

同様に、宗教の実践家も――僧侶、牧師、ラビ、バラモンなどを問わず――人間の人格に変化をもたらす人生の作用（内的及び外的な）に対し徹底的な理解をもつべきである。そうなれば、絶望のなかにある人が、彼らの人生における悲劇の意味をたずねるとき、彼らは真に科学的な基礎の上に立って、代数の方程式を解くかのように明解で緻密な説明を与えながら、彼をなぐさめ力づけることができるだろう。

訳注一　George Eliot. 英国の女流作家 Mary Ann Evans（一八一九—一八九〇）のペンネーム。数多くの小説を書いたが、『アダム・ビード』『サイラス・マーナー』などは特に知られている。

訳注二　英国の作家。George Meredith.（一八二八—一九〇九）

訳注三　紀元前六百年頃のギリシアの女流詩人。

訳注四　黙示録　六章一節—八節及び、黙示録十九章十一節—十六節

23章　カルマの諸相

◎社会制度上の義務を果たすことでカルマになるか
◎大衆は社会悪の罪を分有する
◎カルマの思想が社会に安全と発展をもたらす

輪廻とカルマについてはじめて知った人は、たいてい、これらが遺伝とどういう関係になるのだろうかと疑問に思う。遺伝についてすでに明らかにされている多くの事実は、ほとんどみなカルマから推定される事実と矛盾するように思えるからだ。しかし、じつはちっとも矛盾していない。ケイシーはかつてこのことについて、非常に興味ある比喩を用いた。ある人が、リーディングの一番最後に「私は両親のどちらから多く遺伝を受けているでしょうか」とたずねた。その答えは「両親よりもあなた自身から一番多く受け継いでいる。両親は霊魂が流れるときの水路にすぎない」というものであった。

遺伝の法則がカルマの法則に対して従属的な役割を演じているという事実は、別の比喩を用いても説明される。アフリカの原住民がジャングルからニューヨークの町に連れてこられ、そこではじめて劇場の入口のひさしを見たと仮定しよう。彼は看板をふちどる小さな白い電灯が、あたかも互いに追いかけっこをしているようにたえず運動しているのに気づくだろうが、それはまるで電球がめいめいとなりの電球にぶつかって、そのあかりが次から次へと松明《たいまつ》のように引きつがれてゆくように見えるにちがいない。各々の電球のつく原因がその前の電球のなかにあるように見えるということだ。

しかし、これははたらきがそう見えるだけのことであって、実際にこの場合は各々の電球が望みどおりの連鎖的効果を発揮するように、一秒の狂いもなく正確についたり消えたりすることに因果関係の原理がひそんでいるにすぎない。

どんな比喩も正確なものではないが、この場合もその例に漏れない。しかし外観上の因果関係は、その奥にあるさらに深い事実と一致していないことを示す点では充分だろう。肉体的な遺伝の流れは、劇場の入口の看板に光の流れがあるように見えるのと同じだ。他の磁力の法則がはたらいているために、霊魂は自分の要求にもっともよくこたえてくれる家族や、これなら大丈夫とおもわれる肉体に確実に惹かれるものなのである。

したがって、遺伝や他の肉体的近因は、実際はカルマの法則という磁力的強制力に従属しているのである。すべての人間の傾向を遺伝に帰し、すべての人間の病気を肉体的原因に帰することは、この見解からみれば、宴会に招かれた客がいいもてなしを受けたとき、給仕に礼を言う見当はずれに似ている。なるほどテーブルに料理を出すのは給仕であるが、給仕は主人の命令に従ってそうしているにすぎないのだ。

カルマに関して通常持ち出されるもう一つの疑問は倫理的なものである。4章で述べた盲目のバイオリニストの場合、その盲目の原因は、前生でペルシャ人だったときに焼きゴテで敵の目をつぶしたことにあると言われた。こうなると次のような疑問が当然生じる。それは、その時代の慣習上行なった行為に対して、どうして道徳的責任を負わなければならないのかという疑問である。社会的義務を果たしたにすぎないのに、どうして刑罰を受けなければならないのか。

たとえば、フランスの断頭台の首切り役は国家によって雇われている。刑務所で電気死刑を執行する者も同じことである。この人たちは、刑法の定める死刑を執行したことに対して個人的に責任があり、来世でいつかカルマのこらしめを受ける必要があるのだろうか。もしこれに対する答えが「ノー」であるならば、ペルシャ人が戦争で敵の捕虜を盲目にしたことも、これと何ら変わりがないのではないか。

これらはもっともな疑問である。これに対する部分的な解答はすでに11章で示しておいた。つまり、カルマを決定するものは行為でなくて動機であり、文字でなくて精神であるということとだ。だが、これに加えて社会的な罪というようなものがあるということも大いに考えられる。もし社会の慣習が最終的な意味で誤っているなら、その社会を構成するメンバーはみな、その罪をある程度ずつ分有しているからである。もし究極の倫理的意味において、他人を奴隷にしたり殺したり傷つけたりすることが悪ならば――古代の知恵は他人の自由意志を侵害することは絶対的な悪であると説くのだから――このような社会に属するすべての人に罪がある。たとえ積極的に罪がないにしても、消極的にはある。そしてこの罪は、もし彼らが慣習のもつ道徳的意義を自覚していながら、しかもその悪を除かずに漫然と放置しておくなら、ますます大きくなる。また、もし彼らが積極的に悪を犯すなら、彼らの罪はそれだけ重くなる。

国同士の戦いで、たまたま捕虜になった敵の目を焼きゴテでつぶすのはたしかに残忍な行為である。もしもこの仕事を任命されたものが、このような残忍な行為を自分としては回避したいと思いながら族長に対する義務感から仕方なしにしたのなら、彼はおそらくカルマのこらしめを受けることはないだろう。だが、もし彼が自分の務めを心のなかで是認していたならば――その慣習の残忍性に対応するような残忍性を彼自身もっていたとするなら――彼はカルマ的原因をつくってしまうであろう。この問題は、（訳注一）バガヴァッド・ギーターにおいて見事に取り扱われている。これは、カルマの概念を中心とする新しい行動の倫理を樹立することに関心をもつ人なら誰にでもすすめたい、非常にすぐれた書物である。おそらく西欧の読者にとってもっともよいバガヴァッド・ギーターの版はスワミ・プラバヴァナンダおよびクリストファー・イシャウッドの共訳になるオルダス・ハクスリーの序文つきのものであろう。

その主な論点は次のようなものである。

行為に個人的関心をもたず、超然としていることのなかに、未来のカルマをつくらぬ秘訣がある。愛といえども、非個人的な愛、中立的な愛、執着のない愛、愛をもって遠ざかっている愛でなければならない。そうでないと未来に新しいきずなをつくることになる。

もし前述の盲人が古代ペルシャで敵の目をつぶす義務を、賢者がすべてのことを行なうときのような犠牲的精神をもってしたなら、また己の残虐な支配欲を満足させることを考えないで遂行したなら、カルマはつくられなかったはずである。そこでわれわれは次のように結論せざるを得ない。つまり、彼が現実にカルマの結果を受けている以上、社会的習慣によって強制されたその職務上の行為を心理的に肯定した罪を犯したにちがいないのである、と。

リーディングは、出産の際の損傷から障害を生じたいくつかのケースに対して、カルマに原因がないとことをはっきり言っている。このことは、カルマの概念を完全に理解するうえで肝要なことであり、もっと綿密に調べなければならない。輪廻を信ずる者のなかには、因果関係が過去にあるために、因果関係のすべてが過去にあるものと誤解している人がいる。つまりこれらの人々は、現在の不幸や病気は、すべて前生の罪から授けられたものであると信じている。が、これは誤った信仰である。因果関係はごく近い過去にある場合も、遠い過去にある場合もある。そのうえ、その原因の段階も、肉体的、感情的、精神的、倫理的などさまざまである。
この他に考慮に入れておかねばならないことは——少なくともケイシー・リーディングを基礎にするならば——偶然という要素が万物の創造の際ですらありうるということである。ときには、出産の際の損傷や後年になってからの怪我が、その人自身によってつくられた原因と本質的に何ら関係をもたない、純然たる偶然である場合がある。
たとえばここに、十歳の女の子で、幼児の頃から片方の眼が見えず耳が聞こえない子のケースがある。この子のフィジカルリーディングの一部を以下に引用してみよう。

なんという悲しい状態だ。しかし、これはカルマではなく偶然である。看護婦が清潔にしていなかったために、生まれてからまもなく起こったことである。そのとき使った防腐剤のようなものが目と耳に作用して炎症を起こし、そのためにはたらきが駄目になってしまったのだ。

高位鉗子を使った分娩の際の傷がもとで精神異常になったもう一つのケースには、次のような助言が加えられた。

よろしい――われわれはここにその体を捉えた。

これは医者がへまをしたのだ。この人に原因があるわけではない。結局このために誰かがこの高い代償を支払わなければならない。

この人の場合は、長期間にわたり辛抱づよく治療する必要がある。しかし、できるだけ早い時期に環境を変えることだ。


ときおり、怪我人や病人が、その原因がカルマにあるのではないかとたずねに来ることがあった。こうした場合のリーディングを二、三、ここに紹介してみよう。

吐血《とけつ》した人が「これはカルマからきたのでしょうか、それとも私の現生のなかに原因があるのでしょうか」とたずねた。これに対する答えは「刺激の強い食物をとりすぎたためである」であった。

耳なりの持病をもつ患者が同じような質問をして、次のような答えを得た。「これは純然たる肉体的原因で、カルマのためではない。頭を使うことをやめ、頭と首の運動をすることだ」(この頭と首の運動というのは、視力や聴力の回復のために勧められた三つの簡単な動作から成る運動のことである。)

十五歳のとき事故で片脚を失った男が、「この災難はカルマの負債のためですか。もしそうなら何ですか」とたずねた。答えは「これはあなたの心の目をひらくために必要な経験である。何かの支払いをするためではなく、あなたを解放する真理を学ぶためだ」

右手を怪我したもう一人の人も同じ問いを発したが、「これは霊的な原因でなく、まったくの偶然だ」と言われた。

進行性の筋萎縮症を患っていた一人の男性に対してなされたリーディングは、次のとおりである。


この病気は大半が胎児のときにつくられたものだ。しかし、これは祖先の罪でもなければ本人の罪でもない。この人が今生で忍耐と堅実という教訓を学ぶためのものである。

だから、みじめな外観のためにいたずらにふさぎこまぬよう気をつけよ。心がつくり手であることを忘れてはならない。


これらの実例から、災難のなかには文字通りの「事故」が含まれることが明らかにされた。犠牲者はいかなる意味においても因果の発動者ではなかった。また、このような偶然の事故は万事に当てはまるものではなく、まったく例外的なものである。しかしながら、それは霊魂に成長と新しい力を獲得する機会を与えるものとなる。

じつは、引用した二つのケースについてのリーディングは、キリストが盲人についての弟子の質問に答えたことばと期せずして非常に類似した内容をもっている。(ヨハネ伝九章一〜三

節)

さて、イエスは通りすがりに、生まれつき目の見えない人を見かけられた。弟子たちがイエスにたずねた。「ラビ、この人が生まれつき目が見えないのは、だれが罪を犯したからですか。本人ですか。それとも、両親ですか。」イエスはお答えになった。「本人が罪を犯したからでも、両親が罪を犯したからでもない。神の業がこの人にあらわれるためである。」

このくだりはいろいろな点できわめて興味深い。弟子たちが「この人が生まれつき目が見えないのは、だれが罪を犯したからですか。本人ですか。それとも、両親ですか」とたずねたということは、弟子たちが、霊魂は肉体の誕生前から存在するという思想に通じていたことを示している。

ここでイエスが与えている答えは、しばしば輪廻に反対する者によって論拠として引用されるのだが、これに正確な解釈を加えることはできない。なぜなら、意味が曖昧《あいまい》だからである。

聖書は、もろもろの出来事について人々が記憶をたどって書いた記事の翻訳のまた翻訳である。それゆえ、翻訳を重ねるうちにまったく正反対の意味に変わってしまったケースがしばしばある。したがって、今日読まれている聖書がキリストの教えをそのまま正確に伝えているということはありそうにない。心理学は人間の証言がどれほど不確実なものであるかを明らかにしているが、心理学の研究からみても、聖書がキリストのことばを正確には伝えていないことが納得される。それゆえ、聖書のこの個所も、もとの記事が（故意にせよ偶然にせよ）変化してしまった何百という個所の一つであるかもしれないのだ。

しかしながら、もし先の盲人についての質問の答えがイエスの言われた意味をいくらかでも正確に伝えているとするなら、イエスの答えは前述の右足を失った人や進行性筋萎縮症の患者に対するケイシーの答えとほぼ同じであると結論せざるを得ない。

18章で、カルマの理由のために障害児の父親となったケースを見たが、父親自身は別に積極的に残忍の罪を犯したわけではなかった。この人はただ消極的な無関心の罪を犯したにすぎなかった。この間接的なカルマによる経験は、おそらく彼の性質をもっと敏感にさせ、人々の悩みにもっと心を向かせるために彼にやってくる一連の経験の最初のものなのかもしれない。彼がその経験にどのように取り組むかによっては、その後に続く経験はますます直接的で深刻なものになるかもしれない。この解釈からするならば、もし彼が親として現生で学ぶべき教訓を我が身のこととして学ばなければ、おそらく後の人生で、彼自身が何かの苦しみを経験することになるだろう。この肉体的苦悩は、彼がそれを直接他人に負わせたから彼のところにくるのではなく、彼のパーソナリティの浅薄な部分を敏感にするためにくるのである。

なおわれわれは、イエスや弟子が出会った盲人や、先述の片足を失った患者、進行性筋萎縮症の患者などが同じ理由で悩んでいたと想像することができる。とにかく人生の悩みは、それがカルマに原因があろうとなかろうと、つねに霊魂の成長の機会であることを認めなくてはならない。ただし、カルマ自体はけっして宿命的に解釈されてはならない。それは盲目的な無慈悲な力ではない。カルマとは、ひとたび制御ボタンを押したなら、あとは自動的に精密に動作する機械のようなものではない。

なるほどカルマは精密な法則である。しかしその目的は、道をふみはずした霊魂を再び宇宙の存在法則と一致させるように導くことにある。それゆえ、もし霊魂が自らの欠点を自覚して意識的にすすんで自らを調整しようとするなら、その努力によって獲得される進歩は、カルマが与える効果によって成し遂げられる進歩とだいたい等しいだろう。

カルマの目的は、霊魂の誤りをただすことにある。つまり、原稿を印刷するときにあれこれ細かな誤りを修正するのと同じ意味の訂正である。もしカルマの真の目的が教育であり矯正であることを悟るなら、このこらしめが気まぐれな無情なものでないことも理解される。したがって、ただこらしめを受動的に受け入れるという態度ではなく、自分の置かれた窮状のもつ霊的教訓を学ぼうと積極的に努力することが肝要である。

この点では、運動の法則が非常に教訓的である。物体が運動しはじめると、それはある一定の線に沿って動いてゆく。もしはじめの運動の方向とはちがった方向から別の力が加えられると、その物体は新たな線に沿った運動を開始する。つまり、二つの衝撃の合力に従うわけである。この場合、エネルギーは失われていないし、この新たな運動はいかなる法則にも違反していない。一つの方向の力が他の方向の力を応用することによって変化させられたにすぎない。カルマもこれと同様である。新しい方向の力が加わることによって（この場合の新しい力とは正しい考えとか正しい行為であるが）、カルマの方向は修正され変化し、その力は弱められる。したがって、カルマに関していい加減な放任主義の態度をとることは、正しくないばかりか自滅的でさえある。

このことは、自分自身を考えてみると納得されることだが、他人のカルマ的な事態に対してとるべき態度を考えるとき、新しい倫理的課題が生じてくる。すでに11章で、カルマの作用を承認することは、必然的にある社会的ジレンマに導かれることが証明されている。前生における権力の濫用が現在の貧困と窮状の原因になっていることも、若干の例によって示されている。もしわれわれが、悲劇的な苦悩の大部分が何らかの過去の道徳的怠慢にその起源をもっていることを信じるならば、悩める人々にはいかなる態度を、他の人々の社会的窮状にはどんな態度を取ったらよいのであろうか。

科学的な論理をもって「あなたは自分が当然悩むべき悩みを悩んでいるのです。私にはあなたが当然の報いを受けているので干渉することはできません」と言って、さっさと立ち去ってしまうべきであろうか。同情が時代おくれの感傷であり、愛もカルマの原理によって流行おくれの美徳になったと考えていいものだろうか。

これらの疑問に対しては、性急に感情的に答えを出そうとしてはならない。もし近視眼的な感傷家が、極悪な殺人犯を六ヵ月後に仮釈放してやるべきだという判決を下したならば、この犯人は自分に必要な教訓を学ぶことはできないであろう。また、甘すぎる教師が毎日三時間も早く授業を切り上げたのでは、一年の教科割当てを完了することはできない。また子供は、父親が加える正当な罰を甘い母親がいつもゆるめてしまうならば、従順を学ぶことはできない。障害とか不幸の形で人間に加えられる拘束は、じつは宇宙の教育目的のあらわれだと知るならば、宇宙法則が働くのを邪魔することはできないはずである。

たとえば、恐ろしい病いの犠牲者として貧乏のどん底にあえぐあわれな人間がいる。この人々を見るとき、同情心がひしひしと胸にせまってくるのを感じる。しかし、カルマを基礎とする物の見方を受け入れると、その悩める人を別の角度からながめることができる。想像力を過去に向けると、現在という狭い舞台のカーテンの陰に、現在の役者たちが別の役割をあてがわれ、別の衣裳を身につけて別の時代に生活しているのを見ることができる。

ファイルの例から類推するならば、足を動かそうとするたびにゆがんだ引きつりをおこす哀れな患者は、ロシアの帝政時代の傲慢な王子であったかもしれない。背が高く、男性的で好色で残酷な変質者の……。莫大な富のなかであぐらをかき、その富を生み出す農民の貧窮には冷たく無関心で、自分の体力を自覚するゆえに他人に尊大であり、肉欲の満足においては破廉恥で、女の使用人に対しては非人道的で、彼の不興をかった連中を虐待することにおいて無慈悲であったのが彼の過去のパーソナリティの姿であったかもしれない。われわれは彼のまわりに、王子の独裁的な気まぐれのためにシベリアの荒野に送られてくちはててしまった人々の屍《しかばね》を見ることができる。また、引きつった顔やくぼんだ目に、農奴の生活の悲惨と飢えを物語っている子供たちが見える。このいまわしい地獄絵をながめるとき、この男がいつかどこかで自分の犯した罪の償いをさせられればよいと、心ひそかにつぶやくのも無理はない。

こう願うやいなや、われわれは現実に引きもどされる。そしてもう一度、前に心から同情した足の悪い男をながめてみる。人はこの男に対して前と同じく無条件に同情をよせることができるだろうか。「私にあなたを助けさせて下さい」と言い得るだろうか。

この一つの例が普遍的な論理に置き換えられたと仮定してみよう――いやしくも輪廻の見解を承認するならば、結局はそうしなければならないのだが……。そのときわれわれは処世上ただちに真正面から取り組まねばならない、非常に重要な心理的、倫理的、社会的問題を発見するのである。社会学の体系を研究したことのある読者ならば、この問題が少なくとも一つの国、つまりインドで、すでにある解答が出されているのを思い出すにちがいない。この問題は、輪廻の思想に触れてまだ日の浅い西欧人には最近ようやくクローズアップされてきたものだが、インドでは何世紀も前から解決済みのものである。

インドの大衆はこの問題の解決にあたって、天罰には不干渉という態度をとっている。インド人が悩める者を一見冷淡にながめ、よるべなきものを排他的に取り扱っているように見えるのは、大部分ここに理由がある。

インドの階級制度は、偉大な立法者で哲学者であるマヌの古代法典の上にたてられている。マヌはプラトンと同様、社会は当然職業上のある必要な階級組織に分けられねばならないと説いた。この教えが社会習慣になり、この習慣が社会秩序に結晶したのである。そして民衆の九〇パーセントが文盲であるために、伝統と迷信が手をたずさえてこの習慣の結晶を偏狭で厳しいものにしてしまったのである。

もっとも卑しい召使いの仕事をする人々から成る最下層の階級は「不可触賤民」と呼ばれている。これは、彼らがそのような下層社会に生まれたのは、前生の傲慢や悪業の償いをしなければならないためであるという論理からだ。

カルマのわざわいが生じるのにまかせて干渉しないという論理は、ここから生まれるのである。カルマは必然的に今生で置かれるべき状態にわれわれを引き寄せるというヒンズー教の第一前提を承認するならば、また社会の階級制度という彼らの第二前提を承認するならば（これはカトリック教会においても信奉されている宇宙についての超自然的真理に基礎を置いたものだが）、彼らの結論が論理的であることが理解されるのである。

だが、こうしたすべての論理をつくしても、この解決はいささか悲しいものに思われる。この立場からするならば、人間はライプニッツが言う単子のように、各々が他の単子の進歩に関心をもたず、自己にとじこもりながら宇宙のなかで自分自身の意志とそれ自身の軌道を追っている、窓のない小さなカプセルになってしまう。

このジレンマを熟考するとき、人は「私は座して世のあらゆる苦悩をながめる」というホイットマンの詩を思い出すであろう。

私は座して世のあらゆる悲しみを見渡し、あらゆる苦難と恥辱をながめる
私は自らの行ないを恥じて苦しむ若人たちのひそやかな衝動的すすり泣きを聞く
私は母親が下積みの生活のなかで子供たちから虐待されて絶望し、やせ衰えて死にかかっているのを見る
私は妻が夫からしいたげられているのを見る
私は若い女を堕落にさそう裏切りものを見る
私は隠そうとしてもあらわれる嫉妬や報いられぬ愛のうずきを感知し、それらの光景を地上に見る
私は戦争、病、圧政のしわざを見、殉教者と囚人を見る
私は海に難波船を見、船員たちが仲間のいのちを助けるために誰がいのちを捨てるかをサイコロで決めているのを見る
私は傲慢な人間が労働者や貧乏人や黒人たちに投げつける侮辱とはずかしめを見る
これらすべての尽きることなき賎しさと苦悩を私は座してながめ、見、聞き、沈黙する

ホイットマンは輪廻の信奉者であった。このことは彼の伝記からくみとることができるし、また彼の詩のなかのはっきりしたかずかずの証拠から知ることができる。そして、果てしない世の苦悩をながめる彼の、崇高な超然たる態度と沈黙のなかに、あらゆる結果のなかに原因を見、あらゆる原因のなかに結果を見る人の真の英知を認めることができる。無為は哲学につきものである。だがこの無為は冷淡や怠慢からのものではなくて、因果の鎖のなかに本質的にある必然性を見る能力から生じた無為である。ホイットマンのこの詩は、人間に必要な苦悩を前にしたときの「沈黙の無為」という英知を宣言したものに等しいものである。

しかもわれわれは、ホイットマンが南北戦争の戦場で看護人として数年間奉仕したことを知っている。彼の一見奇妙でほとんど孤高ともいえる人生は、孤独のなかから自分を与え尽くす人生でもあったのである。したがって、この詩は彼の世界観のすべてを表現したものではなく、むしろその一部をあらわしたものにすぎない。それは一種の気分であり、山の頂きからの眺望であり、またおそらく彼の日常生活のもっとエネルギッシュなメロディーと対照をなす低音の伴奏なのである。なぜなら彼の人生は、悩める同胞に対する無為の人生ではなかったからだ。これは彼が、愛という偉大な徳を高度にもっていた証拠である。無関心の論理はきわめて知的に合理的に響くが、これを超克するものは愛である。これはじつにキリストの中心的意味である。癒しと教えに捧げられたキリストの生涯は、悩める者の罪がいかなるものであろうと、人は彼に助けの手を伸ばさなければならぬことを、身をもって証明したものである。もちろん、エドガー・ケイシーの超意識的な心はキリストと同じカテゴリーのなかに置かれるべきではないが、心に悩みをもつ者、肉体に苦しみをもつ者を四十年の長きにわたって助けたことは、他者を思いやるキリストの精神を実証するのに充分であろう。

多くのリーディングに一貫して見られるもっともいちじるしい特徴は、第一に、人生を底辺で厳正に支えているものは、東洋において受け入れられているカルマの法則であることをことばに出してはっきり再確認したことであり、第二に、キリストの教えの基調である愛と奉仕へ向かうことの意義を人々に熱心に説いたことである。

ある人の前生の罪がどのようなものであれ、カルマの法則という目に見えぬ障害のためにその人は窮境から脱することができないことを知り、そしてまた、その人の苦しみに対して冷淡であることは自分自身にカルマのこらしめを招くもとであることを悟って、われわれは他の人々を助けるべく努力しなければならない。

ある意味で外界と他人は、霊魂のもろもろの美徳を学ぶための実験場にほかならない。同様に、われわれ自身も、他人が必要とする美徳を学ぶ実験場である。前者のことを思い出すならば、自分の善行はこれで充分であるという思い上がった錯覚に陥らなくなるはずであるし、後者のことを思い出すならば、おのずから謙遜と威厳を感じるようになるはずである。人の欠点がわれわれに苦痛を与えるように、われわれの欠点は他人に苦痛を与える。しかし人も、われわれが他から学んでいるのと同様、われわれの欠点から何かを学びとっているのである。

この微妙な問題のもう一つの面は、人間には自由意志があり、歴史はことごとくこまかな点まで決定論的な意味で予定されているのではない、という重要な事実である。だから、悩める人を助けようというわれわれの努力は——その悩みが肉体的であれ、経済的、社会的、心理的であれ——われわれ自身が愛他的な徳において自己を完成するために必要な経験であるばかりでなく、他人の人生観や意識を変え、ひいてはその人生コースさえも変えるかもしれないのである。

要するに、カルマはすべて心によってつくられるということを悟らなくてはならない。意識の誤りから行為の誤りが生まれる。行為の完全な変化は意識の完全な変化からのみ生じる。それゆえ、ケイシー・リーディングが「心は形成者である」と言明するのはきわめて正しい。なぜなら、心を変えなければ——特に創造的エネルギーについての考えと、これに対する自分の関わり方を変えないならば——彼はけっして自己の消極的カルマをあがなうことはできないからである。

われわれはしばしば「あなたは自分自身と対面している」というリーディングのことばを引用した。これは注目に値することばである。これは、カルマは一種の鏡のようなもので、一つひとつの苦しい経験は、かつての自分自身の影と不思議な仕方で対面しているという意味である。さらに詳しくは、次のような空想的な比喩によって明らかにされるであろう。

宇宙歪曲説は——この説の科学界における現在の他位がどうであれ——次の点でカルマの

思想と大いに一致している。もし宇宙がその性質において円形であるとみなすことができるならば、そして、それ故に宇宙のあらゆる運動は円を描くとするなら、いわゆるカルマの法則はあらゆる行為の円運動の最終結果にすぎないといえる。いかなる種類の行為もエネルギーを消費する。ここにカルマという事実が可能になる理由がある。なぜなら、意識によって外界の対象に向けられたエネルギーは、X線のように対象を貫通した後もなお変わらず円運動を持続して、ついにその円運動によってまったく力を失うことなく最初の地点にもどってくるからである。

したがって、猫に向けられた人間の親切な行為は客観的に猫に影響を与える。しかし、その行為のエネルギーは外に向かって運動を持続し、ついにそれは親切な行為としてその人に還ってくる。同様に、他の生物に対する残酷な行為はその客観的結果を及ぼすが、同時に円を描きながらそれ自身の生命衝動を持続し、ついにその人自身に残酷な行為として還ってくるのである。

もちろん、この仮説はたんに純理論的な空想にすぎないが、われわれが今まで見てきたケースの大部分に――そしてまたその表現の細かな相違や多様性を考慮に入れるならば、おそらくそのすべてに――あてはまるであろう。とにかくこの思想は、これを信じて二、三日生活してみれば誰でもわかるように、なるほどと思わせる力をもっている。もし他人に対するわれわれのあらゆる行為が円運動にはじまり、それはその発動者であるわれわれ自身に影響を与えることによって終わるということを想像するなら、おどろくほど速《すみ》やかにわれわれのいくつかの衝動は抑制され、また、われわれのいくつかの行為は高貴にされるのに気づくであろう。

カルマの概念は重要である。なぜなら、それはキリスト教のみならず、他のあらゆる世界の宗教にみられる善行の勧めに科学的根拠を与えるものだからである。ポール・ブラントン(訳注二)が、西洋文明の安全と存続はカルマの思想が大衆の思想のなかに復活するか否かにかかっていると言ったのは、けっして言い過ぎではない。なぜなら、カルマの知識は、これが正しく理解されるなら、その所有者に人生問題の円熟した解決を――つまり宗教的な解決であって迷信でなく、科学的であって粗野で唯物的でない解決を――与えるからである。カルマの思想は、人間に忍耐への勇気と冒険への勇気を与える。人間は静的でなく動的な諦観をもって自分の過去の行為の結果を受け入れることができるようになる。どんな瞬間における人の行為も、新しい一連の行為をかたちづくる力であり、新しく、もっと豊かな運命を創造する力であることを彼は知っているからである。

究極的な意味ではもちろん神が人間を創造されたのだが、究極の一歩手前の意味において、人間は自らをつくり出す創造者である。カルマは、人間の自己設計と自己創造の限界をあらわしている。だが同時に、カルマは解放者であり友である。このことを知るがゆえに、仏陀は人生の変化流転のなかで静かに言う。「我は法に退避する」と。このことばがどれほど非人間的に響こうとも、神の法則が無限の恵みを備えていることを理解する者にとって、それは「我は主にかくれ家を見出す」というキリスト教徒のことばと同様、深い感動と慰めと心の高揚をもたらすのである。なぜなら、掟は主であり、主は掟であるからだ。

訳注一　バガヴァッド・ギーター（Bhagavad Gita）は叙事詩『マハーバーラタ』の一部であるが、古来インド民族の国民的聖典と考えられている。西紀前二世紀か一世紀頃つくられた。七百の詩句よりなる。

訳注二　ポール・ブラントン（Paul Brunton）神秘主義的傾向をもつ英国の作家（一八九八―一九八一）A Search in Secret India（『秘められたインド』）、A Search in Secret Egypt, その他多数の著書あり。

24章　処世哲学

◎助けを求める悲痛な叫び
◎死は人生の終わりではない
◎宇宙の創造的エネルギー＝神とあなたとの関係を理解しなさい

郵便配達人がケイシーの家に運んでくる手紙はほとんどみな、助けを求める悲痛な叫びでみちていた。ケイシーの晩年には、手紙は国内ばかりか、ついに世界中から来るようになった。南米、カナダ、英国、それにヨーロッパの戦場、太平洋戦の最前線、アラスカ、オーストラリアなどから届けられた。

これらの手紙を読めば、心を打たれずにはいられない。彼らの寄越す手紙は、人間の遭遇し得るあらゆる悲惨さを網羅しているかのようである。試しにそのいくつかを読んでみるだけでも、長年これらの手紙に接し、そのことごとくにリーディングを与え続けたケイシーの心身の疲労があらためて思いやられる。彼がこの仕事に骨惜しみしなかったことに、人道主義者としてのケイシーの面影が偲《しの》ばれるのである。

手紙のなかには教育のある人からのものもあって、それらはむずかしい表現でその悩みを訴えている。そうかと思えば、まったく無学の女性が、綴《つづ》りや文法上の誤りの多いたどたどしい手紙を書いてくることもあった。

教育があろうとなかろうと、金持ちであろうとなかろうと、それらの手紙はどれも人間の苦悩と悩みを披瀝《ひれき》している。内向的なもの、淋しいもの、病人、事業に失敗した者、結婚にやぶれた者――みな人生における運命を開拓しようと必死になっている。

ケイシー亡き今は、その透視を通じて個人的助言を受けることは不可能になったが、似たようなケースに与えられたケイシーのことばを検討すれば、自分の問題の解決策を見つけるうえで大いに助けになるだろう。人々はきまって、その苦境の究極の原因は自分のなかにあると諭されている。リーディングは、それこそが悩める人々の受け入れるべき第一の教訓であることを示している。すべての問題は結局自分で引き起こしたものであり、自分で償うべきものなのである。

これはごく単純な教訓ではあるが、受け入れることはなかなか難しい。人はとかく自分のことは是認しがちであって、自分の特性を自分の吸っている空気と同じように当然のこととしてしまいがちである。ごく少数の例外を除けば、われわれは自分の性格に自己満足している。人は無意識のうちに自分の気質を完全な尺度として用いているのである。

不幸や不愉快な経験をするのは、自分自身のなかに何か間違ったものがあるという証拠である――このことが次第に理解されるようになれば、人は自己満足から目を覚ますであろう。周囲の状況や人々を責めるのをやめ、周りを変えようとあくせくすることをやめ、自分の心のなかに目を向けて、どこに自分の欠点があるか、また学ばなければならない教訓があるかを探すようになるだろう。

困難が何であろうと――それが淋しさであろうと、相性の悪い夫であろうと、知的障害の子供であろうと、劣等感であろうと、ままならぬ環境であろうと――自分自身の変革によってのみ事態は変化することを悟らなければならない。自分の態度を変えることが第一なのである。批判的な、呪うような、復讐的な、高慢な、無関心で消極的な態度であってはならない。また利己的な思いやりのない非社交的な行為であってはならない。外的な困難は、その人の心と霊に欠けている特性を引き出すことによってのみ解決されるのである。

だがしかし、自己教育と自己改革は、宇宙について、また宇宙と自分との関係について体系的に理解しておくことでより効果的に実現される。このような体系的な宇宙論はケイシー・リーディングにそれとなく示されており、何百というライフリーディングのなかに特色ある確言《フレーズ》として一貫してあらわれている。個々のリーディングからこの特色ある確言《フレーズ》を抜き出してみると、これらがはっきりとした公理をなしているのがわかるのである。

この公理は、創造的エネルギー、すなわち神の存在を出発点としている点で宗教的であり、人生、宇宙、人間の運命について明確な体系的見解を示している点において哲学的である。また、生活環境に対する霊魂の反応という実際問題に具体的な解決策を提供しているという点で心理学的である。

これらの公理をまとめてみると次のようになる。

神は存在する。
すべての霊魂は神の一部である。
(あなたは霊魂である。あなたは肉体に宿っている)
人生は目的に溢れている。
人生は連続的である。
人生は法則の下に作用している。
(カルマ、輪廻)
この法則を成就するものは愛である。
人間の意志はその運命を創造する。
人間の心は形成力を有する。
すべての問題に対する解答は自己のうちにある。

右の公理を受け入れるとき、人はおのずから次のように命じられる。
まず宇宙の創造的エネルギー、すなわち神とあなたとの関係を理解せよ。
人生におけるあなたの理想と目的を確立せよ。
それらの目的の達成に努力せよ。
積極的であれ。
忍耐強くあれ。
明るくあれ。
結果は神にまかせよ。
どんな問題も避けないようにせよ。
他人に対して善の水路となれ。

神は存在する

精神分析の理論によれば、神とは人間の心がつくる幼児的な幻想であるが、ケイシー・リーディングはこの見解と一致しない。リーディングは一貫して、神は存在すると主張している。リーディングにおいては、神というよりも「宇宙の創造力」とか「創造的エネルギー」ということばのほうがより多く使われている。いろいろな点を考慮すると、この表現を用いるほうが現代の性格にあっているように思われる。

われわれは、自然界の力が天才たちによってますます解放されつつある時代を生きている。われわれは原子核に思いもよらぬエネルギーを発見した。科学的視野がこのように拡大した世界にあっては、「宇宙の創造的エネルギー」という用語のほうが、冒瀆《ぼうとく》と濫用によってけがされた伝統的な「神」ということばよりも、おそらく理解しやすく、より含蓄があるだろう。

現象世界のあらゆるものは宇宙の創造的エネルギーの一表現である。われわれはこのなかに生き、動き、存在を保っている。そのエネルギーやその神性を分有している。それゆえ、われわれはこれと一つであることを悟らなくてはならない。

リーディングには、この概念をあらわす数多くの表現がある。二、三、代表的なものを拾ってみよう。

人生とは何か。神は物質界に顕現されている。なぜなら、われわれが生き、動き、その存在を保っているのは、われわれが神のなかにいるからである。生命は、神と呼ぶ宇宙的力、ないしエネルギーの物質的あらわれである。

自分自身を分析して、次のことが不変の真理であることを知ることだ。すなわち、神は存在し、われわれはなによりもまず神に忠実でなければならないということを。人は、自己の内にある神とともに行動するか、さもなければ神にさからって行動するかのどちらかである。

電気が人間にとって何であろうと、これこそ神の力といわれるものである。

すべての霊魂は神の一部である

リーディングによれば、われわれは霊魂であり、それは、われわれを存在せしめた神聖なエネルギーの一部である。われわれと宇宙の創造的エネルギー、すなわち神との関係は、日光と太陽、一滴の水と大洋との関係に等しい。われわれと肉体との関係は、人間と家、ないしは人間と衣服との関係と同じである。

霊魂は神聖なエネルギーの一部分であり、したがって、そのエネルギーと同様に永遠不滅である。それゆえ、もし人が自分を称賛することにばかりかまけていたなら、やがて人は神から分離し、神との関係を喪失する。しかし、神を礼拝し、神を讃える人は、「汝、(訳注一)わが顔の前にわれのほか何ものも神とすべからず」という人間に対する第一の戒めをいつも心がける。

覚えておきなさい。われわれはすでに魂であり、努力してこれから魂になるわけではない。

「(訳注二)他の人々は己の欲するままになすべし。されどわれとわが家とはともにエホバに仕えん」

この場合の家は、物質的な家屋と解釈してはならない。あなたの家とはあなたの肉体である――つまり生ける神の神殿である。これが神の意志に一致すべくつくられた家の全体である。

人生は目的に溢れている

人生は、個人的な意味でも普遍的な意味でも、偶然にもたらされたものではない。人生の最終目的は、自分の神性を自覚しながら行動することで、再び神と一つになることである。われわれは、はじめ神と一つであった。ところが、物質への無知な愛着、差別、傲慢、利己主義などのために神から分離したのである。

人は誰でも偶然に生まれるのではない。なぜなら、地球は因果の世界であるからだ。地球においては因果律が自然法則である。それぞれの魂がこの物質界に入るのは、他の人々もまたそれぞれの魂が入ってきた目的をもっとよく知ることができるように、それらの教訓や真理を与えるためである。

あなたは、太初において神との関係を保っていた。それが、物質的願望を満たすようなものばかりを選択したために、神との親しい関係を失ったのである。それゆえ、主がそうであったように、あなたは何度も何度も地上に入り、あなたの魂を神と一致するべき存在にするための法則を成就するために来るのである。

それぞれの魂の遺産は、自分を自分として知りながら、しかも神の創造的エネルギーと一つになることである。

人生は連続的である

われわれが自らの神聖な自己を完全に自覚しつつ、しかも神の完全な仲間として神と再融合することは、ただちに実現されるものではない。意識の成長は遅々とした歩みであり、その完成は永劫の時間をとおしてなされる。究極的な意味では時間は存在しないが、しかしわれわれの三次元的な感覚には、時間は存在しているように感じられる。われわれの限界ゆえに時間は存在するという見解に従うとき、人生は連続的であると理解しなければならない。

人は天国に行くのではなく、天国に向かって成長するのである。なぜなら人生は連続しているからだ。停止することはない。われわれは進歩するか退歩するかのいずれかである。

人生は連続するものであり、その意識状態や存在の波動の変化に応じて、ただその様相が変化するだけだ。

今日のその実体の状態は、何日か前の、何年か前の、何万年か前のその人の経験の結果である。というのも、人生は連続しているからだ。それゆえ、実体が物質界にあらわれていようと、その他の意識領域にあらわれていようと、それはまったく同一である。

次のことをよく学ぶことだ。まず、人生は連続するということ。時間というものは存在しない。一つの時間があるだけだ。空間というものもない。一つの空間があるだけだ。力というものはない。神の一つの力がもろもろの様相にあらわれるのみである。

あらゆる人生は法則の下に作用する

「人生の連続」という表現のなかに、三次元の視点からわれわれが「輪廻転生」と呼んでいる人生の周期的な変化が暗示されている。人間の生は輪廻転生の法則の下に営まれている。そしてこの輪廻転生の条件を支配しているのが、複雑にして絶対確実なカルマの法則である。

地上には不変の霊的法則があることを覚えておくことだ。まず第一に、似たものは似たものを生むということ。人は自分の蒔いたものを刈りとる。神を欺くことはできない。あなたが隣人をあしらっているように、将来他人からあしらわれることになる。

生きることは生のすべてではなく、また、死ぬことは死のすべてではない。全体あるいは中心から眺めれば、生から死が、死から生が誕生する。あらゆる放射を生じている宇宙の中心とのあいだで、個人が行ったり来たりしているところの経験にすぎないからだ。

覚えておきなさい。あなたがかつて行なったことに――あなたは今、出会っているのだ。次のことを心に留めて生きよ（そして、すべての魂も心して聞くがよい）。すなわち、たとえわずかでも主の法則を破ったならば、人は最後の一片に至るまで償わなければならないということを。

ヨハネ伝十四、十五、十六、十七章を読むことだ。「わが父の家には棲家《すみか》多し」このくだりを、一分や一時間でなしに、数日にわたってじっくり考えてみよ。父とは誰か。棲家というこばは何を意味しているのか。父の家には棲家多しとは何のことか、どんな家なのか、考えてみよ。
それはあなたの体のことである。それは神殿である。からだには多くの棲家、多くの神殿がある。その体はあるときは大邸宅として、あるときは普通の家として、またあるときには小さな小屋として何度も地上の経験をくり返してきたからだ。

人生は法則の下に営まれているという命題の当然の結果として、次の命題が生まれる。つまり、われわれの現在がどうあろうと、それはわれわれが過去に発動した原因の結果であり、またわれわれの成長のために必要であるという考えである。人は、過去のありようがまさに過去のその人であったように、今のありようがまさに今のその人である。

あなたが肉体的、精神的、霊的にいかなる状態にあろうとも、それはあなたが自分でつくり上げてきたものであり、あなたの成長のために必要なものである。

けっして自分を憐れんだり、誰かに虐待されたなどと考えてはならない。人は蒔いたものを刈りとるのだから、あなたが他人を虐待しないのに、他人から虐待されることはない。似たものは似たものを生むのだから、それは自然に反する。

あなたの今の人生に卑劣な無関心の時期が生じぬようにせよ。どんなものでも、あなたがもしそれを創造的に利用しようとするならば、自分の進歩と向上のためになる。

あなたが今どんな状況にあろうと、それは今のあなたにとってベストである。過去のことがもっと違っていたならと、過去を振り返ってはならない。むしろ今あなたがいるところで、心を立ち上がらせ、上を見よ。

愛は法則を成就する

愛においてわれわれが完全なものになるまでは、カルマの法則は輪廻転生の法則と同様にまちがいなく作用する。しかし、あらゆる法則を成就するのは愛である。

光の子は何よりもまず愛さなくてはならない。なぜなら、私に予言する力があろうと、私に異国のことばを話す力があろうと、また自分のからだを捧げ、焼かれようとも、人の子の霊がないならば、つまりキリスト意識がないならば、私は数えるに足りない。

あなたの理想を体現したほうに従うことだ。「汝心を尽くし、精神を尽くし、思いを尽くして主なる汝の神を愛すべし」「己の如く汝の隣人を愛すべし」という掟のみを説かれたほうに従うことだ。それが掟のすべてであるからだ。

人間の意志はその運命をつくる

法則と秩序のこの宇宙のなかにあって、人間は自由意志をもった行為者であり、宇宙の偉大な創造力に属する創造力をいただき、愛と知性と意志の三つの性質をもたされている。人が罪を犯したり、神の意志に反したりするのは、その意志によってである。同様に、人が魂の方向を変え、再び宇宙の意志との調和を取り戻すのも、人間の意志によってである。

意志とは、全創造的エネルギーの意志に調和することも反逆することもできる力である。全創造的エネルギーを自然と呼ぼうが神と呼ぼうが、意志はそれに調和するか対立するかのいずれかである！　それに向かって成長するか、そこから離れるかのいずれかである！

運命とは、霊魂がその意志をもって創造的エネルギーとの関係において何を為すかである。

肉体的、精神的、霊的を問わず、いかなる面でも自分が決心したことを成し遂げるには、自己の意志力を超える衝動や影響力はないということをまず知らなくてはならない。

いかなる経験においても個人の意志力にまさる衝動は――占星学的なものであれ、数霊的なものであれ、象徴的なものであれ——存在しないことを覚えよ。

なぜなら、創造的なものは自己の内にあるからである。その創造的な力が神の力と協力して、生命の選択へとみちびくのである。そして選択がなされたならば、その結果がどうなるかについて、占星学やその他の手段で、そのビジョンがもたらされるだろう。すべての霊魂はそれぞれ選択能力という生得権を与えられている——いかなる環境にあろうと、いかなる境遇、いかなる経験のなかにあろうと！

人間の心は形成力を有する

したがって、人間は宇宙法則の枠内で自由意志をもった存在である。刑罰は、人間がこれらの法則に違反したときにのみ課せられる。人間の意志はその運命を推進する力としてはたらくが、一方、心は、方向を定めたり、物事を形成する力としてはたらく。それゆえに、自己発見や自己成長をめざすプログラムでは、何よりもまず、自分の理想をはっきり定めることに取り組むのである。

さらに、「心は形成者である」とされる。これは、宇宙的な心を指すものであるが、われわれの心はそれが個別に断片化されたものである。心は、どのような存在次元にあっても、物質的なものを生み出す原型をつくる力である。

すべての実体は、その心の活動をペンとして、時間と空間の上に記録を刻むのである。肉においても霊においても、心は形成者である。それゆえ、自分で自分を活用するにつれて人生の型が切り出されるのである。

思想は物である。心は、柱や木のように具体物である。

あらゆる問題の答は自己のうちにある

「答えは自己の内にある」というフレーズは、いくつかの意味を意図して、リーディング全体に何度もくり返しあらわれている。まず第一に、あらゆる困難の原因は自己の内に見出される。カルマの法則によれば、われわれに起こる一切のことは自分がつくり出したものであり、当然自分が受けるべきものだからである。外的環境は、内部にあるものを鏡のように反映したものにほかならない。われわれに何が起ころうと、われわれはそこにおいて自分自身に出会っているのである。それゆえ、自己を厳しく分析するならば、われわれの身の周りにどのようなことが起きようとも、それらに対処する手がかりが与えられるはずである。

第二は、無意識的な心のなかには、われわれが個体化して以来の、自分の身に起こった一切のことに対する記憶が残っている。つまり、われわれの内部には知識の宝庫が眠っているわけで、これは五官の感覚を鎮め、瞑想によって注意を内部に集中することで有効に利用される。第三は、われわれの深層には素晴らしい神のエッセンスが封じ込められている。われわれはこれによって宇宙の創造的エネルギーと一つになるのである。それゆえ、あらゆる問題の解答を得るには、自己の内に向きなおり、神聖なる自己の光り輝くエネルギーに頼ることである。

自分自身を探求せよ。あなたの直面する一切の問題は、あなたのなかにその答えがある。なぜなら、肉体と精神のすべての属性を備えている人間の霊魂は、偉大なる宇宙の大霊の一部であるからだ。それゆえ、答えはすべて自己の内部にある。

すべての力、すべての癒し、すべての助けは内からくる——このことを覚えよ。

神について——さらには国際関係についてすら——あなたが知ることのできるすべては、あなたがそれと気がつくように意識のなかにすでに存在している。なるほど、物質的な形で存在する知識は利用しなければならない。しかし、それと同時に、全知なる神への信仰と信頼がなくてはならない。なぜなら、あの偉大な律法制定者は次のように言っているからだ。「誰かが海を越えてメッセージをもたらすと考えてはならない。なぜなら、見よ、それはあなた自身のなかにあるからだ。心と魂は太初から存在しているからだ」。

これらが、ケイシー・リーディングによれば、人間及び人間と宇宙との関係についての根本的な真理である。これらの真理は、われわれを日常生活の出来事から逃避させたり、心理的に適応するという普遍的なテーマから逃避させたりするどころか、むしろ必然的に現実的な処世哲学を導き出す母体となる。

これらの概念を行動に移すには、人はまず自分と宇宙の創造的エネルギーとの関係を理解しなければならない。人間は、川がそうであるように、自分の水源よりも高いところに流れることはできない。人間は常に、意識するしないにかかわらず、自分の起源と本質に関するある仮定をもとに行動している。もしこの仮定が誤っているならば――つまり、機械的、唯物的、無神論的であるならば――彼の人生は誤った歪んだ様相を呈することになる。

神の似姿ということばは誤解されがちだが、人間はいろいろな意味で神の似姿である。自分が大宇宙を反映した小宇宙であることを正しく理解すると、人間はいっそう大宇宙の似姿になる。

自分はいかにして存在するようになったのか、自分を存在せしめたものと自分とはいかなる関係にあるのか――これらのことをどのように認識するか、その認識の仕方が、生涯にわたって内外のあらゆる面に影響を与える。実際、自分の肉体をどのように扱うか、隣人にどのように接するか、時間の使い方、エネルギーの方向などは、究極的には、人生に対する彼の根拠のない仮説から引き出されるか、さもなければ、人間の本質や宇宙と人間との関係に関する彼の確固たる認識から引き出されるかのいずれかである。

物質界にあらわれたすべての霊魂の生得権はこれである。すなわち、自分と創造的エネルギーとの関係を他の人々に知らしめることである。

問　どうしたら父を一番助けることができるか、教えて下さい。

答　他人を助ける最上の方法は、あなたの人生に神を反映させることである。これによって奉仕の人生が可能になる。つまり、父なる神が天において栄光を受けておられるごとく、地においても栄光を受けることができるように、あなた自身の人生を用いることだ。

すべては一つであることを覚えよ。あなたが隣人や友人や敵を理解しようとするならば、あなた自身の内をよく見ることだ。なぜなら、あなたがあなたの隣人、あなたの友人、あなたの敵に対して為すことは、あなたがあなたの造り主についてもっている考えの反映であるからだ。

あなたの人生は神聖なるものの一表現であり、あなたの健康はあなた自身のなかにある神聖なるものに対するあなたの信仰と希望の表現であることをよくわきまえて、これらの真理を守ることだ。

人が、自己の魂は宇宙エネルギーと同一であり、したがってこれらを分有している他のあらゆる霊魂と一つであることを理解したならば、人は肉体的、精神的及び霊的に自己の理想を形成し、それを達成しようと努力しなければならない。実行が一番大切である。口先で奉仕したり、頭で理解しただけでは駄目である。行為が誠実の尺度であり、真の成長の手段であり、方法である。「生命なき知識は罪である」という意味のことばは、リーディングにくり返しあらわれてくる。

自分の理想が何であるかを知り――そして活動的であれ！　何もしないよりは間違ったことでもしたほうがましだ。覚えておきなさい。わずか一タレント(訳注三)を与えられた者がこれを隠したことを。そして咎められたのはこの人であったことを。そしてそれを奪われたのはこの人であったことを。

法則は、それがカルマの法則であれ、霊的法則、刑法、社会法則であれ、それについて知っているだけでは充分ではない。大事なのは、自分のもっている知識をどう使っているかである。因果を避けるために知識を使っているのだろうか、他人を利己的な思想にみちびくために知識を使っているのだろうか、それとも他人に法則を理解させるために知識を使っているだろうか。

運命、つまりカルマは、自分の知っていることに対して何を為してきたかで決まる。

他の人々も、あなたと同じだけの権利を地上でもっている。たとえその人が学問の点であまり進んでいなくても。たんなる知識は――知識の木を求めることは――罪である。あなたが知っていることを神の栄光のために用いることこそ正しいことである。

知識は外套《マント》のように身につけられるものではない。知識は、理想として定められたところへ向かう内的成長でなければならない。

もし人が、これらの存在に関する公理の意味を充分に理解したならば、どんな環境や境遇にあろうとも忍耐づよくならざるを得ない。それゆえ、忍耐は受動的なものではなく能動的なものである。それは油断せずたえず待機していることであり、消極的というよりもむしろ積極的な徳である。これが、時間と空間がある種の幻影的な制約であることを知っている霊魂の取るべき態度である。意識が時空の束縛を受けなくなったとき、忍耐は完成される。

忍耐は受動的、消極的なものではない。それは建設的、積極的な活力である。人があなたの頬を打ったなら、キリストは引っこめろと言ったであろうか。そうではない。むしろ反対の頬も向けよと言われた。あなたの忍耐において積極的であれ。あなたの同胞との関係において積極的であれ。

あなたの精神的態度に魂の種を蒔くことだ。その第一は忍耐である。忍耐において、あなたはあなたの霊魂を所有するからだ。忍耐のなかであなたは、肉体はたんに神殿であり、外観にすぎないことを知るようになる。そして心と霊魂こそ、あなたと共に存在するものであることを知るだろう。なぜなら、すべての霊魂は、その造り主と自分との関係を完全に理解するための成長の過程にあるからだ。

自己の本質と法則を知る者にとって、喜ぶことは自然な性質である。「喜べ」という命令は、「善良であれ」という命令から切り離すことができない。

覚えておきなさい。神は愛の神であることを。なぜなら神は愛だからだ。神はまた幸福の神である。なぜなら神は幸福だからだ。

神と共に歩む者は、心が喜びと楽しみと平和と調和で満たされていなければならない。なぜなら、生命は神の顕現であり、その人の人生のありかたは、その人が造り主に対してもっている考えの反映であるからだ。

あなたはむだ話に対しても言い訳ができなくてはならない。けれど、これは喜んではならないということではない。笑う能力を失う者は、喜ぶ能力も失う。キリストの生活原理は喜ぶことであった。主は笑われた。ゴルゴダの丘に向かう途上でさえ――これはあまり絵に描かれていないが、主は笑われたのである。そして、このことが人々をいっそう怒らせたのだ。

滑稽さを見抜く能力を養うことだ。そして笑う余裕をつねにもちつづけよ。なぜなら、主もしばしば微笑《ほほえ》み笑われたのだから――ゲッセマネに向かう道においても。

人は、積極性や忍耐や喜びをもつと同時に、ある種の超然とした態度も必要である。園芸の初心者が大根の根がついたかどうか見るためについつい茎を引き上げてしまうように、結果を見ることを急いではならない。種を蒔いて水をやれば、神が適当なときにそれらをふやして下さることを忘れてはならない。報《むく》いを期待して善を為すのではなく、それが美しいことであり、調和のとれた法にかなったことであるが故に、善を為すのである。

自分をあわれんだり自分を裁いてはならない。あなたの為すすべてのことに最上がもたらされるように生き、かつ行動せよ。そしてその結果は、すべての良き完全な賜物の与え主である神の手にゆだねよ。

またわれわれは、人生の諸問題は――もしもそれらを「問題」と呼びたければであるが――じつは機会であることを理解する必要がある。逆境を避けることは無意味である。遅かれ早かれ、霊魂に欠けている力は、これを発達させなければならない。そうであるならば、今発達させるよう心がけたほうがよい。

すべての霊魂は、いずれ自分自身に出会わなければならない。一つとして避けられる問題はない。ならば、今それに対面することだ！

よく構成された体系は、どんなものでも要約して単純化することができる。これらの公理と行動上の助言も例外ではない。それらの真髄は、昔から二つの単純な命令に凝縮されている。

すなわち、「汝、心を尽くし、精神を尽くし、思いを尽くして、主なる汝の神を愛すべし」「己の如く汝の隣人を愛すべし」である。

これらの二つの命令は、神学的に陳腐の感がないではない。しかしじつは、これは、ケイシーの世界観に従うならば、人間に影響を与えるもろもろの宇宙法則を速記で写したようなものである。もし中心的な創造的エネルギーというものの存在が承認されるならば、また、われわれの人生の目的は、自己の内に潜在する完全性を自覚し、それを意識的に進化させることであるということが承認されるならば、この知識はたしかに次の英知に要約することができるからである。すなわち、「偉大な創造的エネルギーと、その多様な美と、その宇宙的な慈悲深い目的を愛しなさい。それによって、あなたがそれと一つになり、あなたの存在のあらゆる部分においてそれを表現することができるようになりなさい」。

そしてさらに、他人の自由や幸福を侵害すれば、カルマの復讐の法則の働きによってわれわれ自身が罰せられるということが承認されるならば、これは「あなたが自分の幸福を愛するように、他人の幸福をも愛しなさい」という英知に要約されることになるだろう。

以上で、生まれ変わりとカルマの法則によって霊魂は進化すると説く古代の英知とイエスの教えの核心部分が一致することが明らかになった。

しかし、単純な説明が役に立つ時代は過ぎ去った。人類はもはや幼児ではない。人類は知識という強い食物を必要としている——厳格で合理的で納得のゆく知識を。西欧には、ケイシー・リーディングによって再確認された東洋の宗教的世界観を受け入れることのできない人が数多くいる。だが、ケイシー・データの提供する証拠よりももっと厳格な科学的証拠でなければ受け入れられない人々でも、輪廻論者の見解が精密で合理的で納得がゆくものであることを、そして、心理学的に信頼でき、倫理的に健全で、科学的にもっともらしいということを否定することには困難を感じている。これを受け入れる人々にとって、輪廻は人生目的——つまり旅する者の指針となる北極星——を与えると同時に、にっちもさっちもゆかぬ泥沼にはまりこんでいる人々には、自分はけっして道を失ったのではないという安心感を与えてくれるのである。

訳注一　出エジプト記　二十章三節
訳注二　ヨシュア記　二十四章十五節
訳注三　マタイ伝　二十五章十五節、三十節

25章　結　語

◎透視的催眠状態による転生の法則の結論
◎真理は目立たぬところで明らかにされる
◎輪廻転生の真実性を証明する

オハイオ州デイトンのホテルの一室で、催眠状態のエドガー・ケイシーが、輪廻は自然な事実であることを暗示した小さな事件を出発点として、われわれは多くのページを費やしてここまで来た。この事件をはじめ、その後引きつづいて起こったそれと関連のある一連の出来事は、これまでその輪郭を示してきたような、心理学や哲学の体系を樹立する基礎とするには、あまり頼りにならぬ下部構造のように思われるかもしれない。だが、科学史をふり返ってみるなら、偉大な革命的発見が些細《ささい》なことから生じた例はしばしばある。痙攣する蛙の足やかびの生えたパン切れが、後に電池やペニシリンの発見へとみちびくきっかけになるとは誰も想像しなかったであろう。だが、それらが偉大な発見の糸口だったのである。イタリアの一教会の天井から吊り下げられて揺れるランプが、ガリレオを天文学用の振子時計の発明へとみちびき、湯のあふれる浴槽が、アルキメデスに流体静力学の法則の樹立に必要な手がかりを与えたのである。

歴史には、似たような性格をもつ無数の実例がある。それゆえ、われわれは、真理は目立たぬところで明らかにされることを認めなければならない。寝椅子に無意識状態で横たわっていた無教育な人物が、革命的な人生理論を確認する重要な証拠の提供者になったとしても、あまり驚くにはあたらないのである。

ケイシーの透視能力は、肉体の疾病を診断するフィジカルリーディングの真実性に関しては反駁の余地なく実証されたと言えるが、ここでは、ライフリーディングの真実性を証明する証拠となるものをいくつか挙げてみたいと思う。この証拠は七つの主要な事柄から成っている。それらは次のとおりである。

一、性格分析と環境の描写が、数百マイルはなれた場所にいる数千人の未知の人々において正確であることが判明した。

二、職業能力やその他の特性についての予言が、成人のみならず、誕生したばかりの子供たちにおいても、後年、正確であることが証明された。

三、心理的特性が前生の経験をもとに納得いく形で説明された。

四、データは二十二年という期間にわたって首尾一貫していた。つまり、別のときにとった何百という別のリーディングにおいても、その基本的原理や細部に至るまで相互に一致していた。

五、世に知られていなかった歴史的細部が、記録された歴史と照合することで、事実であることが確認された。知られていなかった過去の人間の名前が、リーディングによって、ここを調べたならば明らかになると指示された場所を調査することによって確認された。

六、リーディングはそれを受け、その指示に従う人々の人生に有益な変革的影響を及ぼした。ことに心理的、職業的、肉体的に真実であった。

七、リーディングのなかに暗黙のうちに含まれていたり、またはリーディングから推論できるところの哲学的及び心理学的体系は、一貫していて矛盾がなく、精神生活についてのあらゆる既知の事実を満足させると同時に、まだ説明のついていない精神生活の局面に対する新しい説明としても役立つ。なお、これはインドにおいて昔から説かれている古代の立派な哲学上の学説と一致している。

以上、七つの強力な状況証拠が、ケイシーのライフリーディングとそれが確認する輪廻転生の原理を立証している。状況証拠は必ずしも結論的なものではないが、これは往々にして真実な場合が多い。地球は丸いという証拠も、たんに推論的なものにすぎない。誰も地球の全体の形が丸いのを見たものはいないのだから(訳注一)。また、原子の存在も推論的に知られているにすぎない。誰も原子を見たものはない。だが、推論をたよりにして地球を一周することもできれば、原子爆弾を考案することもできるのである。したがって、リーディングが与えるこれらの状況証拠を基礎に本格的な輪廻の科学的研究を提案することは、あながち非常識なことではない。

　人生の謎に対する信頼できる答えを求めている人々に対して輪廻論者が望み得る唯一のことは、彼らが輪廻の原理を心に留めてしばらくその考えに従って生きてみて、自分自身や隣人や人間の全体的な実相を、この単純な、しかしながら宇宙的に有意義な原理にしたがって判断してみることである。万一、彼らがこの試用期間の終わりに完全には満足できなかったとしても、テレビコマーシャルがよく言うように、彼らは何の損もせずに、ただその品物を思想売り場に返品すればよいだけである。

　宣伝広告のように、こちらも、「一度おためしになれば、きっとご満足いただけると思います」と呼びかけたいところである。しかし、信仰というものはたとえその哲学的基礎がいかに健全で科学的であっても、すべての人を満足させることはできないのは明白である。それゆえ、輪廻論を受け入れることのできない人もたくさんいるだろう。こうした人々は、現代のメシアである科学が輪廻を承認するまでは、けっして納得しないであろう。それゆえ、まず心理学と物理学の両分野の科学者が、ケイシー・リーディングによって状況証拠の与えられているこの仮説に注意を向けることが望ましいのである。

この問題に対しては、若干の方法が可能であろう。科学的方法をもとにして実験室で輪廻を実証することも、適当なテクニックが用いられるならば可能であるかもしれない。実在の新しい階層を測量するには、新しい研究技術が当然必要である。

催眠術はもっとも直接的に利用でき、また、もっとも成果の多いテクニックであることが証明されるだろう。催眠術の実験は、前生の記憶が引き出せるかどうかを判断するのに、多くの人を対象に行なうことができる。もし、このようにして引き出された記憶が歴史上の記録や被験者の精神生活や環境の既知の事実と客観的に照合されるならば、このデータは輪廻説を確認する真の証拠となる。

その次の可能性としては、熟練した透視能力者を実験室の実験や臨床実験に用いることである。透視がひとたび人間の心の能力として公認されるならば、知識を得るための新しい技術としての多大な可能性を承認せざるを得ないだろう。そうなれば、心理学者や医師たちが透視能力者たちと共同で仕事をすることもできる。ありそうな前生の因果関係を土台にしてたてられた治療法の臨床記録も貴重な証拠となる。

このような証拠は、一つの重要な点を除けば、ケイシー・リーディングの提供する証拠とまったくちがわない。ケイシーのリーディングは、それを受けた人々の人生に適用され、目ざましい成果をあげてきた。無数の調書がリーディングの正確さと有用性を立証している。しかしながら、資格ある研究者によってその経過が監督されるということはなかった。組織的な追試もなされなければ、リーディングをとると同時に、精神医学や心理学の面からこれらに分析を加えられることもなかった。もしケイシーと同程度の能力をもつ透視者が、専門の心理学者たちと緊密に協力して実験するなら、その結果生まれるデータは、ケイシー資料と同じ証拠能力をもちながら、しかもケイシーの資料にあるような制限を一切受けないものになるだろう。

もし輪廻転生が、真に人間がそれによって進化し完全になるための法則であるとするならば、またもし、これが真に人間についての単純明快な真理であり、人生や悩みの謎を解くシンプルな鍵であるならば、人間に関するあらゆる神学、あらゆる心理学は、遊園地の鏡の広間で奇妙に歪む鏡像のように見えるだろう。そしてそのまっただなかに、あたかも奇妙に歪んだ鏡像の反対側に立っている人のように、この単純な輪廻の真理が立っているのが見えるだろう。

この研究の可能性は、真摯な人々の考慮に値する問題である。これを証明することは闇に光を投じることであり、生気を与えることであり、変革をもたらすことだからである。もし人間の霊魂が本当に多くの棲家《すみか》をもっているとするならば、あらゆる時代のなかで今こそがこの真理を知る必要のある時期である。なぜなら、この知識をもつことで、新しい誠実さと新しい勇気が生まれるからである。また、新しい明るい世界観、より深遠な人生観、人生のもろもろの悲劇や難局に対処する新しい方法などもそこから生まれてくるにちがいない。

終

訳注一　『転生の秘密』Many Mansionsの初版は一九五〇年である。最初の人工衛星が成功したのは一九五七年、有人宇宙船が成功したのは一九六一年である。

訳者のことば

本書は、米国の傑出した霊能力者エドガー・ケイシー（一九四五年没）が、二十二年間にわたって行なった自己催眠透視に関するサーミナラ女史の分析研究である。ケイシーは自ら深い催眠状態に入って、患者に医学的透視を行なうのみならず、適切な助言をも与えることができた。これはフィジカルリーディングと称されているが、彼のこのリーディングによって、難病や不治を宣告された病人が奇蹟的に治癒した例は数千にのぼっている。なお、彼はたんに肉体的な病いばかりでなく、諸々の人生問題に悩む男女に対しても自己催眠透視を行ない――これはライフリーディングと称されている――その悩みや苦しみが、現生に原因をもつ以外に、はるか遠く前生における業《カルマ》によることを明らかにし、東洋における輪廻、業の思想に対して状況証拠を与えたのである。

本書は、主としてこれらの思想を裏書きするケイシーのライフリーディングに関する調査研究である。ケイシーのライフリーディングによれば、ある種の障害、精神薄弱、また個人的性格、心理的傾向、職業に対する適性や能力、恋愛や結婚生活において個人がたどる運命、独身の孤独、家庭内及び夫婦間の諸々のいざこざなどは、前生におけるカルマの現生的顕証である。もちろん、輪廻、業の思想は今日ただちに厳正な科学的実証を得ることは不可能であろうが、しかしその真実性は、サーミナラ女史の研究によって部分的に検証されている。これがさらに強力な実証を得た暁《あかつき》には、神学哲学はもちろん、医学、心理学、遺伝学、倫理道徳、及び諸般の人間生活の上に革命的影響がもたらされるだろう。輪廻の思想は、すでにプラトン、ピタゴラスをはじめ、シェリング、ライプニッツ、ショーペンハウエル、グーテ、エマーソン、ホイットマン、エジソン、ルーサー・バーバンクなどによって、哲学的に、また直観的に肯定されている。キリスト教においても、初代教会でこれが説かれていたことは明らかである。来世を説くキリスト教が前生を説かないのは片手落ちではないだろうか。

ともあれ、欧米においては、輪廻、業の思想は、精神医学、超心理学にたずさわる学者のあいだにも少しずつ深い関心がもたれてきている。真に賢明な理解をもってこの思想を受け入れるならば、たんに家庭のみならず、もろもろの社会的・国際的不和、あつれきは跡を絶つであろう。人間とは、本書の原題"Many Mansions"が示すように、霊魂は過去、現在、未来と、幾度かその肉体である棲家を変えつつ、その最高の被造物としての最終的完成をめざして上昇しつつある存在なのであろう。

なお、著者サーミナラ女史（Dr. Gina Cerminara）は現代アメリカの心理学者、人類学者であり、著名な近著として『超能力の秘密（The World Within）』（たま出版）がある。

多賀　瑛

監修者あとがき

多賀瑛（本名　瀬川愛子）さんの翻訳による『転生の秘密』を初めて読んだのは今から三十二年前の、私がちょうど二十歳の時でした。その時の衝撃は今でもはっきりと覚えています。

当時の私は、徹底した唯物論者であった父の影響を強く受け、人間は肉体の死によって無に帰するという人生観こそが正しいものの考え方であると信じ、肉体の死を超えて存続する霊魂だとか神などの存在は頭から否定しておりました。

その一方で、唯物的人生観の枠内で、自分の人生の意味であるとか、存在価値を必死になって探し求めていました。当時流行っていた実存哲学を知ったのもその頃でした。しかし、どれほど誠実に人生の意味を求めても、最終的に人間が肉体の死によって無に帰する限り、人生に意味などないことが明らかになっていく。バートランド・ラッセルははっきりと、「人間は原子が偶然に結合してできた単なる有機物にすぎない」とし、「人間は、人生に意味がないことを知って、絶望のうちに生きるしかない」とわれわれにその哲学的帰結を示しました。この言葉の通り、あの頃の私は、自分の存在に意味がないことを知りながら絶望の中をあえぎながら生きていました。

そんな絶望の日々を送っていたある日、私は本書の旧版である『転生の秘密』に出会ったのです。私は読みながら驚愕しました。

ここに、人間の本性が永遠不滅の高貴な魂であることを証明するものがあるではないか、存在の勇気と希望と喜びを実証するものがここにあるではないか。宗教的なドグマではなく、具体的な、科学的検証にも耐えるデータとして、ここに人間の素晴らしさを証明するものがあるではないか、と。

こうして私は一冊の本によって、一夜にして、唯物的人生観から霊的人生観に転換せしめられたのです。絶望の日々から、一気に歓喜の世界に入ったのです。以来、『転生の秘密』は私の人生のバイブルとなり、人生のさまざまな岐路において私を導き、励ましてくれるものとなりました。

さて、本書はウィスコンシン大学で心理学の学位を取得されたジナ・サーミナラ博士が、エドガー・ケイシーの残したライフリーディングを徹底的に研究した成果として一九五一年に出版されたものです。ケイシーのリーディングをもとに輪廻転生とカルマの法則を考察した書籍はその後も何冊か出版されましたが、本書ほど哲学的な考察が尽くされ、なおかつ、われわれに存在の喜び、存在の希望を回復せしめるものは他にありません。

この名著の翻訳をどのような経緯で多賀さんが引き受けられたのか、今となっては知る由もありませんが、聞くところによれば、翻訳に着手された時にはすでに当時の死病であった結核に冒され、病院のベッドに横たわりながら、許された時間のすべてを注いで本書の翻訳を進められたということです。研ぎ澄まされた訳文と、ほどよく配置された文語体が文章全体を引き締め、読んだときの音律の美しさは、まことに名訳の名に値する翻訳でありました。死期を自覚しておられた多賀さんの気迫が、本書をしてかかる名訳を完成させたと思わずにはいられません。多賀さんご自身は、本書の出版を見ることなく他界されましたが、本書の翻訳を終えられた頃には、彼女の内面からおかしがたい高貴さが放たれていたと、当時の様子を知る方の話として聞いております。

本書は当初、インフォ社という出版社から『窓はひらかる』というタイトルで一九六一年に出されましたが、縁あって、たま出版の瓜谷侑広社長（当時）が出版権を譲り受け、タイトルも『転生の秘密』と改め、たま出版の記念すべき第一号の書籍として出版されました。以来、霊的世界の啓蒙書として読者の熱烈な支持を受け、半世紀にわたり版を重ねてきました。

こうして多くの読者に多大な霊的感化を与えてきた本書ではありますが、さすがに半世紀を経てみると、現代の（特に若い世代の）読者にはいささか古めかしく響く表現や、一読しただけでは意味のわかりにくく文語調の表現などが目につくようになり、それがために読者に敬遠されるというまことに惜しむべき状況があらわれるようになりました。

そこでこのたび、本書に新しい生命を吹き込むべく、全体にわたって文章を見直し、古風な表現や文語調の表現を平易な表現に改め、また明らかな誤訳と思われるところは訳を改めるなどして、改訂新訳として出版することになりました。

改訂にあたっては、できるだけもとの格調ある文章をそこなわないように心がけ、現代の読者が違和感を覚えるであろう表現を改めるにとどめるように致しましたが、どうしても訳し直しが必要なところについては、将来に悔いを残すことがないよう、しっかりと改訳いたしました。今回の改訂作業にたずさわった一人として、このたびの改訂新訳が多くの読者に受け入れられますことを切に願っております。

最後になりましたが、今回の改訂作業には多くの方のご支援とご協力をいただきました。とりわけ、旧版から本書の編集出版にたずさわってこられた、たま出版の韮澤潤一郎社長、地道な原稿整理の作業をしてくださった編集部の吉田冴絵子さん、NPO法人日本エドガー・ケイシーセンターのプロジェクトとして、本書のデータ化やわかりにくい表現のリストアップを手伝って下さった浅川秀吾さん、忠五雄さん、沼沢陽子さんに、この場を借りて厚くお礼申し上げます。そしてまた、霊の世界にあって本書の改訂新訳を喜んでくださっているであろう瓜谷侑広たま出版前社長、ならびに優れた翻訳を残してくださった多賀瑛さんの霊に謹んで本書を捧げたく思う次第です。

旧版の初版が出版されてちょうど五〇年という節目の年に、この改訂新訳が世に送り出されることになったというのも、何か不思議な導きを感じずにはいられません。願わくば、本書の出版が《宇宙》の御心にかなうものとなりますように。そしてまた、本書がかつて私を絶望の淵から救い出し、生きる勇気と希望と喜びを回復せしめてくれたように、本書を通して《宇宙》の祝福が読者の皆さまに豊かに注がれますことを心より願っております。

二〇一一年十二月

NPO法人日本エドガー・ケイシーセンター
(http://edgarcayce.jp)
光田　秀

著者紹介　ジナ・サーミナラ

ウィスコンシン大学で心理学を専攻，哲学博士の学位を得る。その後ローマ大学，ウィスコンシン音楽学校，一般意味論研究所を経て，カリフォルニアで専門分野の私塾を開き，心理学，意味論の研究，講義，著述に従事した。

米国内を始め，ヨーロッパ各国，日本などで講演を行なった。エドガー・ケイシーの転生に関する著書など3冊執筆。1984年死去。

訳者紹介　多賀　瑛（たが・えい）

津田英学塾を卒業後，多年心霊科学，超心理学の研究に従事し，心理学関係の翻訳を手がけた。本書の訳は病気療養中に完成し，まもなく他界した。本名　瀬川愛子。

監修者紹介　光田　秀（みつだ・しげる）

昭和33年，広島県生まれ。京都大学工学部卒。

20歳の頃，エドガー・ケイシーの『転生の秘密』（たま出版）を読んで霊的人生観に目覚める。同大学院修了後，政府研究機関にて４年間勤務。以後ケイシーを中心に霊的哲理の研究・翻訳・執筆に専心。現在，日本エドガー・ケイシーセンター会長。

主な著訳書に，『眠れる予言者エドガー・ケイシー』（総合法令），『エドガー・ケイシーが示す愛と結婚の法則』，『キリストの秘密』（たま出版），『知られざる自己への旅』（大和書房），『エドガー・ケイシーのすべて』（サンマーク出版）などがある。

改訂新訳 転生の秘密

2012年3月8日　初版第1刷発行
2019年10月1日　初版第3刷発行

著　者　ジナ・サーミナラ
訳　者　多賀　瑛
監修者　光田　秀
発行者　韮澤潤一郎
発行所　株式会社　たま出版
　　　　160-0004 東京都新宿区四谷4-28-20
　　　　電話（03）5369-3051
　　　　http://tamabook.com
　　　　振替　00130-5-94804
印刷所　株式会社エーヴィスシステムズ

ISBN 978-4-8127-0342-7 C0011